岩 波 文 庫

38-607-2

開かれた社会とその敵

第1巻 プラトンの呪縛

（下）

カール・ポパー著
小 河 原　誠 訳

岩 波 書 店

DIE OFFENE GESELLSCHAFT UND IHRE FEINDE
Bd. 1: Der Zauber Platons
THE OPEN SOCIETY AND ITS ENEMIES
Vol. I: The Spell of Plato
by Karl R. Popper

Based on the 8th edition published in German
by Mohr Siebeck GmbH & Co. KG, Tübingen in 2003,
edited by Hubert Kiesewetter.
This Japanese edition published 2023
by Iwanami Shoten, Publishers, Tokyo
by arrangement with the University of Klagenfurt.

凡　例

一、底本について

本訳書の底本は、Karl Popper, *Die offene Gesellschaft und ihre Feinde, Band I: Der Zauber Platons; Band II: Falsche Propheten: Hegel, Marx und die Folgen*, 8. Auflage, herausgegeben von Hubert Kiesewetter, Mohr Siebeck, 2003(以下、ドイツ語版と略記)である。これを第一巻(上・下)、第二巻(上・下)の四分冊にて訳出、刊行する。

本書の初版は、編者の手になる「本書が日の目を見るまで」(第一巻(下)に収録)に詳細に描かれているように、幾多の紆余曲折を経て、イギリスのラウトリッジ・キーガン・ポール社から一九四五年に英語の二冊本として刊行された(*The Open Society and Its Enemies: "The Spell of Plato" and "The High Tide of Prophecy: Hegel, Marx, and the Aftermath"* 以下、英語版と略記)。これは第五版(一九六六年)をもってテキストが確定し、最終確定版として今日におよんでいる。そのため、一般にはこの英語版が『開かれた社会とその敵』の底本とされることが多い。

一方、本訳書が底本としたドイツ語版は、ポパー自身が監修したドイツ語訳に、かれがみずから加えた変更(これは、一九九二年までおよんだ)を反映させ、さらに各種の引用文献についてドイツ語版の編者キーゼヴェッターが再調査し、誤りなどを訂正し、文献的に遺漏がなく正確であることを期して修正した版である(詳しくは、第一巻(上)に収録した「編者の注記」を参照)。このドイツ語版が事実上の最終確定版であると考えられる。

したがって、本訳書には、ドイツ語版には収録されているが英語版にはない「ドイツ語版第七版への序」(一九九二年執筆)およびBBCでのラジオ講演「イマヌエル・カント　啓蒙の哲学者」を訳出している。また、注におけるいくつかの追加(重要なものが多い)や、断りなくなされた言い回しなどの変更を含んでいる。

なお、翻訳にあたっては、あきらかに英語版がただしい箇所(ドイツ語への翻訳においてミスが生じたと断定せざるをえない箇所が、ごくわずかだが存在する)、あるいは英語版の表現がより明晰である箇所については、断ることなく英語版の表現を採用した。

二、各種記号について

原文のイタリック体による強調の箇所には傍点を付した。

引用符には、カギかっこを用い、「　」とした。

原文の（　）は、基本的にそのままとした。

ドイツ語版の編者による注や補足は、［　］で示した。

三、原注について

本書には、本文を分量的にうわまわり、読み応えのある膨大な注が巻末についている。本訳書においては、(1)(2)……の注番号をつけ、各分冊に分割して収録した。注番号に＋が付されたものは、読者の関心をひくと思われる幅広い素材や論争的問題への言及を含んでいることを示しており、原書に類似の表示がなされている。＋のない注番号は、出典、あるいは本書におけるテキスト箇所を示すものである。

ポパーが本書第一版の原稿執筆時に使用できなかった資料を利用していたり、一九四三年以降に加筆したりしている箇所は、《　》で示している。しかし、この記号は注冒頭部の「注一般について」で述べられているように、すべての加筆箇所について表示されているわけではない。

ドイツ語版（フランケ版）の訳者パウル・K・ファイヤーアーベントによる注は、【　】で示した。

「本書が日の目を見るまで」(第一巻(下))につけられた原注は、(1)(2)……の注番号をつけ、文章末においた。

四、訳注について

訳注は、本文中に〔　〕で示した。分量の多い訳注については、〔1〕〔2〕……の注番号をつけ、各章末にまとめた。

なお、ポパーの著作で邦訳書のあるものについては、それを併記するように努め、初出を中心に主な箇所に掲載した。また、プラトン、アリストテレス、ヘーゲル、マルクスなどの邦訳書については、「編者の注記」内で言及した。ただし、必ずしも邦訳書の訳文にはしたがっておらず、適宜変更を加えている。

五、索引について

人名索引と事項索引を、第二巻(下)の巻末に付した。人名索引は、訳者の判断で、重要でないと思われる人物は割愛した。事項索引については、同一の原語を文脈に応じて訳し分けたり、また砕いて訳出したりした箇所もあるので、その語の概念を示すことばを載せておいた。したがって、本文中の訳語とぴったり対応していないものもある。

目　次

〔第一分冊〕

第一巻　プラトンの呪縛(上)

〔第三分冊〕

第二巻　にせ予言者——ヘーゲル、マルクスそして追随者(上)

〔第四分冊〕

開かれた社会とその敵

〔第二分冊〕

第八版

フーベルト・キーゼヴェッター編集

第一巻

プラトンの呪縛（下）

プラトンの政治綱領（承前）

第七章 指導者原理

賢者が指導し支配すべきであり、無知な者はかれにしたがうべきである。

プラトン

プラトンの政治綱領についてのわたくしの解釈に対してはいくつかの反論(1)が提起された。とすればこの綱領において、正義、善、美、賢明さ、真理、幸福といった道徳上の理念はどんな役割を果たしているのかを探究せざるをえないであろう。その分析を本章とつづく二章でおこなうつもりである。最初は、賢明さの理念がプラトンの政治哲学において演じている役割を分析しよう。

ところですでに見たように、プラトンの正義の理念は、根本において、生まれついての支配者が支配すべきであり、生まれついての奴隷は服従すべきであると要求していた。

これは、国家はあらゆる変化を阻止するために、その理念あるいはその真なる〈本性(Natur)〉のコピーであるべきだというヒストリシズム的要求の一部である。このような正義論は、あきらかに、プラトンにとって政治の根本問題がつぎの問いにあったことを示している。誰が国家を統治すべきか。

第一節

まずわたくしの確信しているところを述べておこう。プラトンは、政治の問題を〈誰が支配すべきか〉とか〈誰の意志が至高であるべきか〉といった問いのかたちで立て、それによって政治哲学を根本から混乱させたと思うのである。その混乱は、かれが集団主義と博愛主義とを同一視したことによって道徳哲学の領域でひき起こした混乱と類似している。なぜなら〈誰が統治すべきか〉といった問いがひとたび立てられるならば、〈最善者〉とか、〈最高の賢者〉とか、〈生まれついての支配者〉とか、〈支配の術を習得した者〉とか（あるいは〈一般意志〉とか、〈支配人種〉とか、〈産業労働者〉とか、〈民族〉といった答えが返ってくるのは、当然のことながら、避けがたいからである。こうした答えは、たしかに説得的に聞こえよう——いったい誰が、〈最悪の者〉とか、〈最大のばか者〉

とか、〈生まれついての奴隷〉の支配を勧めるであろうか。だが、こうした答えは、まったく役に立ちはしない。以下ではこの点を示したい。

最初に言っておきたい。こうした答えは、政治理論の根本問題は解決済みだと確信させようとしているということだ。だが、政治理論にべつな側面から近づくならば、それが政治の根本問題の解決からいかに遠いか、そしてかりに〈誰が統治すべきか〉という問いが根本的であると仮定したところで、困難は無視して飛び越えられたにすぎないことがわかるだろう。なぜなら、この点ではプラトンにしたがっている哲学者でさえ、政治指導者は必ずしも十分に〈善良〉でも〈賢明〉でもないこと（こうした概念の正確な意味について頭を悩ます必要はない）、また、無条件で善良かつ賢明であると信頼できる政府をもつのは容易ではないことを認めるからである。としたら、つぎのような問題が生じてくる。政治についての考察は悪しき政府が生じる可能性をはじめからよく勘案しておくべきではないか、最上の政府を望みつつも最悪の指導者に備えるのがよいのではないか。それよりすれば、政治問題についての新しい考察方法がみちびかれてくるだろう。なぜなら、誰が支配すべきかという問いをつぎのような新しい問い(2)+によっておき換えることを強いられるからである。悪しきあるいは無能な支配者があまりにも大きな害をひき起こしえないように政治的諸制度を組織するにはどうしたらよいのか。

古い問いの方が根本的であると考える人たちは、暗黙のうちに政治権力は〈その本質からして〉いかなる統制にも服さないと仮定している。個人であれ、たとえば階級のような集合体であれ、誰かが権力を所有しているのであり、そして権力の所有者はかなり自由に自分の意思を実行したり、控えたりできるのであり、みずからの権力を拡大することで、ますます、制約されることも統制されることも免れうると想定している。かれらは、政治権力はその本質からして至高であると仮定している。だから、じっさいには「誰が支配者となるべきか」と問うことが、残る唯一にして重要な問いになるというわけだ。

わたくしはこうした性格をもった仮定を（統制されることのない）主権論〔1〕と呼ぶことにしたい。そしてこの表現をさまざまな統治主体論、たとえば、とりわけボーダン、ルソー、ヘーゲルといった著者たちが提示した理論のどれかを表示するためにではなく、政治権力は実際上統制に服さないといった一般的な仮定とか、統制に服すべきでないといった要求、またそこから引き出されるのだが、残る主要な問題はこの権力を最上者の手に委ねることであるといった主張を示すために用いたい。このような主権論は、プラトンにおいては暗黙のうちに前提されており、そしてそれ以来たえずその役割を果たしつづけてきた。現代の著者たちもまた、暗黙のうちに、政治の主要問題は、誰が支配すべきか、資本家か労働者か、ということにあるとするこの理論を認めている。

この理論のこと細かな批判には立ち入らずとも、つぎの点は指摘しておきたい。主権論をあまりにも性急にそしてなんら批判を加えることもなく受け入れるならば、重大な反論にさらされるということである。この理論は、大胆な知的探索として見れば、どれほど価値が大きいと見えるにせよ、現実にそくしていないことはたしかである。かついかなる統制も受けたことのない政治権力など存在したことがないからである。そして人間が人間であるかぎり(つまり、『すばらしい新世界』〔オルダス・ハクスリーのディストピア小説〕が現実のものとならないかぎり)絶対的にして制約されることのない政治権力など存在しえない。ある人間が、残りの者全員を支配するに足る十分な物理的力を自分の手に集めることが不可能なかぎりで、まさにそのかぎりでかれは協力者たちに依存せざるをえない。もっとも強力な僭主でさえ、自分の秘密警察、協力者、そして自分に仕える死刑執行人に依存する。こうした依存が意味するのは、かれの権力はどれほど大きいにせよ、決して制約を受けないわけではなく、ある集団を他の集団に対抗させせながら譲歩しなければならないということであり、自派勢力以外にも他の政治勢力が存在するということであり、かれはそうした諸勢力を均衡させ利用することによってしか、自分の支配をふるいえないということである。主権が純粋なかたちをとるのは、一人の人間の意志あるいは関心(あるいはある集団の意志とか関心――この種のものが存在するとして)が、その目的をまっすぐに達成し、しかも、まだ征服していない諸勢力を利用するために自分の一部を犠牲にせずにすむばあいであろう。圧倒的に多くの事例で政治権力が受ける制約はこれよりもはるかに大きい。

こうした経験が教えてくれる事態を強調したのは、それを論証として利用したいからではなく、ただ反論を避けたいからにすぎない。わたくしが主張したいのは、主権論はどんなものであれ、根本にある問題――支配者の権力を別種の権力をつうじて均衡させ、支配者を制度的に統制すべきではないかという問い――を捉えそこねている、ということである。このような、国家における諸力を統制し相互に制約させるという理論は、少なくとも真面目な議論にあたいする。わたくしにわかるかぎりで言えば、こうした要求に対する反論はつぎのようなものである。(a)そうした統制は、実際上不可能である、(b)そうしたことは、その本質からして考えがたい、なぜなら政治的権力はその本質からすれば至高であるから。(3) これら二つの独善的な反論は事実によって反駁されるであろうと思う。そしてそれとともに多数の別種の影響力ある見解(たとえば、階級独裁に対する唯一の代替肢はべつな階級の独裁である)もすべて崩壊する。

支配者の制度的統制という問題が前提しているのは、政府は必ずしも善良でも賢明でもないという仮定のみである。ところで、さきに歴史が教えてくれる事実について述べたが、そこでの想定〔権力者でさえ他の勢力に依存するということ〕を少しばかり超え出ていきたいと思う。しばしば頭をよぎるのだが、支配者というものは道徳的あるいは知的に平均値を超え出ていることは稀であるし、しばしばそれ以下であるだろう。政治における賢明な原理とは、最良のものをえようと努力しつつ、同時になしうるかぎり最悪のものに備えることである。政治的努力の一切を、卓越したあるいは有能な支配者を選択しさえすればうまくいくであろうというはかない望みにおくのは、狂気の沙汰と思える。わたくしは心中こう思っているとはいえ、主権論への批判はこうした個人的な思いに依存しているわけではないと強調しておかねばならない。

さて、こうした個人的な思いはかたわらにおき、そしてまた一般的な主権論に対するさきに述べた経験にもとづく論証からも目を転じるならば、どんな特殊なかたちの主権論にも矛盾に満ちた性格があることを示すのに役立つ論理的な種類の考察が存在する。それは、賢者が支配すべきであるとか、最善者が支配すべきであるとか、法とか多数といったものが支配すべきであるといった理論に対して、表面上は異なっているが類似したかたちでもち出される。この論理的論証のある特殊なかたちは、あまりにも素朴なかたちをとったリベラリズム、民主主義、多数者の支配という原理に突き刺さる。またそれは、プラトンが最初にそして成功裏に用いた周知の〈自由のパラドックス〉とある種の類似性ももっている。プラトンは民主主義を批判し、またそこからの僭主の出現を述べたさいに、暗黙のうちにつぎのような問いを立てていた。民衆の意志が自分たち自身で支配することではなく、代わりに僭主をして支配させることにあったとしたら、どうなるか。プラトンは、こう提議した。人間は自由であったら、自分の絶対的な自由を行使してまず法に反抗し、最終的には自由そのものを軽蔑し、僭主を要求するであろう、と。(4)+

こうした可能性はこじつけではない。この種の事例はしばしば生じた。そして、こうしたことが生じるといつでも、多数支配の原理とかそれとよく似た主権原理をみずからの政治信条の基礎として受け入れている民主主義者は、すべて絶望的な知的状況に追い込まれた。というのも、一方でかれらが受け入れた原理は、多数者の支配以外のどんな支配にも、したがって新しい僭主に対しても、抵抗すべきことを要求するが、他方でそのおなじ原理が、かれらに多数者が決めたこと、したがって、新しい僭主の支配をも承認するように要求するからである。(5) あきらかに、かれらの理論における矛盾はかれらの行動を麻痺させざるをえなかった。民主主義者のうちにあって被支配者が支配者を制度的に統制することを要求する者、とりわけ多数票にもとづいて政府を総辞職させる権利を主張する者は、その主張に対して、矛盾に満ちた主権論よりも、よりましな基礎づけを求めざるをえない。（本章次節では、てみじかにではあれ、そうした基礎づけが可能であることを示したい。）

こうして見ると、プラトンは自由のパラドックスや民主主義のパラドックスを発見する一歩手前にまで来ていたと言えよう。だが、かれや追随者たちは、他のどんなかたちの主権論もおなじような矛盾に陥ることを見逃していた。あらゆる主権論はパラドックスである。たとえば、〈最高の賢者〉あるいは〈最善者〉を支配者に選んだと仮定してみよう。さて、〈最高の賢者〉はその賢さのゆえに、自分ではなく〈最善者〉が支配の任にあたるのがよいと、そして〈最善者〉はおそらくその善良さのゆえに〈多数〉が支配すべきであると決定するかもしれない。大事なことは、主権論のうちには〈法の支配〉を主張するかたちのものもあるが、それでさえおなじ反論にさらされることに気づくことである。この点は、じっさい、ヘラクレイトスのつぎの主張が示しているように、非常に早くから気づかれていた。「法はまた、一人の人間の意志にしたがうべきと要求することができる。」[(6)+]

ここにてみじかに述べてきた批判を要約しておこう。主権論は経験的にも論理的にも立場が脆弱であると断言できるだろう。最低限、それは他の可能性を注意深く検討することなしには受け入れられない。

第二節

実際のところ、主権論のパラドックスを免れている民主主義による統制の理論を発展させることができるし、それを示すことは困難ではない。わたくしが考えているのは、多数の支配が根本的に優れているし、ただしいといった仮定から出発するのではなく、僭主政は排除されるべきであるという確信から出発する理論である。正確に言えば、この理論は僭主政を避ける、あるいはそれに抵抗する決心に立脚する。

政府については二つの根本的類型を区別することができるだろう。第一の類型に属するのは、流血の惨事なしに、たとえば総選挙をつうじて、取り除くことができる政府である。そこでは社会の諸制度もまた被支配者が支配者を解任できるようにし、また社会のもろもろの伝統は、(7)権力保持者が勝手にこうした諸制度を破壊できないようにしている。第二の類型に属するのは、被支配者がただ革命を成功させる——ほとんどのばあい成功しないが——ことによってのみ取り除くことのできる政府である。第一の種類の統治形態を簡潔に表示するために〈民主主義〉ということばを提案したい。第二の種類の統治形態に対しては〈僭主政（Tyrannei）〉もしくは〈独裁（Diktatur）〉という名称を選ぶことにしよう。これらは、こうした概念の伝統的な用法にかなり正確に対応するものと思う。だが、わたくしの議論はこうした表示方法の選択にはまったく依存しないことを指摘しておきたい。もし誰かが(そしてこんにちこれはしばしば生じていることではあるが)、概念についてのこうした用法を逆転させるのであれば、わたくしは、その誰かが〈僭主政〉と呼ぶものを選好し、その誰かが〈民主主義〉と呼ぶものを拒絶するということであり、〈民主主義〉が〈じっさいに〉あるいは〈その本質からして〉なにを意味するのかを見出そうとする一切の試みを意味のないものとして拒絶すると言うだけである。そうした試みには、民主主義とは〈民衆の支配〉であるとする説明も数え入れられる。(そうした説明の意味が乏しいのは、民衆は解任するぞと威圧することで支配者の行動に影響を与えることができるとはいえ、決してなんらかの具体的実践的な意味において自分自身を支配することはないからである。)

さて、これら二つのことば遣いの仕方をここで述べたように用いるならば、僭主政を避けるための政治的諸制度を生み出し、発展させ、擁護する提案を、民主主義的政策の原理と名づけることができるだろう。こうした原理を採用するならば、いつかはいわゆる欠陥のない確実な制度を構築できるというわけではないし、またいつかは民主主義的政府によって主張された政策は正義に適ってよくまた賢明である——あるいは、善意に満ちた僭主の政策よりも必然的によりよく思慮に満ちている——と保証できる制度を発展させられるというわけでもない。（そうした主張はしていないのだから、民主主義のパラドックスは避けられるだろう。）それに対して民主主義の原理を受け入れることには、たとえどれほど賢明で善意に満ちたものであれ僭主政に屈服するよりは、（平和的な変革をつうじて是正していけるかぎりで）悪しき民主主義の政治を耐え忍んだ方がよいという確信が結びついている。こう考えるならば、民主主義の理論は多数者の支配という原理に依拠しているわけではないことがわかるであろう。民主主義的な統制をおこなうさまざまな方法——総選挙とか代議制政体——が存在する。たしかにこれらは、独裁者に対する広範な伝統的な不信を念頭において言えば、僭主政に対してかなり効果的であることが示された制度的な保障以上のものではないとはいえ、たえず改善され、自分自身を改善する方法さえ組み込んだ保障ではある。

こうした意味において民主主義の原理を受け入れる者は、したがって民主主義にもとづく採決結果をなにがただしいのかについての権威ある表決と見なす必要はない。かれは民主主義の制度を動かすために多数者の決定を受け入れるであろう。だが、かれが、そうした決定に対して民主主義的手段をもって戦い、修正を加えることは自由である。そしてかれが、民主主義的制度が多数の決定によって破壊される日まで長生きしたとするならば、かれはその悲しむべき経験から僭主政を避ける確実な方法は存在しないことを学ぶのみであろう。だが、この経験は必ずしも僭主政と戦うというかれの決意を弱めるものではないし、こうした結果によってかれの理論が矛盾しているとされるわけでもない。

第三節

さてふたたびプラトンに立ち戻ってみよう。すると、かれは〈誰が支配すべきか〉という問いを強調することで暗黙のうちに一般的な主権論を仮定していたことがわかる。したがって、支配者の制度的統制という問題、つまりもろもろの勢力を制度的に均衡させる問題は、一度も提起されることなく片づけられている。関心は制度から人の問題へと移され、そして生まれついての指導者を選抜し、かれらが政治的指導をするのにふさわしくなるよう準備させることが緊急の問題とされている。

ここからして一部の解釈者は、国家の福祉にかかわるプラトンの理論は、最終的には、個人や個人の責任に依拠するのであって、非個人的な制度の構築に依拠するのではない倫理的精神的なことがらであると信じている。プラトン主義についてのこうした解釈は、わたくしの見るところでは皮相である。長期にわたる政策は、どんなものであれ、制度的なものである。プラトンでさえそれを免れることはできない。指導者原理〔2〕は、制度の問題を人の問題におき替えることができるわけではなく、ただ新しい制度的問題を作り出すだけである。そしてこれから見るように、それどころかその原理は制度に、合理的に考えるかぎり制度というものに課すことのできる要求の限度を超出した課題、すなわち将来の指導者の選別という課題を負わせている。としたら、一方における権力の制約と均衡という理論と、他方における主権論との対立は、制度主義と属人主義(Personalismus)〔3〕との対立に対応すると考えるのは誤りであろう。プラトンの指導者原理は純粋な属人主義からは遠く隔たっている。それは制度があって機能する。じっさいには純粋な属人主義は不可能であろう。もちろん付けくわえて純粋な制度主義もまた実行不可能であると言わねばならないが。制度の構築には人による重要な決定が必要であるのみならず、(国家における諸勢力の民主主義的統制やそれらの均衡をもたらす)最良の制度でさえ、機能するためにはいつでもその制度のもとで働くかなりの数の人員を必要とするばかりでなく、かれらに依存しもする。制度は要塞のようなものであり、たくみに計画されるとともにたくみな人員配置を必要とする。

ある社会状況下における属人的な要素と制度的な要素との区別は、民主主義の批判者たちがしばしば見過ごしてきた点である。大部分の批判者たちは民主主義の諸制度に対して不満をもった。なぜなら、それらは、国家とか政策とかが、ある程度まではあれ、喫緊に切望されるいくつかの道徳的尺度とか政治的要求に照らして、満足しうる保証を与えないからというわけである。だが、こうした批判者たちは攻撃目標を間違えている。かれらは民主主義的制度になにを期待できるのか、また民主主義的制度に対する代替肢がどのようなものなのかを理解していない。（先に説明した）民主主義とは、政治的制度を改革するための制度的枠組みを与えるものである。それは、諸制度の暴力なき改革を可能にするとともに、新しい制度を立案するにあたっても、古い制度を改善するにあたっても、理性を用いることを可能にする。だが、それは理性そのものを生み出すことはできない。民主主義下における市民たちの知的道徳的水準の問題は高度に人の問題である。（わたくしの考えでは、この問題が優生主義の制度化と教育統制によって扱えるというのは間違っている。こう考える若干の理由についてはのちほど述べよう。）民主主義国家には政治的な不十分さがあるが、それを民主主義のせいだとするのは完全に誤っている。われわれはむしろ自分自身に、すなわち民主主義国家の市民にその責を帰すべきである。非民主主義国家においては合理的な改革への唯一の道は、暴力を用いて政府を瓦解させることであり、民主主義的な枠組みを樹立することである。なんらかの〈道徳的〉根拠から民主主義を批判する人たちは、人の問題と制度の問題とを区別しそこなっている。われわれの課題は政治的環境(Verhältnisse)を改善することにある。民主主義の諸制度はおのずから良くなるわけではない。民主主義を改良するという問題は、いつでも人がかかわるべき問題であって、制度の問題ではない。改善を実行したいと思うならば、いかなる制度を改善したいのかをあきらかにしなければならない。

政治的問題の領域には人と制度との区別に対応して第二の区別が存在する。日々の問題と未来の問題との区別である。日々の問題はおおはばに人にかかわるが、未来を作り上げることは制度的に統制されねばならないことがらである。政治的な問題が〈誰が支配すべきか〉という問いのなかに包含されてしまうならば、そしてまたプラトンの指導者原理、つまり最善者が支配すべきであるという原理が受け入れられるならば、未来の問題はつぎのようなかたちをとらざるをえないであろう。未来の指導者を選抜するための制度はどのように設計されるか。

これはプラトンの教育論における最重要問題のひとつであった。あらかじめ言っておきたいが、わたくしはつぎのように言うことになんのためらいもない。すなわち、プラトンは教育の理論と実践をみずからの指導者体制(Führerschaft)の理論と結びつけることによって最高度に堕落させ混乱させた、と。与えた害悪は、かれが集団主義と博愛主義を同一視することによって倫理に与えた害悪よりも、そしてまた主権の原則（Prinzip der Souveränität）を導入することによって政治理論に加えた害悪よりも大きいと言えるかもしれない。プラトンは、いまなお多くの人びとがただしいと見なしているのだが、教育（あるいはより正確に言って教育制度）の課題は、未来の指導者を選抜し、指導者体制に適うように薫陶することにあるべきだと見なした。だからプラトンは、教育制度にどんな制度にしてもやり遂げられないような課題を担わせたことで、教育制度の嘆かわしい状態に対して一部ではあるが責任をもつわけだ。だが、教育の課題についてのかれの見解を一般的に論じる前に、かれの指導者体制の理論、つまり賢者の指導という原理についてなお細部まで論じておきたい。

第四節

プラトンがこうした理論に見られるいくつかの要素をソクラテスの影響に負うていたのはたしかだと思う。思うに、ソクラテスの根本原則のひとつは道徳的主知主義であった。このことばでわたくしが理解するのはつぎの点である。(a) 徳〔よき人であるというときの「良さ」〕と賢明であることとの同一視、すなわち、なんぴとも自分のよりよい知識に逆らって行為することはできないし、すべての道徳上の誤りは知識の欠陥に帰せられるというソクラテスの理論。(b)道徳上の卓越性は教えられるし、人間の一般的知性はべつにして、特殊な道徳的諸能力を必要とするものではないというソクラテスの理論。

ソクラテスはモラリストにして情熱家であった。かれはどんな統治形態についてもそこに欠陥があるならば、それを批判するタイプの人間であった。(そして、そうした批判は、民主主義のもとにおいてのみ可能であるとはいえ、どんな政府にとってもじっさいに必要かつ有益である。)だが、かれは国家の法に対して忠実であることがいかに重要であるかを洞察していた。たまたまかれは、生涯のほとんどを民主主義的政府のもとで過ごしたが、よき民主主義者として当時における民主主義の指導者の無能ぶりとたわごとの暴露をもって自分の義務と考えていた。同時にかれはどんな種類の僭主政にも抵抗した。かれが三〇人僭主政下でとった勇気ある行動を熟視するならば、民主主義の指導者に対するかれの批判がなんらかの反民主主義的な傾向によって鼓吹されていたと見なす根拠はない(8)。かれがプラトンとおなじく最善者の支配を要請することがなかったわけではないだろう。そしてそうした者とは、かれの見解からすれば、最高の賢者あるいは正義についてなにほどか知っている者のことであっただろう。ここではつぎの点を思い起こす必要がある。ソクラテスが〈正義〉によって理解していたのは、法のもとでの権利と義務の平等な配分であり(これは、前章で引用しておいたように、『ゴルギアス』の箇所から出てくる)、また、かれは法のもとでの平等の信奉者であったばかりでなく個人主義者――おそらく個人主義的倫理の最大の使徒――でもあったということである。さらに明白なことながら、かれは賢者の支配ということで学識ある者の支配を理解していたのではなかった。かれはじっさいには専門的な学識に対して――過去の哲学者の学識とか同世代の学者、つまりソフィストの学識に対してであれ――懐疑的な態度をとっていた。かれの脳裏にあったのは別種の知恵であった。すなわち、われわれはいかに知ることが少ないか！　という単純な洞察である。こうした洞察をもたない者はそもそもなにごとも知らないのだとかれは教えた。(これは真に科学的な精神である。いまなおソクラテスの不可知論的な態度は当時の科学の成果が乏しかったことによって説明されねばならないと考えている者がいる――自分をピタゴラス派の学識ある賢者として押し出したあとのプラトンがそうであったように。そこに示されているのはただ、かれらが、科学的態度を理解しておらず、科学や科学者に対していまなおソクラテス以前の魔術的な態度をとっているということである。かれらは科学者を高貴なシャーマン、賢者、学識者、秘儀にあずかった者と見なしている。かれらは、科学者をその所有する知識の量で測り、ソクラテスのように、無知についての自覚をみずからの科学的水準や知的誠実さの尺度にすることはないのである。)

このソクラテスの主知主義が、法のもとでの人間の平等説を支えるうえで、いかに決定的な役割を果たしたかを理解することが大切である。ソクラテスはどんな者でも知識を学びうると信じた。『メノン』(10)では、かれが若い奴隷にこんにちピタゴラスの定理と呼ばれているものの一特殊例を教えているさまが描かれている。これは教育を受けていないどんな奴隷でも抽象的なことがらを把握する能力をもっていることを証明しようとする試みであった。ソクラテスの主知主義は反権威主義的でもある。ソクラテスによれば、術、たとえば修辞術はおそらく専門家によって独断的に教えられるが、ほんとうの知識、知恵、また徳は、かれが一種の産婆術と呼んだ方法によってのみ教えられる。それは、学ぼうとする者が自分の先入見から自由になるように助けることができる。そのようにしてかれらは自分自身を批判することを学ぶのであり、そしてまた真理を学ぶことが簡単ではないことも学び、自分自身で決定しその決定や洞察に対して批判的に向きあいつつ自分を打ち立てていくことを学ぶのである。学ぶということについてのこうした考えにかんして言えば、最善者、つまり知的に誠実な者が支配すべきであるというソクラテスの要請は(かれがこうした要請を提起したとしての話だが)、もっとも学識ある者が支配すべきであるという権威主義的要請からも、また最善者、つまりもっとも高貴な者が支配すべきであるという貴族主義的な要請からも、するどく区別されるべきであるのは明白である。〔勇気でさえ一種の知恵であるというソクラテスの考えは、思うに、英雄は高貴に生まれついているという貴族主義的な教えに対する直接の批判として理解されるべきものであろう。〕

だが、ソクラテスのこうした主知主義は諸刃の剣である。そこにはのちにアンティステネスによって発展させられるような平等主義的で民主主義的な側面があるとはいえ、強烈な反民主主義的傾向を誘発しかねない側面もある。かれは啓蒙と教育〔学び〕が必要であることを強調した。だが、そのように強調することは容易に権威主義的なやり方として誤解されかねない。これはソクラテスが大いにあたまを悩ましたと思われる問題と関連している。十分に教育を受けていない者〔学ぶことをしていない者〕、だからこそ、自分自身の愚かさを認識するに足るほど賢明ではない者こそ、教育〔学び〕を緊急に必要とする者である。ところが、学ぼうとする者はすでにして知恵をもっているわけだ――じっさい、ソクラテスが自分のもっている知恵のすべてだと主張したもの〔知らないということを知っているという、いわゆるソクラテス的無知の知〕をもっている。なぜなら、学ぼうとする者は自分の知ることがいかに少ないかを知っているからである。とすると、教養のない者は、覚醒をもたらしてくれる権威を必要とするように見える。なぜなら、かれに自分自身を批判することなど期待できないからである。ここにはひとつの権威主義的要素がある。ソクラテスはこの要素と均衡をとるために、驚くべきことに権威というものはこれ以上の要求をしてはならないと要請した。真の教師であることを立証するのは、無教養な者には欠けているのだが、みずからを批判する態度を白日のもとにさらすことなのである。「わたくしに権威があるとすれば、それはただわたくしが、自分の知ることがいかに少ないかを知っていることによる。」こうした仕方でソクラテスはみずからの使命、すなわち人びとをその独断のまどろみから覚醒させる試みの正当化を果たすことができた。かれはこうした教育上の使命を政治的な使命とも見なした。かれは、国家の政治生活の改善は、市民たちを自分自身に対して批判的な態度をとれるように教育することによって可能となると感じていた。こうした意味においてかれは「当時における唯一の政治家である」(11)と主張し、民衆に対しほんとうの利害に目覚めるようにと要求することなく、ただ媚びへつらうだけの政治家とは対立したのであった。

ソクラテスはこのように自分の教育的活動と政治的活動とを同一視した。だが、これは、国家が自国の市民の道徳的生活を指導するべきであるというプラトンおよびアリストテレスの要求へと容易に歪められかねないものであった。また同様にこうした同一視からは、危険な——というのも説得力があるからだが——あらゆる民主主義的統制には欠陥があるという証明を容易にみちびき出すこともできた。なぜなら、教養のない者が教育を使命とする人たちをどうして判断できるのかというわけである。よりよい者たちを、はるかによくない者がどうして統制できるというのか。もちろん、こうした論法は完全に非ソクラテス的である。それは、賢者や学識ある者には権威にもとづく力があると想定しているからであるし、しかも教師の権威はただ自分自身の限界を意識している点にあるというソクラテスの謙虚な考えをはるかに超え出ているからである。事実を言うならば、こうしたことがらにおいて国家の権威はソクラテスが望んでいた目的とはむしろ正反対のものを達成した。それは、不満足なところを批判し改善のための熱意をかきたてる代わりに、独善的な自己満足と知的唯我独尊そのものを生み出さざるをえなかった。こうした危険を指摘することは無用ではないだろう。なぜなら、それは明確に認識されることがきわめて稀でしかないからである。クロスマンは、わたくしには真実のソクラテス的精神を理解していた[12]と思われるのだが、かれのような著者でさえ、みずからがプラトンによるアテネへの第三の批判と名づけたものにおいて、プラトンにつぎのように同意しているのだ。「国家枢要の課題のひとつであるべき教育が個人の気まぐれに任された……ここにもふたたび、専門家や折り紙つきで誠実な人びとに委ねるべき課題がある。国家の未来は若い世代にかかっている。したがって、子供の精神を個人的な趣味や偶然的な事情によって形成されるに任せるのは狂気の沙汰である。おなじように、教師、校長、ソフィスト張りの話し手にかんしての国家の自由放任政策は致命的な失策であることがあきらかになった。[13]」だが、クロスマンやプラトンが批判したアテネの自由放任政策は評価しきれないほどの成果を生み出した。つまり、それはある種のソフィスト的な話し手、とりわけかれらのうちでももっとも偉大なソクラテスが教えることを可能にしたのである。だが、のちにこの政策が放棄されたとき、結果はソクラテスへの死刑判決であった。これは警告として受け止められるべきである。この種のことがらの国家による統制は危険であり、「折り紙つきで誠実な人びと」を求めることは容易に最善者の抑圧に至りうるということだ。（バートランド・ラッセルの講義を阻止しようとする試みはこの種の最新例である。）だが根本原理にかんして言えば、ここにあるのは、自由放任に取って代わる唯一の代替肢は国家が完全な責任をもつことであるという根深い偏見の例である。たしかに国家には責任がある。つまり国家は、市民が共同体の生活に参加し、あらゆる機会を利用してみずからの特殊な関心と才能を発展させられる教育を受けられるようにすべきであるし、（クロスマンがただしくも強調したように）なんぴとも「支払い能力」がないというだけで高等教育から排除されることのないように配慮すべきである。これは、国家の果たすべき保護機能に属するだろう。だが、「国家の未来は若い世代にかかっている。したがって、子供の精神を個人的な趣味や偶然的な事情によって形成されるに任せるのは狂気の沙汰である」という発言は、全体主義的方法への門戸を大きく開くものであると思う。もっとも貴重な自由、つまり知的自由を脅威にさらす手段を正当化するために、国家の利害といったことを軽々にもち出すべきではない。またわたくしは「教師、校長についての自由放任」に賛同するわけではないけれども、こうした政策は、国家の役人に、魂を形成し、科学がいかに教えられるべきかを規定する権力を与える権威主義的政策よりは勝っていると信じる。そうした政策は、専門家のいかがわしい権威なるものを国家の権力によって援護するものであり、科学を（残念ながらふつうになされている）独断的にして権威主義的な教授方法によって破滅させ、科学的な探究精神——真理を所有しているという信仰の精神とは正反対の真理を探究する精神——を破壊するものである。

　わたくしは、ソクラテスの主知主義が根本において人間の平等な権利や個別性を尊重し、権威主義的要素は、それが（ソクラテスにおいて）現れたとしても、知的な謙虚さと科学的な態度によって最小化されていることを示そうとしてきた。だがプラトンの主知主義はこれとはおおはばに異なる。『国家』におけるプラトンの〈ソクラテス〉[14]は、妥協を排した権威信仰の体現者である。（かれの自己批判的なコメントでさえ自分の限界の自覚にもとづくのではなく、むしろ自分の優越性を強調するための一種の皮肉である。）かれの教育目標は、自己批判や批判的な思考一般を覚醒させるものではなく、ひとつの説を独断的に教え込むことであり（『法律』からの引用文を再度くり返すならば）「一人で行動しようなどとは考えなくなり、またそんなことは完全にできなくなるようにみずからの魂を長い習慣をつうじて鍛錬すべく[15]」精神と魂を形成することである。そして、ソクラテスの偉大で解放的な理念、すなわち奴隷とも知的な会話はできるという理念、言い換えれば、人間と人間とのあいだには知的な紐帯としての〈理性〉という一般的な理解のための媒体が存在するという理念は、支配階級が教育を独占すべきであるという要求に、また口頭での談話についてさえも厳格な検閲がなされるべきであるという要求に取って代わられたのである。

ソクラテスは、みずからは賢くはないこと、真理を所有していないこと、だが真理を求めていること、真理の探究を目指していること、真理を愛していることを強調していた。これらは〈哲学者〉ということばが表現するものであるとかれは説明した。こうした者は、職業として金を稼ぐ賢者としての〈ソフィスト〉とは反対に、真理を愛する者、真理を探究する人間である。そもそもかれが、真正の政治家は哲学者であるべきだと要求したとするなら、意味されたのはただ、真正の政治家は責任をになうのみならず、みずからの限界を意識した、真理の探求者であるべきだということであったろう。

プラトンはこうした教えをどう歪曲したか。かれは、国家における支配は哲学者に委ねられるべきであると要求したわけだが、これにはじめて接する者は、かれがソクラテスの教えをわずかたりとも変えなかったと思うだろう。とりわけ、かれは、ソクラテスとおなじく、哲学者を愛知者として、真理の熱心な崇拝者として定義していたのだから。しかし、現実にはプラトンによって導入された変革は途方もないものであった。かれの言う情熱的な知の愛好者は、もはや謙虚な探求者ではなく、真理を所有していることを誇る者なのである。かれは練達の対話者として知的直感の力をもち、永遠の天上的な形相やイデアを見、それにあずかることができるのである。かれは、通常の人間すべてを超え出た高みに位置し、その知恵と力において「神ではないとしても……神のごとき」[16]者である。プラトンの理想とする哲学者はほとんど全知全能であり、王のごとくふるまう哲学者である。ソクラテスの理想とする哲学者とプラトンの理想とする哲学者とのあいだのこのようなコントラストよりも大きなコントラストを考えることは困難である。ここに現れているのは、二つの世界のコントラスト――謙虚で合理的な個人主義者の世界と全体主義的ななかば神を気どった人間の世界とのコントラストである。

賢者――真理の所有者としての〈十分な資格をもった哲学者[17]〉――が支配すべきである

というプラトンの要求は、いかにして支配者を選抜し教育するかという問題をみちびく。(制度主義的な理論とは反対の)純粋に属人主義的な理論においては、この問題は、賢明な支配者の賢明さは最善者を後継者として選抜できるほど十分に賢明である、と宣言することで単純に解決されるだろう。だが、それはじっさいにはこの問題に対する満足のいく接近法ではない。あまりにも多くのことが統制不可能な状況に依存する。また偶然が国家の将来の安定性を破壊してしまうかもしれない。ところが、この状況を統制すること——なにが起こりえ、そしてそのためになにを配慮すべきかの予見——を試みるならば、属人的な解決は捨て去り、代わりに制度を設立しなければならないだろう。すでに述べたように、未来を計画する試みはいつでも制度主義に至らざるをえないのである。

第五節

プラトンによれば未来の指導者を育成する制度は、国家教育省と呼ばれる。純政治的観点から見たとき、それはプラトンの社会秩序においてことのほか重要な制度である。権力への鍵を握っているからだ。そうした理由からしても、高等教育は少なくとも支配者自身が監視しなければならないことは明らかなはずである。だが理由はそれにはとどまらない。もっとも重要な理由はこうである。クロスマンの表現を使うなら「専門家や……折り紙つきで誠実な人びと」――プラトンの考えからすれば、もっとも賢明な達人、したがって支配者そのものということになるのだが――のみが、最終的には、未来の賢者を知恵の高次の秘儀にあずからせることができるのである。これはとりわけ、弁証法について言えることである。というのもそれは、知的直感の技術であって、神聖な原型、つまり形相とかイデアを目に浮かべ、現象としてのわれわれの日常世界の背後に潜む偉大な神秘を解き明かす技術だからである。

このような最高形態の教育にかんしてプラトンが提出した制度上の要求は注目にあたいする。入門を許されるのは血気の盛りを過ぎた者のみである。「身体の力が衰え始め、年齢からして公務や兵役の義務を終えたとき、そのときにのみ、おのれが好むところにしたがって聖なる領域に足を踏み入れることが許されるべきである……。」(18)言うまでもなく、もっとも高度な弁証法的研究の領域への参入が許されるということである。プラトンがこの驚くべき規則を立てた理由はあまりにも明白である。かれは思考の力を恐れているのだ。「あらゆる偉大なことがらは危険である」(19)――プラトンはこう述べる。このコメントがつづくのは、まだ老境に達していない人間において哲学的思考から生じるかもしれない帰結を恐れると告白している箇所なのだ。(なんとかれは、こうしたことすべてを青年との自由な討論の権利を擁護して死んだソクラテスに語らせているのである。）だが、プラトンの根本目標が政治的変動の阻止にあったことを思い出すならば、これを予期しえないことではなかった。上級階級に属する者は若い時には戦うべきなのである。かれらが柔軟な思考をするには歳をとりすぎたとき、そのときになってかれらは教条的な弟子となるべきなのである。そのときになってかれらに知恵と権威が与えられるべきなのである。そのときになってかれらはみずから賢者となり、その知恵、つまり集団主義と権威主義的な方法を説く教義を未来の世代に引き渡すべきなのである。

つづいてプラトンが支配者をその最良のかたちで描写している、より練り上げられた箇所がくる。そこでは、注目にあたいするのだが、かれはみずからの提案を修正している。いまや、かれは未来の賢者に対して三〇歳になれば予備的な弁証法的研究を開始してよいと許可するのだが、「大きな注意の必要」や「多くの弁証法家たち[20]」を堕落させた「不服従」の危険を強調せずにはいられないのであり、そして「訓練され均衡のとれた性質の者のみが論証を使ってもよい」と主張するのである。こうした修正はたしかに支配者像を明確にすることに寄与するであろう。しかし、根本的な傾向は同一である。なぜなら、この箇所のつづきにおいては、未来の指導者は、一連の試練や誘惑をくぐり抜ける前には、また五〇歳になる前には、より高度の哲学的研究――善の本質を弁証法的に見ること――に入る手ほどきを受けてはならないと言われているからである。

これが『国家』における教義なのだ。対話編の『パルメニデス』(21)も類似のメッセージを含んでいると言えよう。というのも、ここで輝かしい若者として描かれているソクラテスは、純粋哲学の領域に手を染めて成功を収めたのだが、イデア説の繊細な問題を述べるように命じられると重大な困難に陥ってしまうからである。かれは老パルメニデスから、ふたたび哲学研究のより高次な領域にとりかかろうとする前に、根本から抽象的思考術を練習するようにとの訓戒を受けてその場を離れていく。ここには(なににもまして)早すぎる手ほどきをせがむ弟子に対するプラトンの答えがあるように思われる。「ソクラテスのような人物でさえかつては弁証法を学ぶには若すぎた。」

なぜプラトンは自分の指導者たちに独創性や自発性をもってもらいたいと願わないのか。答えは明白だと思う。プラトンは変化を憎んでおり、しばしば変更が必要になる事態を見たくはなかったのだ。だが、かれの態度についてのこうした説明は十分深層に届いてはいない。事実として、ここにあるのは指導者原理の根本的な難点である。将来の指導者の選抜とか教育という考えには最初から矛盾が含まれている。抜きん出た身体ということであれば、問題はおそらくある程度まで解決されるだろう。体の自発性とか身体が示す勇気についてはおそらく見定めることは困難ではないかもしれない。だが、知的卓越性の秘密は批判的な態度と知的な独立性にある。そしてこれは、あらゆる権威主義的方法を挫折させるはずの困難をみちびく。権威主義的原理の主張者は、一般に、服従する者、信じる者を、つまり自分の影響を承認する人間を自分の後継者にする。だがそのように振る舞うことで、かれは必然的に凡庸な者を選んでいるのだ。なぜなら、反逆する者、疑う者、あえてかれの影響に抵抗する者、こうした者は排除されるからである。権威主義的な権力所有者は、知的に勇気ある者、したがってかれにあえて反抗する者に大きな価値があるかもしれないことを決して承認できない。指導的立場にある者は当然のこととしていつでも独立性や自発性を発見できると確信している。だが、自発性ということでかれらが理解しているのは、ただ自分たちの意図への素早い忖度なのだ。かれらはここにある違いを決して理解しない。（これはおそらく、有能な軍事的指導者を選抜するという特殊な困難に隠されているものがなんであるかを語っている。軍事的規律の要求はいま述べた困難を増加させるが、軍隊での昇進方法はほとんどのばあい、まさに自律的な思考を敢行する者を排除してしまう。知的自発性のばあい、きわだった服従を示す者が指揮においても卓越していると考えることくらいひどい誤りはない(22)。政党においても非常によく似た困難が生ずる。党の忠臣が指導者の有能な後継者であることは滅多にない。）

ここにおいて、私見のかぎりでだが、一般化できるような意味のある結果に到達したと思う。卓越者を選抜する制度はほとんど考えられないということだ。制度的な選抜が有用な成果に達するのは、プラトンが念頭においていたような目的、すなわち変化の阻止という目的に役立つときであろう。だが、それ以上のものが要求されるときには、決してうまく機能しないだろう。なぜならそれは、いつでも自発性と独創性を、そして一般的に言って、ふつうでない想定外のものを排除する傾向をもつからである。これは、政治的制度主義に対する批判ではなく、すでにたしかなこととして述べておいたことのくり返しにすぎない。われわれは、当然のことながら最良の指導者をえるように努めるべきであるとはいえ、いつでも最悪の指導者に備えるべきなのである。だがそれは、制度、とりわけ教育－制度に最善者の選抜というできもしない課題を課す傾向への批判ではある。そうしたことを課題としてはならない。そうした傾向はわれわれの教育システムを競走場に、そして障害物競走のためのスタジアムにしてしまう。[23]学生は研究のために研究に打ち込むように奨励されることはなくなり、自分の研究対象や研究へのほんものの愛を吹き込まれることもない。その代わりに、学生は自分の個人的なキャリアのために研究するようにと駆り立てられる。かれは自分の昇進の途上に待ち受けている障害を克服するためになんとしても必要なだけの知識をえるようにみちびかれる。ことばを換えれば、科学の領域においてさえ、われわれの選抜方法は、かなり粗雑なかたちをとった個人的な名誉心へのアピールで存立している。(こうしたアピールのもとでは、熱心な学生が仲間の学生から不審の念をもって見られてしまうことがあるが、それは自然な反応というものである。)知的指導者を制度的に選抜するというできもしない要求は科学のみならず知性そのものの息の根を止めかねない。

プラトンが中等学校と大学を発明したという主張は、残念ながら、まことにもって真実すぎる。だが、こうした破壊的な教育システムでさえ、人類のもつ真理と品位への不滅の愛、独創性、頑強さと健全さを完全に破壊できたわけではなかった。この事実ほど、人間性についての楽天的な見解の擁護論として、また人類のそうしたよき性質の証明として優れたものはないだろう。かくも多くの人類の指導者が犯した裏切りにもかかわらず、老いも若きも含めて、品位を保ち知的でそしてみずからの課題に没頭する人が少なからず存在するのだ。サミュエル・バトラーを引用しておこう。「しばしば驚いたのだが、教育によって加えられた害は明確には認められないのであり、青年たちは、その成長を妨げようとしてなされた大小の試みにもかかわらず、かくも立派に理知的に育ったということである。多くの人は、疑いもなく害をこうむっており、そこから人生で長いこと苦しんだが、他面で多くの人に対して教育はなんら害を加えることはできなかったように見えるし、何人かにとっては、それはよきことでさえあったように思われる。その理由は、青年たちの自然な嗅覚が多くのばあいにおいてかれらの教育に徹底的に逆らったこと、つまり教師たちのあらゆる努力にもかかわらず、教師たちは青年たちを授業にはただ外面的に参加させる以上のことはできなかったという点に求められるべきであろう。(24)」

ここでプラトン自身は政治的指導者の選抜という実践においてはほとんど成功しなかったという点に言及しておいてよいだろう。わたくしの念頭にあるのは、シラクサの僭主ディオニュシオス二世と一緒にプラトンがこころみた企図の幻滅的な結果というよりは、ディオニュシオスに対するディオンの遠征——これは成功したわけであるが——にプラトンのアカデメイアが参加したことである。ディオンは、プラトンの著名な友人であり、この冒険をなすにあたってはプラトンのアカデメイアの一群のメンバーによって支持された。かれらのうちの一人が、ディオンの信をおいた友のカリッポスであった。ディオン自身は、シラクサの僭主になったあとに、みずからの同盟者(そしておそらくライバル)であるヘラクレイデスの殺害を命じた。そのわずかののちにはかれ自身がカリッポスによって殺害された。カリッポスは支配権を奪い取ったが、一三カ月のちにはふたたび失った。(かれはかれで、ピタゴラス派の哲学者レプティネスによって殺害された。）だが、こうしたことはプラトンの教師としての経歴における唯一の出来事ではなかった。クレアルコスはプラトン（そしてイソクラテス）の弟子の一人であったが、最初は民主派の指導者を装い、のちにはヘラクレイアの僭主になった。かれは、縁者であるとともに、プラトンのアカデメイアのもうひとりのメンバーであるキオンによって殺害された。（キオンのことを理想的人物として想い描く者もいるが、かれはまもなく殺されてしまったのだから、どのような人物であったかは知りえない。）プラトンのこのようなまた若干の類似の経験は[(25)+]――みずからのかつての弟子や仲間のうちに少なくとも九名の僭主を誇ることができたわけだが――絶対的権力を委託してしかるべき人間の選抜に結びつく特殊な困難に光を投げかける。絶対的権力を掌握して堕落しないような性格の持ち主を見出すことは困難である。アクトン卿は語っている――権力は腐敗し、絶対的権力は絶対的腐敗に至る。

要約しておこう。プラトンの政治綱領は属人主義というよりもはるかに強く制度主義的であった。かれは、指導者継承の制度的統制によって政治的変動を阻止しようと望んだ。その統制は、教育の統制となるべきであった。その教育は、学ぶ過程についての権威主義的な見解――学識ある専門家と「折り紙つきで誠実な人びと」の権威が必要である――にもとづくのである。じつにそれこそプラトンがソクラテスの要求からとり出したものであった。ソクラテスは、責任ある政治家は真理と知恵を愛する者ではあるが、専門家であるべきではなく、おのれの限界を知るときにのみ賢明なのであると考えていたというのに[26]+。

訳注

〔1〕ここで主権論(Theorie der Souveränität)の意味するところは、統治すべき主権者はなにものかを指定する論ということである。本章では、統治主体のパラドキシカルな移行が論題のひとつになっている。

〔2〕原語は、Prinzip des Führertums。言うまでもなく、Führerというのは、総統と訳されてきたことばである。これが言外にナチスの総統ヒトラーを指しているのは否定しえないが、本章では一般化された議論になっているので、指導者と訳した。

〔3〕この語は、もともと刑法学上の概念であるが、ここでは制度主義との対比のもとで権力が人に発し人に帰属するという意味に転用していることを注記しておきたい。

第八章　王としてふるまう哲学者

そして国家は、かれらを記念するために……記念碑を建立するだろう。そして、半神半人としてのかれらには犠牲が捧げられるだろう……恩寵によって聖別された、神に似た人間として。

プラトン

プラトンの信条とソクラテスの信条とのあいだに見られるコントラストは、これまでに示したものよりもはるかに大きい。さきにプラトンはソクラテスにしたがって哲学者を定義したと述べておいた。『国家』では「誰がほんものの哲学者であろうか——真理を愛する者である(1)」と述べられている。プラトン自身はこのように主張したとき、いささかも誠実ではなかった。かれはじっさいにはそんなことは信じていない。なぜなら、べつの箇所ではあからさまに、王のもつ支配者としての特権は、ウソや欺瞞をなにはばかることなく使うことができる点にあると明言しているからである。「したがってウソを流布し、国家の最善のために敵のみならず自国の市民たちをも欺くことが、そもそも誰かの仕事だとしたら、それは国家の支配者の仕事であり、他のなんぴともこの特権に手をつけてはならない[2]。」

「国家の最善のために」とプラトンは言っている。またしても集団利益重視の原理が倫理的考慮における最後の頼りどころとされている。全体主義の道徳がすべてに、哲学者のイデアを語る定義にさえ優越する。ほとんど言うまでもないことながら、この同じ原理は政治的利益を追求する原理であり、被支配者には正直であることを強いるものなのだ。「支配者は誰か他の者がウソをついている現場を見つけたなら、……その者を罰するであろう。なぜなら、その者は国家を害し危険に落とす慣行をもち込むからである[3]。」なんと、このいささか思いがけない意味においてのみ、プラトンのほめたたえる支配者――王としてふるまう哲学者――は、真理を愛する者なのだ。

第一節

プラトンは、医者の例を使って、誠実であることの問題に集団利益重視の原理を適用している。この例はよく選ばれている。なぜなら、プラトンは好んでみずからの政治的使命は、社会という病める身体の治癒者あるいは救済者のそれであるとしているからである。この点から目を転じるならば、かれが医術の役割だとしているものからは、プラトン的国家の全体主義的性格が見えてくる。というのも、そこでは国家の関心は、市民の生活について両親の結婚から墓場に至るまでを支配することにあるからである。プラトンは、医術は政治の一形態であると解釈する。あるいはプラトン自身の表現では、「医術の神アスクレピオスは政治家である」[4]と見なされる。医術の目的は、延命ではなく、国家の利害にあるとかれは明言する。「よく統治されているどんな共同体においても、各人は特定の仕事を国家によって割り振られている。かれはその仕事をおこなわねばならないのであって、長患いとか治療の時間はない。」したがって、医者には「通常の義務を果たせない人間の治療をつづける権利はない。なぜなら、そうした人間は、その人自身にとっても国家にとっても用がないからである。」くわえて、そうした人間は「間違いなくおなじような病を患うだろうし」、おなじように国家にとって重荷となるような子供をもうけるかもしれないという考えが述べられている。(プラトンは、個人主義に対する嫌悪をますます増大させていたはずなのだが、年老いた人間として、自分を優先的に扱ってくれることを求めて、医術に言及している。自由な市民でさえ奴隷のように扱い「処方箋も、みずからの意志を法律とする僭主のごとくに与え、ついで奴隷の患者へと急ぐ(5)」医者について、プラトンは不平をこぼし、医学的な処置――少なくとも奴隷ではない者の処置――にあたっては、大きな優しさと忍耐をもってもらいたいと懇願している。）ウソと欺瞞の使用にかんしてプラトンは、これらは「医薬としてのみ有用である(6)」と強調する。国家の支配者は――プラトンはこだわるのだが――強い医薬を処方する勇気をもたない〈なみの医者〉のごとくに振る舞ってはならない。王としてふるまう哲学者は、哲学者として真理を愛する者であり、王として「より大きな勇気をもった人間」であらねばならないからである。なぜなら、かれは、「数多くのウソと欺瞞を」――プラトンが急いで付けくわえているように、被支配者のために――「おこなう」決定をしなければならないからである。そしてこれは、われわれがすでに知っているところでもあり、ここでふたたびプラトンによる医術の指摘をつうじて知るところでもあるわけだが、「国家の最善のために」おこなうことなのである。（カントはかつて「正直は最良の策」という言明は非常に疑わしいかもしれないが、「正直はあらゆる策よりましである(7)」という言明は疑う余地がないと評した。）

プラトンは支配者たちに対して強い医薬の処方を勧告したとき、どんなウソを考えていたのであろうか。R・H・S・クロスマンはただしくも、「愚かな多数者の行動をコントロールするテクニックとしてのプロパガンダ」(8)を考えていたのだと強調している。たしかにプラトンはまずもってそのように考えた。だが、プロパガンダとしてのウソは被支配者に向けてのみ考えられており、支配者たちは完全に啓発された知識人層であるというクロスマンの見解には同意できない。プラトンは、ソクラテスの主知主義に似たようなものとはなんであれ完全に手を切っている。これが明瞭に現れている箇所は、かれが二度も自分の願望を表現した箇所をおいて他にはないだろう。そこでかれは、支配者自身でさえ少なくとも何世代か経ったなら自分たちの最大のプロパガンダとしてのウソ――かれの人種理論、すなわち、人間のなかの生まれながらの金属とか、地から生まれた者とかについての神話として知られている血と大地の神話――を信じるようになるだろうと願っているのだ。そこにあるのは、プラトンの功利主義的かつ全体主義的原理は、他の一切を凌ぐ、つまり、支配者たちの、自分たちには真理が語られていると知り、またそうであるように要求しうる特権さえも凌ぐということである。支配者たち自身もプロパガンダとしてのウソを信じるべきであるとプラトンは望んでいる。その動機は、それによって有益な効果――支配人種の支配の強化、そして最後にはあらゆる政治的変動の阻止――が強化されるであろうというプラトンの願望であった。

第二節

プラトンは血と大地の神話を導入し、しかも、それがペテンであることを公然と認めている。『国家』のなかのソクラテスはつぎのように言う。「さてそれでは、おそらくまさにいま述べたばかりのような手頃なウソのひとつを作り出せるのではないだろうかね。堂々たるウソがひとつでもあればその助けを借りておそらく、運が良ければだが、支配者そのものを――いずれにせよ国家における他の者も――説得できるだろう。[9]+」ここで興味深いのは〈説得する〉ということばの使い方である。ウソを信じるように誰かを説得するとは、正確に言えば、かれを誤らせる、あるいは担ぐということだ。だから「おそらく、運が良ければだが、支配者そのものの鼻面をつかんで引っ張りまわすことができるだろう」とでも訳すならば、この箇所の公然たる冷笑主義によりよく対応することだろう。しかも、プラトンは〈説得〉という表現を頻繁に使っており、ここでもそれが出現しているわけだが、これは〔この表現の出てくる〕他の箇所についての理解をなにほどか深めるだろう。つまり、かれは、類似の箇所でも、とりわけ、政治家は「説得と同時に暴力の助けをえて[10]+」支配すべきであると勧告しているところにおいても、おそらくはプロパガンダとしてのウソを考えているのであろうという警告として役立つであろう。

プラトンはみずからの「堂々たるウソ」を予告したあと、ただちに神話を語り出す代わりに、まず長々しいまえがき――多くの点で正義の発見のまえがきに似ている――を展開する。だが、これはかれの不安を窺わせるものであろう。かれは、まえがきにつづく提案を読者がことのほかよろこんで受け入れてくれるとは期待していなかったように見える。ところで、その神話自体は二つの観念を導入している。最初の観念は、祖国の防衛を強化するはずのものである。すなわち、国制(Staatswesen)を守る戦士たちは地から生まれた者、「かれらの国の大地から生まれた者」であって、母たる自国を防衛する覚悟ができている者である、という観念である。だが、この古くからのよく知られた観念はプラトンに〔堂々たるウソを語り出すのを〕躊躇させる理由でないことはたしかである(とはいえ、対話での言い回しは、巧妙にも、そう思わせるのであるが)。第二の観念、「物語の残り」は、人種の神話である。「神は……支配すべく定められた者たちに対しては、金を混入し、補助者となる兵士には銀を、そして農民や他の生産階級の者たちには鉄や銅を混入した。」(11)+ こうした金属は、遺伝するのであり、人種の特徴となる。この箇所はプラトンがはじめてみずからの人種理論をためらいながら導入する箇所であるが、両親の金属以外の他の金属を混合されて生まれる子供がいる可能性を認めている。だから、ここでかれはつぎのような規則を導入せざるをえない。下位の奉仕する階級のひとつで「金とか銀を付加された子供が生まれたならば、かれらは監視者に……補助者としての軍隊のメンバーに……任命されるべきである。」しかしこうした譲歩は、『国家』の後半の箇所で（そしてまた『法律』においても）、第五章ですでに抜粋しておいたように、人間の堕落や数を語る神話ではふたたび撤回されている。[12] そこでは、〔貴金属に劣る〕卑金属が混入している者は誰にせよ、より高い階級からは排除されると述べられている。それゆえ、混入が起こり、それに応じて身分が変更される可能性がある。とはいえ、それは、高貴に生まれながら、退化した子供はより下の身分に落とされるが、より下に生まれながら、より高い身分に上昇することはありえないということでしかない。金属の混合はどんなものであれ破滅をみちびかざるをえないのであって、その様は人間の堕落にかんする神話の結論的箇所で描かれている。「そして鉄と銀が混合されたり、青銅が金と混合されたりする。そして、そのような混合から変化と馬鹿げたでたらめさが生まれてくるであろう。そうしたものが生まれるや、そこから闘争と敵意が生み出される。したがって、不和の由来と生成は、およそそれが生じるところでは、記述されねばならない。[13]」地から生まれた者の神話は、「鉄と銅が監視する国家は没落の定めにある[14]」という神託にかこつけた予言で終わっているが、この間の事情はこうした光に照らしてこそ考察されるべきであろう。プラトンはみずからの過激な人種理論をすぐに提示することを躊躇した。これは、この理論が当時の民主主義的で人道主義的な傾向に逆向するものであることをかれが知っていたことを示すものであろう。

　プラトンは血と大地にかかわるみずからの神話をあからさまにプロパガンダとしてのウソであると述べた。この点を考慮に入れると、この神話に対する注釈者たちの態度には驚かされる。たとえばジェームズ・アダムはつぎのように書いている。「この挿話は皮肉として理解されるべきものではないのであり、それなくしては国家についてのここでの素描は不完全なものになってしまう。国家が持続することへの保証が必要なのだ。……プラトン的な……教育のもつ圧倒的に道徳的かつ宗教的な精神によく合致するものは、かれがその保証を理性というよりは信仰のうちに見出したということをおいて、ほかにはありえないだろう。[15]+」わたくしは、プラトンの全体主義的道徳にふさわしいものは、かれによるプロパガンダとしてのウソの推奨をおいて、ほかにはないだろうという点には同意する(もっともアダムはべつなことを考えていたのであろうが)。だが、宗教的で理想主義的な注釈者が宗教も信仰もその場しのぎのウソと同列であると、言外においてではあれ、明言できるものだろうか。まったくもって理解できない。実際のところ、アダムのコメントはホッブズの協定主義を思い起こさせる、つまり、宗教の教えはたしかに真ではないけれどきわめて目的にかなった、そして欠かすことのできない政治的道具であるという見解を思い出させる。そう考えてくると、プラトンは世間が思う以上に協定主義者であることがわかるだろう。協定主義者と思われるプロタゴラスは、少なくとも、われわれが作る法律は神的な霊感の助けによって作られたのだと信じていたのに対し、プラトンは宗教的な信仰を〈協定〉として躊躇なく導入する。(かれは、ここで語り出されたものが作り話にすぎないことを率直に承認する。その率直さは認められねばならない。) 注釈者たち(16)は、プラトンのことを、ソフィストの危険な協定主義と戦ったとして、また、根本において宗教的にして精神的な自然主義を作ったとして称賛するにもかかわらず、なぜ、プラトンは宗教を協定というもののうえに、あるいはむしろ意識的な作りごとのうえに基礎づけようとしたとして非難しないのであろうか。きわめて理解しがたいことである。というのも、実際のところ、宗教に対するプラトンの態度は、かれの〈霊感を吹きこまれたウソ〉において明白に現れ出ているように、実際面では、かれの愛した叔父のクリティアス——ペロポネソス戦争後にアテネに悪評高い血族支配体制を打ち立てた三〇人僭主政の有能な指導者——の態度とおなじだからである。クリティアスは詩人であり、プロパガンダとしてのウソを称賛した最初の者であった。かれは、そうした作り話を力強いことばで描いたが、それは、宗教を考え出すことで民衆を「説

得」し、服従させた知恵があり賢明でもあった男を讃えるものであった。(17)

そして頭がきれ抜け目のない男がやってきたと、
神を恐れよと仕掛けた最初の者だ……
紡ぎ出したのは、おとぎ話や騙しに満ちた御教説
真理などウソの下に隠しおおせてしまった。
語ったのは、恐ろしい神の住むところ
蒼空うずまき、雷鳴とどろき
稲妻ひかり、目はくらむ……
恐怖の枷で人間どもをしつけ
高い城砦に住む神々で人間どもをとり囲み
お告げで、力を奪い、魔法にかける
かくて無法が秩序と法をぐちゃぐちゃにした

クリティアスの考えでは、宗教とは偉大で有能な政治家がつく洗練されたウソ以外のなにものでもない。プラトンの考えは、この考えに驚くほど類似している。『国家』に

おいて神話を導入しているところ（ここでかれは、扱っているのはウソであると公然と認めている）でもそうであるし、儀式を整えて神々を導入することは「偉大な思想家の仕事である」(18)と言っている『法律』においてもそうである。だが、これがプラトンの宗教的態度における全真実であったのだろうか。プラトンは宗教といったことがらではご都合主義者にすぎなかったのか。そしてかれの初期の作品に見られるまったく異なった精神はたんなるソクラテス風のものであったのか。もちろんこの問いにはっきり決着をつけることはできない。もっともわたくしは直感的には後期の著作においてさえ、しばしばもともとの宗教的感情が表現されていると感じる者ではあるが。わたくしは、プラトンが宗教的なことがらを政治との関連で考察しているところでは、かれの政治的ご都合主義が他の一切の感情を押しのけていると思う。だからプラトンは『法律』(19)においては、尊敬すべき誠実な人びとに対しても、神にかんするかれらの見解が国家公認の見解から逸脱するのであれば、もっともきびしく罰するべきであると要求する。かれらの魂は夜の審問官会議(20)において扱われるべきであり、そしてもしかれらが自説を撤回しないとか罪を繰り返すとかするのであれば、神をけがしているという告発は死を意味することになる。プラトンはソクラテスがまさにこの種の告発の犠牲になって死んだことを忘れてしまったのだろうか。

宗教的信仰そのものに関心があるからというよりは、国家にとっての利害に主眼がおかれているから、こうした要求が着想されてくる。この点はプラトンの中心的な宗教論からもわかる。プラトンは、『法律』で、神々は、善と悪との戦い――集団主義と個人主義とのあいだの戦いとして説明できよう(21)――において、誤った側に立つ者すべてを容赦なく罰する、と説いている。神々はたんなる傍観者ではなく、人間に対して活発な関心を抱いている。神々を宥《なだ》めることはできない。祈りによっても犠牲を捧げることによっても神々による懲罰を押しとどめることはできない(22)。この教義の背後にある政治的関心は誤認すべくもない。国家はこうした政治的宗教的ドグマのなんらかの部分に対して投げつけられる疑問、とりわけ神々は決して懲罰をあきらめないという教義に対して投げつけられる疑問はなんであれ、徹底的に押さえ込まねばならないとプラトンが要求するとき、そこにある政治的関心は一段と明瞭である。

プラトンのご都合主義やウソにかんする理論は、当然のことながら、かれがなにを言わんとしているのかの解釈を困難にする。かれ自身は自分の正義論をどの程度信じていたのだろうか。みずからが説いた宗教論の真なることをどの程度信じていたのだろうか。おそらくかれは、他の(取るに足らない)無神論者への処罰を要求したけれども、自分自身は無神論者だったのではないか。こうした問いのひとつに対してさえ決定的に答える望みはない。とはいえ、こうした疑念の生じるばあいプラトンに有利な解釈をとらないとしたら、問題の多いことだろうし、方法論的に見ても疑義を呼ぶだろう。またとりわけ、かれが変化は阻止されねばならないと信じた真面目さはほとんど疑いようがないということもある。（この点については第一〇章で語りたい。）他面で、プラトンがソクラテス的な真理への愛を、支配階級の支配が強化されねばならないというより根本的な原理の下においたことにも疑いはない。

しかし興味深いのは、プラトンの真理論は正義論ほどラディカルではまったくないということである。すでに見たが、正義は、実際上、全体主義的国家の利益に資するものとして定義されていた。真理をおなじように功利主義的にして実用主義的に定義することも、もちろんできたことだろう。くわえてプラトンは、神話も真理であると言えたことだろう。なぜなら、国家の利益に資するものはすべからく、信じられ、それゆえに〈真〉と呼ばれねばならないからである。そして、それ以外の真理の判定規準が存在してはならないのである。このような思考の道筋には、理論面で言えば、ヘーゲルの実用主義的な継承者たちもおなじように踏み入ったし、実践面で言えば、ヘーゲル自身とかれの人種主義的追随者たちも踏み入った。しかしプラトンは自分がウソをついていることを公然と承認するほどソクラテスの精神を十分に保持していた。ヘーゲル学派が歩み出

した一歩はソクラテスにしたがう者には考えもつかなかったであろう。(23)+

第三節

真理の観念がプラトンの最善国家で演じている役割についてはこれくらいにしておこう。ところで、第六章では、プラトンの政治綱領について解釈し、また、こうした綱領は紛れもなく全体主義的でありそしてヒストリシズムに依拠していると見なした。だが、そうした見解に対する反論にも触れておいた。そうした反論を取り除こうと思えば、正義や真理の観念のほかに、さらに若干の観念、たとえば、善、美、幸福といった観念も考察しなければならないだろう。そのための議論は、それらの観念やまた〈前章で一部論じた〉賢明さの観念から始めることができるだろう。というのも、真理の観念を論じたさいに、ある程度まで否定的な結果をえており、こうした結果は新しい問題を作り出すからである。つまり、かれは一方で哲学者を真理の友と定義し、他方で王は〈より大きな勇気をもち〉ウソに訴えねばならないと強調していたわけだが、だとしたら、なぜプラトンは、哲学者を王に、あるいは王を哲学者にしようとしたのか。

もちろん、この問いに対する唯一の答えは、プラトンは〈哲学者〉という語でまったく異なったことを考えていたということだろう。じっさい、前章で見たように、かれの言う哲学者とは真理を一心不乱に探求する者などではなくして、その所有を誇る者のことである。したがってプラトンが要求したのは、学識ある者の支配——こう呼んでよければ、賢人支配(Sophokratie)であった。この要求を理解するには、つぎの問いに答えねばならない。すなわち、プラトンの国家における支配者は知識の所有者——プラトンのことばをもってすれば、〈十分に学識を積んだ哲学者〉——であるわけだが、かれにはどんな役割があるから望ましいとされたのであろうか。その役割を考察するにあたっては、二つの部分に分けて考えるのがよいだろう。国家の創建において果たす役割と、国家の維持において果たす役割とである。

第四節

王としてふるまう哲学者の最初のもっとも重要な役割は、国家の創建者および立法者としての役割である。こうした課題に対してプラトンが哲学者を必要とした理由は明白である。国家が安定しているべきだとしたら、それは国家という荘厳な形相とイデアの真なるコピーであらねばならない。天上にあるオリジナルを見、そしてそれを模倣する能力を所有しているのは、もっとも高度な学問、すなわち弁証法に熟達した哲学者のみだからである。この点には、哲学者が主権をもつべきという議論をしている『国家』で、大きな重要性が与えられている。[24] 哲学者は「真理を見ること」を愛するのであり、真の愛をもつ者は、たんに部分ではなく、全体を見たいといつでも願うのである。したがってかれは、通常の人間のように、知覚対象物や、それらの「美しい音色、色、姿かたち」を愛するのではなく、美の形相とかイデアとしての「美の真なる本性を見、讃えること」を望む。このようにしてプラトンは〈哲学者〉という語に新しい意味を与えた。哲学者とは形相やイデアからなる神的な世界を愛する者であり、見つめる者であるというのである。そのような者としてかれは、高邁な国家の創建者となることができる。「神的なものと結びつく哲学者」は理想の国家とそこでの理想的な市民の「天上的な像〔ヴィジョン。幻想という意味もある〕を……実現させたいという衝動に駆り立てられる」というわけだ。かれは「神的なものをモデルとしてもつ」デザイナーあるいは画家に類似する。真なる哲学者のみが「国家の根本構造を起草できる」のである。というのも、かれのみが「その眼を彼方から此方へ、原型から描いている像へと、そして像からモデルへと立ち返り」つつ、オリジナルを見、そして模倣できるからである。[25]

「国制の描き手」[26]としての哲学者は徳と知恵の光によって支援されねばならない。国家の創建者という役割を果たす哲学者にとって、これら二つの観念およびその意義がどのようなものであるかについて若干のコメントを付けくわえておきたい。

プラトンの善のイデアは形相の序列において最高位に位置している。それは形相やイデアからなる神的世界における太陽であり、他のあらゆるイデアに光を投げかけるとともにそれらの存在の源である。[27] それはまた、あらゆる知識、あらゆる知恵の源あるいは原因でもある。[28] それゆえ、弁証法家にとっては、善を見、知り、そして評価する能力は、欠くべからざるものとなる。[29] 形相の世界における太陽であり光の源として、善のイデアは描き手としての哲学者が対象を知覚することを可能にする。したがって、その役割は国家の創建者にとってはもっとも大きな意味をもつわけである。だが、われわれに伝えられるのは、このようなまったく形式的な情報でしかない。プラトンの善のイデアは、どこにおいても直接的に倫理的あるいは政治的な役割を果たすものではない。よく知られている集団主義的道徳規範——そこでの指図や命令は善のイデアを引き合いに出すことなく導入されていた——から目を転じるならば、いかなる行為が善であり、あるいは善をひき起こすのかについてはなにも聞かされない。[30] 善は目標であり、どんな人もそれを目指して努力するということばは、われわれの知識を豊かにするものではない。こうした空疎な形式主義は『ピレボス』では一段と明瞭である。そこでは善は〈節度〉あるいは〈黄金律としての中庸〉の観念と同一視されている。[31] プラトンは〈善について〉という有名な講話をおこなったさいに、善を「統一あるものとして把握される限界づけられたものの集まり」として定義したために、無教養な聴衆をがっかりさせたということを読むと、聴衆への同情を禁じえない。『国家』ではプラトンはあからさまに[32]+〈善〉のもとでなにを理解すべきかを説明できないと言っている。ただひとつつぎのような実際的な提案があるが、それについては第四章の冒頭で触れておいた。善とは持続するものであり、悪とは没落し腐敗に至るものであるというのである。(だがここで語られている〈善〉は、善のイデアではなく、むしろ、ものをしてそれらのイデアに類似させる属性であるように見える。) ここからして善は、ものの変わらざる、そして停止させられた状態ということになる。それは静止しているものの状態である。

これではプラトンの政治的全体主義を超えてその先にまで理解をおよぼすことはできそうもない。またプラトンの賢明であることのイデアを分析しても、おなじように失望を味わうであろう。すでにみたように、賢明さはプラトンにとっては、みずからの被制約性へのソクラテス的な洞察でもなければ——そしてこれはわれわれの多くによって期待されるのであろうが——人間性への温かい関心とか人間の営みへの有用な理解でもない。プラトンの語る賢人とは、より高次の世界の問題にかかわり「人間の家常茶飯に目を向ける暇をもたず……秩序づけられたものや節度あるものに目を向け、それらをかたく心に留めておく者である」。ひとを賢くするのが真正の学びである。「哲学の本質は、永遠に存在する実在、生成消滅のおそれのない実在をあらわにする学びの友という点にある。」賢明さについてのプラトンの扱いは、変化を停止させるという考えを超えてではいないと思える。

第五節

国家の創建者がになう役割について分析した。しかし、プラトン理論における新規の倫理的要素があらわになったわけではない。示されたのは、国家創建者は哲学者であらねばならないという理由だけである。それは、哲学者が引きつづいて支配すべきであるという要求を全面的に正当化するものではない。説明されているのは、哲学者が最初の立法者であらねばならない理由だけである。あとにつづく支配者はいかなる変化も導入してはならないというのであったら、なぜかれは支配者でありつづける必要があるのか、その理由は説明されていない。したがって、哲学者が支配すべきだという要求を全面的に正当化するためには、国家の維持に結びついた課題が分析されねばならないだろう。

プラトンの社会学的理論からすると、国家はひとたび樹立されると支配階級の統一に分裂が生じないかぎり、安定して持続する。したがって、この階級を教育することは、支配者たちが果たしつづけねばならない重大な役割、つまり国家というものが存続するかぎり維持されねばならない役割である。このことは、哲学者が支配すべきであるという要求をどの程度まで正当化するであろうか。この問いに答えるためには、この役割の内部にさらに二つの異なった活動を区別しなければならない。すなわち、教育の監視と優生学的育成の監視とである。

なぜ教育の指導者は哲学者であるべきなのか。なぜ国家や教育システムが樹立されたあとではその監視を経験に富んだ将軍、つまり軍人王に委ねるだけでは十分ではないのか。教育システムは兵士ばかりでなく哲学者も育てるのだから、監視のためには哲学者および兵士が必要であるという答えでは、あきらかに満足できない。というのも、教育の指導者としての、あるいはその持続を図る支配者としての哲学者を必要としなくなれば、教育システムもまた哲学者を育てる必要もなくなるだろうから。教育システムそれ自体が要求するのだというのでは、プラトン的国家における哲学者の必要性を、また支配者は哲学者であらねばならないという要請を正当化することはできない。プラトンの教育が国家の利害を満たすということのほかに、たとえばそれ自身のために哲学的な能力を発展させるという個人主義的な目標ももっていたならば、もちろん、状況は異なるであろう。しかしながら、プラトンが自立した思考をどれほど恐れていたか(33)を考えてみるなら(参照、前章)、さらにこのような哲学的教育の理論的な最終目標がただただ「善のイデアを知ること」――このイデアについての詳しい説明は与えることができないとされている――でしかないのを見るとき、そうしたことでは説明にならないことが気づかれるであろう。さらにすでに第四章で見たように、プラトンがアテネの〈音楽〉教育にも制限を要求していたことを思い出すならば、この印象はいっそう強められるであろう。プラトンは支配者に哲学を教育することに大きな重きをおいた。それはべつな根拠から――純粋に政治的な性質の根拠から――説明されねばならないことなのである。

主要な根拠は、わたくしの見るかぎり、支配者の権威を極限にまで高めようとする欲求である。補助者の群れの教育がただしく機能しているならば、多数のよき兵士が存在するはずである。したがって、論難されることも乗り越えられることもない権威を打ち立てるためには、傑出した軍事的能力だけでは十分ではないということなのだろう。それはより高次の資格にもとづかねばならないのだ。プラトンは、それを、指導者たちのうちに発展させた超自然的で神秘的な諸力のうちに基礎づけた。かれらは他の人間とおなじではないのだ。かれらはべつの世界に属し、神と結びついているのだ。したがって王としてふるまう哲学者とは、一部には、部族の司祭王――ヘラクレイトスとの関連において言及しておいた制度――のコピーであるように思われる。(部族の司祭王とか、まじない師とか、シャーマンといった制度は、驚くほど素朴な部族的タブーを保持していた古代のピタゴラス派にも影響したと思われる。タブーの大部分はプラトン以前には放棄されていたと言ってよいだろう。だが、みずからの権威には超自然的な基礎があるというピタゴラス派の人たちの主張は残っていた。)だからプラトンの哲学教育には見間違えようもない政治的機能がある。それは支配者をきわだたせ、そして彼らと被支配者とのあいだに遮断柵を設ける。(これはわれわれの時代に至るもなお「高等」教育の主要な機能のひとつでありつづけている。)プラトン的な知恵とは、主として、政治的階級支配を持続させるために獲得されるものであろう。それはまた政治的「まじない」とも呼べる。それはその所有者、まじない師に神秘的な力を与えるものである。[34]

しかしながら、これでは、国家における哲学者の役割についての問いに対する全面的な答えにはなりえない。それはむしろ、なぜ哲学者が必要なのかという問いをただ移し替えたにすぎず、そして今度はシャーマンとかまじない師は現実の政治上でどんな役割を果たしているのか、という似たような問いに至るであろう。プラトンは、専門化された哲学的訓練を考え出したわけだが、そのときかれは、明確な目標を視野に入れていたにちがいない。立法者の役割は一時的であるが、それと対をなして、支配者には永続的な役割が探し求められねばならないのである。そうした役割が見つけ出される唯一の見込みは、支配人種の育成という領域にあるように思われる。

第六節

なぜ体制の永続化を図る支配者としての哲学者が必要なのか。その答えを見出すためには、つぎのような問いを立てるのがもっともよいだろう。哲学者がもはや体制の永続化を図るべく支配していない国家では、プラトンの考えでは、なにが生じることになるのだろうか、と。かれはこの問いに対して明確な答えを与えている。国家の守護者は、たとえ国家がどれほど完全であろうとも、ピタゴラス派の深遠な知恵やプラトン数を知らないならば、かれらの人種、したがってまたかれらの国家は退化せざるをえない。

人種理論はプラトンの政治綱領においては、当初思われるよりもはるかに大きな役割を演じている。婚姻を司る数としてのプラント数がかれの記述社会学の枠組み——（アダムの表現によれば）「プラトンの〈歴史哲学〉が差し込まれるべき枠組み」——を作っているのとおなじように、それはまた、哲学者が主権をもつべきだというプラトンの政治的要求の枠組みを作っている。第四章では、民がもっぱら家畜の育種と飼育によって生きていた時代であったプラトン的国家の遊牧民的な前史について語っておいた。したがって、プラトンの言う王とは王として血統の保持を図る者であると聞いても、おそらく読者は意外の念はもたないであろう。しかし、かれの言う哲学者が哲学的な血統の保持を図る者であることがあきらかになったら、やはり多くの人は驚くことであろう。学問的な、数学－弁証法的な、そして哲学にもとづく血統保存が緊急に必要だということが、哲学者が主権をもつべきだという論証のひとつになっているのだ。

番犬としての人間の純粋種の血統を保存するという問題は、『国家』の前半部で強調され、詳細に論じられている。この点については第四章で述べておいた。しかしながら、なぜ、ほんものの十分な資格をもった哲学者のみが政治的な血統の保持を図る者として有能であり成功を収めるのであろうか。これに対する納得のいく理由はいままでのところ見当たらない。だが、犬、馬、鳥などの育種家ならば誰でも知っているように、計画的な育種というものは、パターンなしには、達成しようとする目標なしには、つがいにさせ選抜する方法を用いて近づこうとする理想なしには、不可能である。こうした尺度がなければ育種家は決してどのような後裔が「十分によい」のかどうかを決定することはできないであろう。つまり、かれは「よい後裔」と「悪い後裔」との区別について語ることができないだろう。だがそうした尺度は、プラトンが血統保存を図りたいと望んでいる人種のプラトン的イデアに正確に対応するのである。

プラトンによれば、ほんものの哲学者、弁証法家のみが国家の神的な原型を見ることができるのであり、おなじようにただ弁証法家のみが他の神的な原型、すなわち人間の形相とイデアを把握することができるのである。ただかれのみがこのモデルを模倣し、天上から地上へ呼び出し(35)、そしてこの地上で現実化することができる。王のイデアはそのような人間のイデアなのである。多くの解釈者が考えたように、それは、あらゆる人間に共通なものを体現しているのではなく、つまり「人間」という普遍的な概念ではないのであり、人間の神的な原型、不変の超人なのである。それは超ギリシア人であり超主人である。哲学者は地上において、プラトンが「動揺することなどなく、もっとも男らしく、ありうるかぎりでもっとも美しい人間……高貴に生まれ、畏怖をひき起こす性格(36)」をもつ人種と記述した人種の血統保存を試みなければならない。それは「神ではないにしても神のごとき、そして完璧な美しさに形成された(37)」男と女からなる人種――本性上、王や支配者になるべく定められた支配人種――であるはずなのである。

ここに見たように、哲学者の二つの根本的な役割は相互に類似している。かれは国家の神的な原型と人間の神的な原型とをコピーしなければならない。かれは「みずからの神的なヴィジョンを個人のうちに、そしてまた国家のうちに実現すること(38)」ができるただ一人の者であり、またかれのみが唯一それを押し進めうるのである。

いまやプラトンがなぜ、はじめて動物の育種原理を人間という人種へ適用することを要求したそのおなじ箇所で、最初に支配者には通常の能力以上のものが付与されねばならないと示唆したのかが理解できる。かれは、動物の血統保存においては最大の注意を払って監視がなされていると言うのである。「こうした仕方でそれらの血統を保持しなかったならば、鳥や犬の種族はすみやかに退化してしまうとは思わないかね。」そこから〈ソクラテス〉は人間もこのような注意深い仕方で、血統保存されねばならないと結論したあとでこう叫ぶ。「なんと、まぁ！……人間という種族に対してもおなじ原理があてはまるのだとすれば、われわれの支配者にはどれほど法外な卓越性が要求されねばならないことか。(39)」この叫び声は重要である。それは、支配者は、その地位と特殊な訓練にかんして〈法外な卓越性〉をもった階級を形成すべきであるという最初の示唆のひとつなのである。それによってプラトンは、かれらは哲学者であるべきだという要求へ目を向けさせるのである。だがこの箇所はより大きな射程をもっている。というのもそれは、支配者は、人間という種族の医師として、ウソと欺瞞を処方する義務があるというプラトンの要求へストレートにつながっていくからである。ウソは必要であるとプラトンは主張する。「君の飼っている群れが最高度の完成を達成すべきだとしたならば」、それには統御が必要なのだから、「監視者の群れの分裂をじっさいに避けようとするならば、その統御は、支配者はのぞいて、とりわけ秘密が守られねばならない。」ウソを薬として処方する大きな勇気をもてという先に引用した呼びかけは支配者に向けられているが、それは、事実上この連関においてなのである。こうしてプラトンは読者に対して、かれがとくに重要と見なすつぎの要求にそなえさせる。支配者は補助者としての軍隊の若いメンバーの結婚に対して「胸中の相手をめあわせてもらえなかった連中が、……支配者のせいではなく、自分自身の運のなさのせいにするような巧妙な選抜方法〔くじ引き〕を導入すべきである。(40)」支配者は密かにシステムを動かし見張っているのだ。(プラトンはこの忠告をソクラテスに語らせている。これは偉大な師に対する侮辱にひとしい。)責任逃れというこの蔑むべき忠告をした直後に〈ソクラテス〉はひとつの提案をする。(41)それはグラウコンによってただちに取り上げられ、詳細に語られている。だからこれはグラウコンの布告と名づけてよいだろう。思うにそれは野蛮な法律である。(42)男であると女であるとにかかわらず、誰でも戦争がつづいているあいだは勇者の欲望にしたがう義務を課すというのであるから。「戦争がつづいているかぎり……なんぴともかれに対して〈否〉と言うことはできない。したがって兵士は、男であれ女であれ、誰かと愛の関係に入りたいと思うならば、その者はこの法律によって、勇気の対価をえようとしてさらに欲望を燃え上がらせるであろう。」そこから国家は——この点は注意深く指摘されているのであるが——二つの異なった利益をえる。このような刺激によって多くの英雄が、そして第二に英雄の子の増加によってさらに英雄がえられるというのである。（第二の利益は長期的な種族政策の観点から見れば非常に重要であるとして、〈ソクラテス〉の口にのせられる。）

第七節

こうした血統保存の方法に対しては特別な哲学的素養が必要とされるわけではない。しかし、哲学者による人間の血統保存の監視において、そのもっとも重要な課題は劣化の危険との戦いにある。その危険を克服するためには、十分な資格のある哲学者、すなわち（立体幾何学を含めて）純粋数学、純粋天文学、純粋和声学そしてあらゆる学問の頂点に位置する弁証法につうじている哲学者が必要である。数学的優生学、つまりプラトン数の秘密を知っている者が、堕落以前に享受されていた幸福を回復させ維持することができる(43)。グラウコンの布告が語られたわけだから、こうしたことすべてが考慮に入れられねばならない。(また、プラトンの考えでは主人と奴隷との区別に対応する、ギリシア人と野蛮人とのあいだの本質的な区別にかかわる幕間狂言が演じられたばかりでもあるのだから、そうなのである。) というのも、プラトンは注意深く自分のもっとも中心的にしてもっとも人目を驚かす政治的要求と述べたもの——哲学者が統治の主体になるべきであるという論——をやっと叙述するからである。プラトンの説くところ、この要求のみが社会生活の諸悪に終止符を打つことができる。すなわち、国家にはびこる悪、すなわち政治的不安定ならびにその隠された原因に、言い換えると、人間種族のメンバーたちに根ざす悪、すなわち人種の退化に終止符を打つことができると説くのである。ここに当該箇所を引用しておこう。

「それでは」とソクラテスが言う。「いまや先に〈もっとも大きな感激の波〉となぞらえておいたあのテーマに飛び込むことにしよう。わたくしにはね、自分の話が大笑いをひき起こすであろうことが目に見えるよ、それでもその話はしておかねばならないと思うのだ。じっさい、もうすでにこの波がわたくしの頭に流れ込んで来ている様がわかる、嘲笑と悪罵を轟かせながらね……」——「さぁ、話を始めてください」とグラウコン。「もしもだよ」とソクラテスが言う。「もしもだよ、哲学者が国家における王の権力を執らないのだとしたら、そしてまた、王とか寡頭政治家と称している者がほんもののそして完全な素養をもった哲学者にならないのだとしたら、そしてまた両者が、つまり政治権力と哲学がとだね、融合しないのだとしたら(他方、こんにちでは、生まれついての傾向にしたがい、これら二つのもののうちのひとつにだけでも関心をもつ多くの人たちは力ずくで押さえつけられているのだが)、もしもだよ、こうしたことが生じないのだとするならばだね、グラウコンよ、世界が静止することはないだろうし、悪が国家に、いやそれどころか、人間種族にはびこることをやめないだろうと思うのだがね。」[44]+(これに対してカントはつぎのような賢明な答えを与えた。「王が哲学するということ、あるいは哲学者が王になるということ、これは期待されるべきことではないし、望まれるべきことでもない。なぜなら、権力の使用は理性の自由な判断をいやが応でも死滅させるからである。だが王が、あるいは王のような……民衆が、哲学者の階級を消滅させたり沈黙させたりするのではなく、あからさまに語れるようにすること、これがかれらの仕事を光らせるうえで不可欠である。[45]」)

プラトンのこの重要な箇所は全著作への鍵として述べられてきたが、それはまったくただしい。「いやそれどころか、人間種族に」ということばは、わたくしの考えでは、一種の付け足しであり、この場所では比較的重要ではないのだが、コメントはつけておく必要がある。というのも、一般的に言ってプラトンはふつう理想化されているので、ここでは〈人類（Menschheit）〉について語っているのであり、その救済を超国家的な〈全体としての人類〉に延長しているのだという解釈(46)がなされてきたからである。しかし、この文脈では、プラトンは〈人類〉という倫理的カテゴリーを、民族、人種、階級の区別を超えたものとして捉える発想とは完全に無縁であったことを指摘しておくべきであろう。じっさい、プラトンは法のもとでの人間の平等を目指す闘士に対して敵意をもっていたのだ。この点にかんしては十分な証言が存在する。一例は、ソクラテスの古い弟子でありまた友でもあったアンティステネス(47)+に対するかれの態度である。アンティステネスもまた、アルキダマスやリュコフロンとおなじようにゴルギアスの学派に属していたのであり、ゴルギアスの平等論をあらゆる人間は兄弟であるという説へ、そしてあらゆる人間からなる普遍的な国という説へと拡張したように思われる(48)+。プラトンはこうした議論を『国家』において攻撃している。そこでかれはギリシア人と野蛮人との自然の〔生まれつきの〕不平等を主人と奴隷の不平等になぞらえている。しかもその攻撃は、ここで考察している決定的箇所(49)の直前でなされているのである。こうした理由や他の理由(50)から、プラトンは人間種族のうちにはびこっている悪を指摘することで、読者がこの箇所では十分に慣れ親しんだはずの理論、換言すれば、国家の安寧は最終的には支配階級の個々のメンバーの〈自然〔本性〕〉に依存するのであり、その本性、およびかれらの人種やその後裔の本性は、個人主義的な教育の害悪によって、さらに重要なことには、人種の退化によって危険にさらされているという理論を前提していたことがわかるだろう。プラトンは、〔一方における〕神のごとき静止と、〔他方における〕変遷や腐敗という悪とのあいだの対立を明確に指摘したコメントを述べているが、そこには数と人間の堕罪についての神話の指摘も含まれていた[51]。

プラトンはみずからのもっとも重要な政治的要求を語っているこの決定的箇所において、自分の人種理論をほのめかしているが、それは理解のいくことである。なぜなら、優生学の前提に属するあらゆる学問につうじた「ほんものの十分な素養を積んだ哲学者」なしには国家は方向を見失うからである。数および人間の堕罪について物語るなかでプラトンは、優生学への、つまり人種の純粋性を監視し確かめることへの関心の喪失が、退化した監視者が陥った最初にして致命的な怠慢の罪のひとつであったろうと伝えている。「そこからして監視者としての職務、つまり〔ヘシオドスの種族であり、また君たちの種族のことでもあるわけだが〕種族における金属、すなわち金、銀、青銅、鉄を監視し検査する課題のことだが、この職務にまったく不向きな支配者が任命されることになる[52]+。」

こうした悪のすべてを引き入れるのは、神秘的な婚姻数についての無知である。数は疑いもなくプラトンが手ずから発明したものであった。(それは和声学を前提し、そして和声学それ自体はふたたび『国家』が書かれた当時においては新しい学問であった三次元的物体の幾何学にもとづいている。)すでに見たように、プラトン以外の誰もほんとうの監視者としての職務の秘密を知らないし、そのための鍵を所有してもいない。だがこれが意味しうることはひとつしかない。すなわち、プラトン自身が王としてふるまう哲学者であるということだ。そして『国家』は、プラトン自身の王権への要求を定式化している――王としての権力は、かれが信じるところでは、その一身において哲学者の資格をもち、アテネの最後の王であり、プラトンが言うように、「王国をわが子に授けるために」おのれを犠牲にした殉難者コドロスの子孫でかつ正当な相続人である者、つまりプラトン自身に帰属するのである。

第八節

ひとたびこうした結論が引き出されるならば、見えていなかった相互関係を含めて、多くのことがらが理解されるし、明瞭になるだろう。たとえば、ほとんど疑いようもないことだが、プラトンは、自分の作品で当時の問題とか人物をあまたほのめかしており、理論的な論考というよりは現実の政治的マニフェストの執筆を意図していたということである。A・E・テイラーはつぎのように書いている。「『国家』はたんに統治にかんする理論的な議論を集めたものではなく……シェリーのように「世界を変革しようとする情熱を燃え上がらせた」……一人のアテネ人によって実際的改革のために提出された真面目な企画であった。それを忘れるならば、プラトンに対して重大な不正を加えることになる。(53)」これは疑いもなくただしいし、この点からのみでも、プラトンはみずから構想した、王としてふるまう哲学者を記述するにあたって、同時代の何人かの哲学者を思い浮かべていたにちがいない、と結論しても疑いは生じないであろう。『国家』が書かれた当時、アテネには哲学者と呼ぶことのできた卓越した人物は三名、アンティステネス、イソクラテスそしてプラトン自身しかいなかった。この点を念頭において『国家』を読むと、王としてふるまう哲学者の特徴が論じられている長々しい箇所にすぐに出会うのだが、そこではプラトン自身がそうした人物の特徴を明確にしている。その箇所は当時人気のあった者、すなわちアルキビアデスを誤認しようもなく暗示して始まり、ある名前(テアゲスの名前)に公然と言及することによって、またそれによって〈ソクラテス〉が自分自身を指し示していることをもって終わる。(55)その結果は、ほんとうの哲学者の名前にあたいし、王としてふるまう哲学者の職責にふさわしいのはごくわずかな者のみであるということである。高貴な生まれのアルキビアデスは、まさにそうした人間であったのだろうが、引きとどめておこうとしたソクラテスの試みにもかかわらず、哲学を見捨てた。哲学は、守られることもなく見捨てられ、その名にあたいしない求婚者によって悩まされた。最後には「哲学と結ばれるにあたいする一握りの人間のみが残った」。ここで到達した観点からすると本来、〈その名にあたいしない求婚者〉ということでアンティステネス、イソクラテスおよびかれらの学派が考えられていたと予期せざるをえないだろう。（そしてかれらは、プラトンにしたがえば、王としてふるまう哲学者についての決定的箇所からわかるように、〈力ずくで押さえ込まれ〉ねばならない人びとと同一であった。）またじっさい、こうした予期を裏づける独立の証拠が存在する。[56] 同様に、プラトンやおそらくかれの友人のうちの何名か（ディオンも含まれるのであろうが）は「……にあたいする一握りの人間」のもとにあると予期すべきであろう。この箇所を読み進むと、じっさい、プラトンがここで自分自身について語っていることにはほとんど疑いがない。「さてこの小さな集団に属する者は……多数者の狂気および公共のことがらすべての一般的な腐敗を明確に認識している。哲学者は……野獣の檻に入れられた人間に似ている。かれは多数者の不正には加わらないが、かれの力は、野蛮人の世界に取り囲まれているので、戦いを一人でつづけていくには十分ではない。かれは国家や友人のために善を為す前に殺害されてしまうかもしれない……こうした点をじっくり考えるならば、かれは引きこもり、みずからの努力を自分自身の仕事に限定するであろう。[57]+」苦々しくそしてきわめて非ソクラテス的なことば[58]+で表現されている個人的な憤懣は、ここでプラトンが自分自身を語っていることをあきらかにしている。しかしこの個人的な告白を十分に評価しうるためにはつぎの箇所と比較しなければならない。「熟練の航海士が未熟な水夫に対して命令に服するように乞うとしたら、それは自然に反する。賢者が富者の門前で待つべきだということもまた自然に反する……だが、貧富を問わず患者が医者の門に急ぐのは、まことであり自然である。同様に支配されることを必要とする者は支配できる者の門前に集まるべきである。そしてなにほどか価値のある支配者は、その支配を受け入れるようにとかれらに乞うべきではない。」こうしたことばが語っている途方もない個人的な自負の響きをいったい誰が聞き逃すであろうか。ここにわたしがいると、わたし、つまり生まれついての支配者、支配の術を知っている哲学者がいるとプラトンは言っているのだ。諸君がわたしを欲するならば、諸君はわたしのもとに来なければならない。そして、諸君が強いるならば、おそらくわたしは諸君の支配者になるであろう。だがわたしから諸君にそれを乞うことはないであろう。

かれは、かれらがやってくるだろうと信じたか。世界文学の多数の偉大な作品におけるのとおなじように、『国家』においてもまた、著者には成功[59]への熱狂的にして常軌を逸した願望が失望の時期と入れ替わる前触れがある。プラトンは少なくとも一再ならず、かれら大衆がやってくるであろうと念じた。かれは、著作の成功、知恵の名声が、彼ら大衆をかれのもとに連れてくるであろうと期待した。だがときを同じくしてかれは、かれらは熱狂的な攻撃へと駆り立てられただけかもしれないと、そして間近に迫ってくるのは「嘲笑と罵詈の轟き」――おそらくは死――かもしれないと感じもしたのだ。

プラトンは功名心が強かったのか。かれは星をつかもうとした。かれは神たらんことを求めた。多くの人びとはプラトンに熱狂したが、しばしば、その一部はかれが多くの人の内密の夢に表現を与えたからではないかという思いが脳裏をよぎる。[60]+ かれが功名心に反論している箇所においてさえ、かれは功名心に鼓吹されていたのではないかという思いを押さえられない。哲学者に功名心はない――たとえ「支配者になるべく定められていたとしても、かれはそれを少しも求めない[61]」とかれは断言する。その理由は、かれの身分が高すぎるからというのだ。かれは神的なものとことばを交わしているのであり、なるほどその高みから、膝下の死すべき者どものもとに下ってきて、一身を国家の利益のために犠牲にすることもできよう。かれはそれを望んではいないが、本性上の支配者、救済者として降臨する覚悟はもっている。哀れな死すべき者たちはかれを必要とする。

かれなくして国家は破滅する。なぜなら、かれのみが国家を維持する秘密——腐敗を押しとどめる秘密——を知っているからだ……。

王としてふるまう哲学者が主権をもつという考えの背後には、権力への野望が控えている。この事実をしっかりと目に焼きつけねばならないだろう。支配者についての美しい肖像画とは自画像なのだ。これを発見したショックからひとたびわれに返るならば、この畏怖をひき起こす肖像を見つめ直すことができる。ソクラテス的イロニーという小さなひと包みを一服して元気になれば、おそらくこの肖像ももはや恐るるに足るものではなくなるだろう。かれの人間的な、じっさい、あまりにも人間的すぎる特徴を見出すだろう。そのうえ、最初の玉座をしつらえる代わりに最初の哲学講座を打ち立てることで満足しなければならなかったプラトンにいくばくかの憐みも感じるであろう。かれはみずからの夢、すなわち自分自身の肖像に模した王のイデアを決して現実化できなかった。イロニーという小さなひと包みを一服して元気になれば、プラトンの物語のうちに見出すのは、おそらくプラトン主義に対する無邪気で意識されていない小さな風刺短編との陰鬱な類似であろう。『醜いダックスフント』(62)の物語では、トーノーは自分自身の模像に似せて〈偉大な犬〉の王者としてのイデアをつくる(最後には、幸せなことに自分自身がその〈偉大な犬〉であることを見出すのである)。

王としてふるまう哲学者のイデアは人間の矮小さのなんたる記念碑であることか。それとソクラテスの質朴さや人間性とのあいだにはなんたるコントラストがあることか。ソクラテスは、政治家に対して自分自身の権力、優越そして知恵に幻惑されてしまう危険を警告し、われわれはすべてか弱い過ちを犯しやすい人間にすぎないという重要な洞察を教えようとした。このイロニーの世界、つまり理性と誠実性の世界から、賢者が魔力をもって通常の人間のはるか高みに立つプラトンの王国へは、なんと急峻な没落であることか。とはいえ、かれらは、ウソをつかなくともいいほど、あるいはシャーマンの哀れな商売をあきらめられるほど高みにいたわけではなかった。かれらは、同胞を支配する力をえるために、呪文、血統保存〔育種〕の呪文、つがいにさせるための呪文の販売をあきらめなかった。

第九章　唯美主義、完全主義、ユートピア主義

すべてが打ち壊されねばならない。そのようにして始めなければならない。ちょっとでもましなものをこの世界にもち込む前に、われわれの呪われた文明全体が消滅していなければならない。

ロジェ・マルタン・デュ・ガール『チボー家の人びと』における「ムールラン」

プラトンの政治綱領には、政治的問題の取り扱いにかんしてきわめて危険と思われる〔政治や改革への〕接近方法がある。それを分析しておくことは、合理的な社会技術の観点から見て、大きな実際的意味をもつだろう。取り上げたいのは、大規模計画の方法、ユートピア社会工学、社会秩序の改造にかんするユートピア工学あるいは全体計画の工学と呼べるプラトンの接近方法である。それとは対立する、そしてわたくしが唯一合理

的と見なしている他の種類の社会工学が存在する。それはばあいばあいに応じて適用される社会工学、個別的問題を扱う社会工学、社会秩序の一歩一歩の改造を目指す工学、あるいはピースミールな社会工学と呼べるだろう。だが、ユートピア工学は、それが呼び起こす見かけのゆえにきわめて危険である。というのも、純然たるヒストリシズム、徹底したヒストリシズムであれば、歴史の成り行きを変えることはできないという前提でものごとを進めて行くわけであるが、ユートピア工学は、それとは明白に異なって、徹底さに欠けたヒストリシズム、つまり、人間は歴史に影響をおよぼすことができるというプラトン流のヒストリシズムの必然的な補完物となっているからである。

ユートピア社会工学はつぎのように記述することができるだろう。あらゆる合理的行為は一定の目的をもたねばならない。そうした行為は、その目的を意識しそれを首尾一貫して追求するかぎりで、またその目的に対応した手段を定めていくかぎりで、合理的である。としたら、合理的に行為しようとするかぎり、最初に解決すべき課題は目的の選択である。ほんとうのそして最終的な目的を注意深く確定しなければならないのであり、そうした目的とは区別されなければならないのが、最終目的へ至る過程での手段、あるいはその一歩としての、真剣に考慮すべき部分的目的もしくは中間的目的である。この区別を考慮に入れないのであれば、そうした部分目的が最終目的を促進しそうかどうかという問いもまた無視されることになるだろうし、したがって合理的に行為することもできなくなるだろう。こうした原則を政治的実践の領域に適用するならば、なんらかの実践的な行為を企てるまえに、われわれの最終的な政治的目的、あるいは理想国家を確定しておくことが要求されることになる。そうした目的が少なくとも大まかな輪郭においてであれ決定されるとき、言い換えると、追求すべき社会秩序についての建設計画が所持されるとき、そうしたときにのみ実現のための最良の手段とか方策を考慮に入れた、実際行動のプランを策定できるだろう。〈合理的〉の名にあたいするどんな実践的政治行動にとっても準備は必要である。とりわけそれは、社会建設そのものにとって必要である。

以上は、概略ではあるが、わたくしがユートピア的と呼ぶ方法論的アプローチである。(1) これには説得力もあるし、魅力もある。実際のところこれは、ヒストリシズム的偏見とは距離を取り、それとは戦った思想家をさえひきつけてきた。とすれば、いたるところに見られるユートピア工学はいっそう危険であり、したがってそれを批判することが緊急の課題となるだろう。

こと細かな批判にとりかかる前に、社会工学にはわたくしがピースミール社会工学と呼んでいる他の方法もあるので、その概要を描いておきたい。それは、わたくしの見るところ、方法論から提起されるかもしれない異議申し立てを免れている。この方法をわがものとした政治家にしても、かれなりに社会秩序についての青写真を心中にもっているかもしれない。かれは、人類がいつの日にか理想国家を実現し、それによって幸福と完全性が地上に樹立されることを望んでいるかもしれない。だが、かれは、いずれにしても、完全性というものは、そもそも達成されうるとして、はるか遠く彼方にあること、また人間のどの世代も、したがっていま生きている世代も、自分たちの正当な要求をもっていること、換言すれば――人間を幸せにする制度的手段といったものは存在しないのだから――幸福を要求するよりは、そもそも回避できるならば不幸に落とされたくないという要求をもっていることを洞察している。苦しんでいる者には、考えられうるどんな援助でも求める権利がある。それに応じて、ピースミール社会工学の擁護者は、社会における最大のそしてもっとも緊急に排除すべき悪を探し回り、それらを除去しようと試みるであろう。かれは至高の善を嗅ぎまわりその実現を図ることはない[2]+。この間の相違はことばの違いといったものではない。それは、じっさい、最大級の意義をもつ。それは、人間の生活を改善するための合理的な方法と、試みられたならば人間の苦患の耐えがたい悪化をたやすく招く方法とのあいだの相違である。それは、あらゆるときに適用される方法と、採用されても事情が有利でないならば行動をたえず先送りする方法とのあいだの相違である。それは、また（のちに見るロシアを含めて）社会的状態を改善し成功した唯一の方法と、試みられるならいつでも理性ではなく暴力の使用に至り、そしてこの方法の完全な放棄ではなく、もともとの目的の放棄に至る方法とのあいだの相違である。

なんらかの理想の実現を目指して戦うことにくらべたとき、ピースミール社会工学の擁護者は、苦患、不正、そして戦争と組織的に戦うことは、大多数の人間からの支援をえられやすい、と言って自分たちの方法を擁護できるであろう。社会悪が存在すること、ことばを換えれば、多くの人間がそのもとで苦しんでいる社会状態が存在することは比較的容易に確定できることがらである。つまり、苦しんでいる人たちは自分たち自身の経験からそう判断できるであろうし、そうでない人たちは、代わりたいなどとはほとんど言わないであろうから。これに対して、理想の社会について理性的に討論することははてしなく困難である。社会生活はきわめて複雑であり、大規模な社会的施策のための青写真の価値について、それが実際的であるか、じっさいに改善をもたらしうるか、それにはどのような苦患が結びついている可能性が高いのか、そしてその実現のためにどのような手段がありうるのか、といったことをただしく評価しうる人はおそらく皆無であろう。それとは反対に、社会秩序のピースミールな改造計画については比較的簡単に判断できる。例としては、疾病とか失業に対する保険といった個別的制度のための計画案、仲裁裁判所を設ける案、経済危機に対処するための予算案とか教育改革案といったものが挙げられるだろう。(3) それらは失敗に終わったとしても、害はそれほど大きくはないし、以前の状態の修復もそれほど困難ではない。この種の企てはリスクが少ないし、まさにそれゆえに異議を申し立てられることも少ない。現にある悪と戦うための手段については、理想的善やその実現手段についてよりも容易に意見の一致がえられる。とするならば、漸進的改造という方法を適用すれば、どんな理性的な政治的改革にもつきまとう最大の困難、すなわち、いかにしてプログラムの遂行において、情熱とか暴力ではなく、理性が勝利するようにすべきかという問題を克服していけるだろう。理性的な妥協を目指し、民主主義的な方法の助けのもとで妥協によって改善を達成できるであろう。(〈妥協〉ということばは不快なことばではあるが、ただしく使うべきである。制度は、不可避的に環境や利害関係などとの妥協の産物である。たとえ個人としてはこうした種類の影響に抵抗すべきであるとしても。)

これとは反対に、完全に新しい社会秩序の構想にもとづいて理想の国家を実現しようとするユートピア的試みは、少数者による中央集権的支配体制を必要とし、それゆえに間違いなく独裁に至るであろう。(4)+ ここに述べてきた考えはユートピア主義的なやり方に対する決定的な批判になると思う。なぜなら、指導者原理について述べた章で示そうとしたように、権威主義的支配は最高度にいかがわしい統治形態であるからである。その章では語りそびれた点がいくつかあった。だが、それらの点を述べるならば、ユートピア主義者のやり方に対するより優れた反論を語ることができるであろう。そうした難点のひとつは——慈悲を垂れようとしている独裁者こそ見つめなければならないものなのだが——自分の政策の結果が自分のよき意図に合致しているかをどうしたら確定できるかという困難である。（アレクシ・ド・トクヴィルは百年以上も前にこの点を明瞭に見抜いていた。）この困難は、市民が独裁に対してはその統治を批判しようとしないところに起因している。したがって慈悲を垂れる独裁者はみずからがとった施策に対する嘆きをほとんど聞くことができないであろう。しかし、その種の怨嗟による統制がなかったら、かれは自分の施策が慈悲を垂れるというみずから望んだ目標を達成したかどうかを判定することさえできない。ユートピア社会工学者にとっては、状況は一段と悪いものにならざるをえない。社会の再建は、その間、多くの人間に対して多大の不都合、いやそれどころか苦患を与えざるをえない大きな出来事である。したがってユートピア社会工学者は多くの嘆きに対して耳をふさがざるをえないであろう。実際のところ、かれの仕事は一部には理性的でない異論を抑え込むことになるだろう。しかしそうしたならば、かれは不可避的に理性的な批判も押さえ込んでしまわざるをえない。かれはレーニンのように「殻を割らずにはオムレツは作れない〔成し遂げるには犠牲も必要〕」ということになるだろう。

ユートピア社会工学のもうひとつの困難は独裁者の後継者の問題とかかわる。この問題のある種の側面については第七章で言及しておいた。ユートピア社会工学が巻き込まれていく問題は、慈悲を垂れる僭主が自分とおなじように慈悲を垂れる後継者を発見しようとするときの問題と比較できよう[5]。だが、ユートピア社会工学者が直面する問題ははるかに重大である。ユートピア的プロジェクトは広範であり、社会工学者、あるいはそうした者たちの集団は生きているあいだにみずからの目的を達成できそうもない。くわえて、もし後継者がおなじ理想を追求しないのであれば、そのときにはおそらく民衆がこの理想のために払った一切の苦しみが無に帰すだろう。

この議論を一般化することでユートピア主義者のやり方に対してさらに批判を加えることができる。あきらかに、ユートピア主義的方法が実際上の価値をもつのは、最初の構想が、おそらくなんらかの修正は加えられるだろうが、その完成に至るまで仕事の基礎でありつづけると仮定されるときのみである。その仕事の完成にはなんと言っても時間がかかる。その時間は政治的精神的革命の時期であり、政治の領域での新しい実験や新しい経験に満ちているだろう。したがって理念や理想も変わるだろうと予想される。もともとの構想を立てた創始者の脳裏に理想の国家として思い浮かんだものが、かれらの後継者においては、もはやおなじようなかたちをとっては現れてくることはないだろう。だが、そうだとすれば方法の全体が崩壊する。最初に終極の政治的目的を設定し、それにもとづいてその実現のための仕事をおこなうという方法は、目的は現実化の過程でそうとうに変わりうることが認識されるや、価値を失ってしまうであろう。これまでになされた施策が、この新規にたてられた目的の実現から大きく隔たっていることがいつ判明するかもわからない。そして方向は新しい目的に応じて変わるのだとすれば、ふたたびおなじ危険にさらされる。あらゆる犠牲を払ったにもかかわらず、どこにも近づけないかもしれないのだ。具体的場面で結ばれた妥協の実現よりも、はるかな理想へ向けての一歩を選ぶ社会工学者は、いつにせよ、理想が非常に遠く隔たっているのであれば企てられた一歩がその理想に向かうのかそれともそこから離れていくのかを見きわめるのはきわめて困難である。それを直視すべきなのだ。とりわけ、道がジグザグしているとか、あるいはヘーゲルの決まり文句で言えば「弁証法的」であるとか、そもそも計画が明瞭でなかったばあいには困難であろう。（これは、目的は手段をどの程度まで正当化するのかという、古くからのそしていくぶん素朴な問いにかかわっている。わたくしの考えでは、およそどんな目的でも手段を正当化することはできない。だがこの点はわきにおこう。かなり具体的なそして実現可能な目的であれば暫定的に手段を正当化しうるが、遠く隔たった理想がそれを正当化することなどありえないだろう。(6)+）

さてユートピア主義者のやり方を救おうとしたら、ただただプラトンのように絶対的なそして不変の理想を信じ込むことによってのみであることがわかるだろう。そのさいにはつぎのようなさらに二つの仮定が付け加えられる。すなわち、(a)そうした理想とはどのようなものであるかを最終的かつ永久的に定めうる合理的な方法が存在するという仮定、(b)その実現のための最良の手段を意のままにしうるという仮定。さて、このような広範な仮定をもち込むならば、たしかにユートピア的方法論はまったく無益であるという非難を阻止できるであろう。だがプラトン自身でさえ、また熱烈なプラトン主義者でさえ、(a)はただしくないこと、すなわち、終極の目的をいかにしたら発見できるかを教えてくれる合理的な方法は存在しないことを承認するであろう。そもそもあるとしたら、せいぜい、一種の直感に身を任せることだけであろう。したがって合理的方法が存在しないとしたら、ユートピア工学者間に生じるどんな意見の相違も、その解消には、理性ではなく、権力の使用あるいは暴力の使用が必要にならざるをえないだろう。そもそも一定の方向でのなんらかの進歩が生じるとしたら、それは受け入れられた方法にもかかわらず生じたのであり、その受け入れられた方法ゆえに生じたのではない。成功したとするなら、それはおそらく、たとえば指導者の圧倒的に卓越した性格によったのかもしれない。忘れてならないのは、圧倒的に優れた指導者は合理的な方法の産物ではなくして、幸運な状況の産物であるということである。

重要なのは、この批判がただしく理解されることである。わたくしは、理想は決して実現されないとか、それはいつでもユートピアに止まらざるをえないという事実を指摘することで、そうした理想を批判しているのではない。そうしたことは的確な批判ではないであろう。なぜなら、かつて独断的に実現不可能と宣言された多くのことがら、たとえば市民間の平和を実現するための制度——すなわち国家の内部における犯罪を阻止するための制度——は実現されたし、またわたくしは、それと同様に国際的な犯罪——武力による攻撃とか威嚇——を阻止するための制度の樹立が、たとえしばしばユートピア的であるとの烙印を押されてきたとはいえ、むずかしすぎる問題であるとは思わないからである[(7)+]。わたくしがユートピア社会工学として批判する対象は、社会を全体として再構成しようとするもの、言い換えると、実現するには広範きわまりない変革をおこなわざるをえないし、またそこからの実際面での帰結についてはわれわれの経験が制約されているために非常に評価しがたい提案のことである。ユートピア社会工学は、社会全体についての計画をたてるが、その非常に野心的な要求をわずかでも正当化するのに必要とされる事実にかんする知識が存在しないにもかかわらず、その計画を合理的に立案していると主張しているのだ。われわれにはそのような知識はありえない。なぜなら、この種の計画に対して実践上の経験は不十分でしかないし、事実にかんする知識は経験にもとづかねばならないからである。社会工学を大規模に適用するために必要な社会学的知識は文字通り存在しない。

ここに述べたような批判をくんで、ユートピア社会工学者は実践的な経験とそれにもとづく社会技術の必要性を十分に承認するであろう。しかし、かれはつぎのように反論することだろう。ユートピア的実験を決断しないのであれば、こうしたことがらについてはもはや知識をもちえないであろうし、そうした実験のみが必要な実践的経験を与えてくれるのだ、と。さらにかれは、ユートピア社会工学は社会への実験的方法の適用に他ならないとつけ加えることだろう。実験は広範な変化をひき起こすことなしには実行できない。膨大な人口を抱えた現代社会の特性からして大規模な実験をおこなわねばならない。たとえば社会主義の実験は、それがひとつの工場、ひとつの村落、さらにはひとつの地域に限定されるならば、切実に必要とされる現実的情報を与えてはくれないだろう、と。

　こうしたユートピア社会工学支持論は、至るところに広まっているが、支持しがたいひとつの偏見、すなわち、現実的な社会実験は〈大規模に〉実行され、世界全体とかかわらざるをえないという偏見をあらわにしている。だがそれに対して、少しずつなされる社会実験は社会のただ中で現実的な諸条件のもとで進められる。しかもしばしば〈小規模に〉なされるのであって、決して社会全体を革命的に変えるものではない。新種の生命保険、新種の課税、新規の刑法改正の導入といったことはすべて、全体としての社会を変えることなく、社会秩序全体に反響を呼ぶ社会実験である。新しいお店を開くとか、観劇のチケットを予約したりする人は誰でも、ある種小規模の社会実験を実行しているのだ。社会的諸条件についてのわれわれの知識のすべては、この種の実験をおこなうなかでえた経験にもとづく。ここでわれわれが立ち向かっているユートピア社会工学者が、実験室の条件(たとえばある孤立した村落)で実行された社会実験にはほとんど価値がないと、なぜなら知りたいのは社会の通常の条件下で生じることなのだから、と指摘するなら、かれはただしい。だがこの例はまさにユートピア工学者の偏見がどこにあるかを示している。かれは、社会について実験をしようと思うならば社会の構造全体を変えなければならないと確信しているのだ。そしてかれにとっては控えめな実験が実験となるのは、ただ小さな社会の全体構造が変わるときのみなのである。だが、われわれがもっとも多くを学ぶ種類の実験とは、個別の社会制度のその都度の変革である。というのも、ただそのようにしてのみ、われわれはいかにして制度を他の制度の枠組みのなかに適合させるべきなのか、また制度をわれわれの意図通りに働かせようとするならば制度をどのように作ったらよいのかを経験するからである。そしてそのようにしてのみ、将来の改革の意思を危険にさらすような重大な跳ね返りを冒すことなしに、われわれは過ちを犯したり、そこから学んだりできるのである。それに対してユートピア的方法は、すでに無数の犠牲が捧げられた構想への危険なドグマ的固執をみちびくにちがいない。強力な利害関係が実験の成功と結びついているのだ。そうしたことは実験の理性的性格、あるいはその学問的価値になんら寄与しない。対するにピースミール社会工学はくり返しの実験を許容するし、漸進的改良を可能にする。政治家は、誤りを言い繕ってしまうか、あるいは自分たちはいつでもただしかったのだと証明しようとするものだが、そうした漸進的改良はおそらく、自分自身の誤りに気づくというよりましな状況をじっさいにみちびきうるだろう。ユートピア的計画とか歴史予言ではなく、これらのことは政治への学問的方法の導入を意味するであろう。なぜなら、学問的方法の奥義は誤りから学ぶという覚悟にあるからである。(8)

こうした考えは、社会工学を機械工学と比較してみるならば裏づけられると思う。ユートピア社会工学者は、当然のことながら、技術者はしばしば非常に複雑な機械であっても全体として設計するものだし、かれらの構想は、しばしば前もって計画された一定の機械に対してのみならず、こうした機械を生産する工場全体にも及ぶ、と主張することだろう。これに対してはこう答えたい。技術者がそのようにことを進めうるのは意のままになる十分な経験があるからであり、そのさいには試行錯誤によって発展させられた理論に立脚しているのだ、と。すなわち、かれが設計できるのはすでにありうる誤りすべてを犯してしまっているからであり、あるいは表現を変えるならば、一歩ずつの方法の適用によって獲得した経験にもとづいているからだ、と。かれの新しい機械は多数の小さな改善を積み上げた結果なのである。通常、かれはまずモデルを作る。そしてこのモデルのさまざまな部分にピースミールな修正を加えたあとではじめてかれは生産のための最終的な設計ができたと考える。同様に機械製作のためのかれの計画は多数の経験を含んでいる。それは旧来の工場で導入された漸次的な改良すべてを含んでいるのだ。大規模な方法――あるいはユートピア的方法――がはたらくのは、ピースミールな改善という方法が多数の詳細な経験を与えてくれるときのみであり、そのばあいでもそのような経験の枠組みにおいてのみである。最初にモデルを作り、小さな改良をつうじてそれを可能なかぎり〈発展させる〉ことなしに、新しい機械をただ構想にのみもとづいて場主はまずいないであろう。——その構想が最大級の専門家に由来するときでさえ——生産すると断言するような工場主はまずいないであろう。

ここに述べた議論は、プラトンのユートピア社会工学に対する批判として、すなわちプラトン的観念論を政治に適用することへの批判と見なすことができる。カール・マルクスはみずからが〈ユートピア主義〉と命名したものを批判したが、それとここでの批判とを比較してみるのも有益かもしれない。マルクスの批判とわたくし自身の批判はともにより多くの現実主義を要求する。われわれはともに、社会的行動が正確に望まれた結果をもたらしたことはかつてほとんどないのであるから、ユートピア的計画が考えられた通りに実現することは決してないと信じている。（だからといって、ピースミールなやり方が挫折するわけではない。なぜなら、われわれはここでは学べるのであって——あるいはむしろ、ここで学ぶべきなのであるが——行動しているあいだも自分の考えを変更できるからである。）しかしマルクスとわたくしとのあいだの相違も大きい。マルクスはユートピア主義を攻撃することであらゆる種類の社会工学を弾劾している——これはめったに理解されていない点なのであるが。かれは、社会制度について合理的な計画の可能性を信じることを完全に非現実的なことと見なした。なぜなら、社会は歴史法則にしたがって成長せざるをえないのであり、決してわれわれの合理的な計画にしたがうわけではないとされたからである。われわれがなしうる一切は、歴史的諸過程の産みの苦しみを緩和することであるとかれは主張する。ことばを換えれば、かれは徹底したヒストリシスト的態度をとっているのであり、一切の社会工学に敵対している。しかしユートピア主義のうちには、プラトンの流儀をきわだって特徴づけるとともに、マルクスも決して反対しない一要素が存在する。しかもそれは、わたくしが非現実的であるとして攻撃した諸要素のうちでも、おそらくもっとも重要な役割を演じている。それは、ユートピア主義の遠大な将来計画、すなわち社会をまるごと取り扱い、路傍の小石でさえも裏返しにせずにはおくまいとする試みである。言い換えれば、社会的悪に対してはその根底まで踏み込まねばならないという確信、障害をひき起こすような社会体制の完膚なき廃絶のみが（マルタン・デュ・ガールの表現をもってすれば）「ちょっとでもましなものをこの世界にもち込む前になされる必要がある」という確信、簡単に言えばその妥協なきラディカリズムである。（読者は気づかれるであろうが、わたくしは「物事をその根底にまでさかのぼっていく」という態度を特徴づけるために、このラディカリズムということばをその本来の文字通りの意味で用いているのであって「リベラルな進歩主義」という新しい意味で用いているのではない〔Radikalismus の語根になるラテン語の radix は「根、根源」を意味する〕。）プラトンもマルクスも社会全体がラディカルに〔根底から〕作り変えられる黙示録的革命を夢見ている。

この遠大な将来計画、このプラトンのやり方（そしておなじようにマルクスのやり方）のもつ極端なラディカリズムは、思うに唯美主義に、つまり世界を現在よりも少しでもよりよく、より合理的なものにしようとするのではなく、その醜さを完全に拭い去った世界を打ち建てようとする願望と結びついている。古い切れ端を集めて作った衣服ではなく、まったく新しい衣装、つまりじっさいに美しく新しい世界をつくりたいという願望と結びついているのだ。(9)+ このような唯美主義は非常にわかりやすい態度である。じっさい、われわれのほとんどはこの種の完璧さの夢を患っているように見える（その理由は次章であきらかにするつもりである）。だが、このような美的興奮は、理性によって、つまり責任感によって、そしてまた援助したいという人道主義的な衝動によって抑制されているときにのみ価値をもつのだ。そうでなければ、それは危険であり、一種のノイローゼとかヒステリーになりかねない。

このような唯美主義が一段と強く表現されているところは、プラトンをおいて他のどこにもない。プラトンは芸術家であった。多くのもっとも優れた芸術家とおなじように、かれはモデル、すなわち自分の作品の〈神的な原像〉を目にし、そしてそれを忠実に〈コピー〉しようとした。前章で挙げた相当数の引用文はこの点を解き明かすであろう。プラトンの理解する弁証法とは、基本的に純然たる美の世界の知的感得なのである。かれの言う十分な素養をつんだ哲学者とは、「美の、正義の、善の真実を見た(10)」者であり、善、美、正義および真理を天上から地上へもたらすことのできる者である。政治はプラトンにとっては王者の芸術(Kunst)である。それは人心操縦術(Kunst)とか整理整頓術(Kunst)といった比喩的な意味においてではなくして、文字通りの意味において術(Kunst)である。それは音楽、絵画とか建築のように構成の術(Kunst)である。プラトンの政治家は国家をその美のために構成する。

だがここでわたくしは抗議しておかねばならない。芸術家の表現欲を充足する手段として人間生活が用いられてはならないのだ。むしろ、あまりにも強く他人の生活を害するのでないかぎり、どんな人にも自分の欲するままに自分自身の生活を形成する権利があるべきだと要求されねばならない。わたくしは美的衝動に大いに共感するとはいえ、芸術家はその理念の表現のためにはべつな素材を選んだらよいと考える。政治は平等主義と個人主義の原則を維持すべきだというのがわたくしの要求である。美の夢は、助けを必要とし不正をこうむっている人びとが助けられるまで、こうした目的に役立つための必要な制度が樹立されるまで見送られねばならない(11)。

興味深いことだが、一方の側におけるプラトンの生粋のラディカリズム、つまり大規模な施策の要求と、他方の側における唯美主義とのあいだには密接な親縁関係がある。つぎの箇所はそれをあざやかに特徴づけるものである。プラトンは「神的なものと交渉する哲学者」について語り、最初に、こうした哲学者は「みずからの天上的なものにかかわる洞察を、個人においてもまた国家においても実現したいという……衝動に」駆りたてられていると語り、「描き手が神的な模範にならって描こうとする芸術家ではないため幸福を知らなかった」国家に対してもそうであると言うのである。描き方の詳細を問われたプラトンの〈ソクラテス〉はつぎのような驚くべき返答をする。「かれらは、国家や人間の性格を画面として使うであろう。そしてかれらは最初に画面をまっさらにする――これは決して容易な仕事ではないのだが。だが、これこそまさにかれらが、君も知っているように、他のあらゆる者から区別される点なのだ。かれらはまっさらな画面をえるか、自分でまっさらにしてしまう以前には、国家について、あるいは個人について仕事を始めない(し、法を立案しようともしない)であろう[12]+。」

プラトンは、画面をまっさらにするというとき、なにを考えていたのだろうか。この点は少しあとで説明されている。「どうすればそれができるのですか」とグラウコンが尋ねたのに対しソクラテスはつぎのように答えているからである。「国家の市民全員は、一〇歳を超えたならば、都市から追放し、どこか田舎に退去させねばならない。そして子供たちは、いまや親の風習や考えの悪影響から解放され、連れてこられる必要がある。かれらは真の哲学者のやり方で、そしてすでに述べておいた法律に合致して、教育されねばならない。」（言うまでもなく哲学者は追放されるべき市民たちの群れのなかにはいない。かれらは、教育に従事するのであり、おそらくは教育を維持する市民ならざる者にとどまるのだ。）またおなじ精神で、プラトンは『政治家』では、国家をみちびく支配の術である帝王学に合致して、国家を指導する王たる支配者についてつぎのように語っている。「法にしたがって、あるいは法なくして、進んであるいは進まずして臣民となった者を支配するのであれ……市民何人かを殺害、追放することで、国家をその最善のために粛清するのであれ……——学問と正義の規矩準縄にしたがって事をすすめ国家を維持し……国家をかつてよりもよくするのであるかぎり——こうした統治形態こそ唯一ただしいものと呼ばれねばならない。」

芸術家としての政治家はこのように進まねばならないのである。これが〈画面をまっさらにする〉という意味なのである。かれは、いまある制度や伝統を廃絶しなければならない。かれは、粛清し、追放し、退去させ、殺害しなければならない。（〈清算〉〔Liquidieren〕」とはこうしたことばに対する現代の怖気を催させる語である。）プラトンの叙述は、じっさい、あらゆる形態の拘束なきラディカリズムに見られる妥協なき態度——

妥協を排する唯美主義者の拒絶——についての的確な記述である。社会や国家は芸術作品とおなじように美しくあるべきだという考えは、容易に暴力的な施策へと至る。しかし、このようなまったきラディカリズムやこうした暴力は非現実的でもあれば無益でもある。（ロシアでの発展の例がこれを示している。いわゆる〈戦時共産主義〉という画面のまっさら化がみちびいた経済破綻のあとで、レーニンはかれの〈新しい経済政策〉、一種のピースミールな社会工学——その諸原則や技術を意識的に定式化することはなかったとしても——を発展させた。かれは、多くの人間の苦患のもとに消去されてしまった元の像の特徴の大部分を回復させることから始めた。貨幣、市場、所得格差、私有財産制が——しばらくのあいだだが、生産における個人的イニシアティブさえ——ふたたび導入されたのであり、そしてこうした基礎が回復されたあとで新しい改革の時期が始まったのである。(13)）

プラトンの唯美主義的ラディカリズムの基礎を批判するために、二つの異なった点を区別しておこう。

第一点はこうである。多くの人がわれわれの〈社会体制〉について語り、それを他の〈システム〉によっておき換える必要性を語っている。そのときかれらが思い浮かべているのは、画面上に描かれていた像のようなものである。そしてそれは、新しい像を描くために洗い流さねばならないというのである。だがそうした像と社会体制とでは大きな相違がある。たとえばつぎのようなことだ。描き手、共同作業者、ならびにかれの生活や夢やよりよい世界のためのかれの計画を可能にする諸制度、礼儀ただしさの規準や道徳といったものを含めて、すべてがこの社会体制の一部、つまり洗い流されねばならない像の一部なのである。じっさい、かれらが画面をまっさらにしようと思ったら、自分自身やみずからのユートピア的計画を破壊しなければならないだろう。（その結果はおそらくプラトン的理想の美しい模像ではなくして、カオスであろう。）政治的芸術家は、社会的世界の外部に存在する一支点を要求し、アルキメデスとおなじように、そこに足を置き、社会的世界を蝶番からはずすことができると考えているのだ。だが、そのような支点は存在しない。そして社会的世界は改革中も機能しつづけている。こうした単純な理由からしても、社会の建設においてはより大きな経験を手にするまで少しずつ改革を進めていかなければならない。

ここからより重要な第二の点、すなわちラディカリズムに含まれている非合理主義に到達する。どんなことがらにおいてもわれわれは試行錯誤によって、つまり、誤りを犯しつつ改善することによって学ぶ。なるほどインスピレーションは、それが経験によってテストされるかぎり最高度に価値があるとはいえ、決してそれに身を任せてよいものではない。したがって、社会的世界を全面的に再構築すれば、それがただちに機能するシステムをみちびくと仮定するとしたら、それは非合理というものである。経験が不足しているのだから、むしろ、数多くの誤りがなされると予期すべきであろう。そうした誤りは、小さな修正を付けくわえていくという長期にわたる骨の折れる仕事によって、したがってわれわれが責任をもって適用するような少しずつの改革という合理的な方法によってのみとり除かれる。しかしながら、こうした方法をラディカルさが足りないと見なして評価しない人は、新たに構築された社会をふたたび解体し、そして新たにきれいな画面から始めざるをえない。そしておなじ理由からして、新規の事業も完成に到ることはないのだから、かれらはこの過程をたえずくり返さざるをえない――なんの成果も決してえられないままに。この点を承認し、少しずつの改良という控えめな方法を受け入れる用意はあるものの、しかしそれは最初にラディカルな画面のまっさら化がなされたあとにおいてのみであるという人は、そうした最初のまっさら化とそれに結びついた暴力的な施策はまったく必要なかったのだという批判を免れないだろう。

唯美主義とラディカリズムは、われわれをして理性を投げ捨て、それを政治的奇跡を望むという絶望的な希望でおき換えるようにさせざるをえないのだ。こうした、美しい世界を夢見ることに酔いしれている非合理な態度をわたくしはロマン主義と名づけておきたい。(14) ロマン主義は、天上の国家を過去にあるいは未来に探し求める。それは〈自然へ帰れ〉と、あるいは〈愛と美の世界へ進もう〉と説くかもしれない。だがそれはいつにせよ、われわれの感情に向けられるのであって、決して理性に向けられることはない。地上に天国を作ろうとする最善の意図をもってしてさえ、それはこの世界をただ地獄——人間が人間に対してのみ用意するあの地獄——に変えるのみであろう。

プラトンの攻撃の同時代史的背景

第一〇章　開かれた社会とその敵

かれはわれわれのもともとの本性を回復させ、われわれを癒し、幸せで祝福された者とするだろう。

プラトン

われわれの分析にはまだなにかが欠けている。わたくしは、プラトンの政治綱領は純粋に全体主義的であると主張したが、これに対しては第六章でみずから異議を述べておいた。それもあって、わたくしはプラトンにおける道徳的諸理念、すなわち正義、知恵〔賢明さ〕、真実〔真理〕そして美といったものの役割を分析することになった。見出されたのは毎度ながらおなじことであった。こうした観念のどれも重要であったが、どれひとつとしてプラトン自身の全体主義や人種論を乗り越えさせるものではなかったということだ。だが、こうした理念のうちでもあるひとつはさらに研究する必要がある。すなわち、幸福あるいは至福（Glückseligkeit）の観念である。読者は思い出されるだろうと思うのだが、わたくしは、プラトンの政治綱領は根本において「すべての市民が幸福である完全国家の実現計画」であるし、そのような受け止め方はプラトンを理想化する傾向がまだまだ残っていることから生じているのだという見方を述べ、その文脈でリチャード・H・S・クロスマンを引用しておいた。わたくしは、自分の見解の正当化を求められたら、さしたる困難もなく、プラトンは至福を正義のばあいとまったくおなじように扱い、幸福の基礎を、社会は〈本性からして（von Natur aus）〉階級あるいはカーストに分割されるという点に求めていると指摘しておきたい。真の至福は、正義によってのみ、すなわち各人が社会におけるみずからの持ち場を守ることによってのみ達成される。支配者は支配することのうちに、戦士は戦争を遂行することのうちに、そしてこう推論してもよいであろうが、奴隷は奴隷であることのうちに幸福を見出さねばならないのである。この点から目を転じると、プラトンは多くの箇所で、自分が望んでいるのは個人の幸福でも国家における特別な階級の幸福でもなく、ただ全体の至福であると言っている。それこそが正義による支配の結果に他ならないと論じている。こうした正義の全体主義的性格についてはすでに示しておいた。つまり、こうした正義のみが真実の至福をもたらしうるというのが、『国家』の主要テーゼのひとつなのである。

これらの箇所にかんしては、プラトンは全体主義的な党派政治家だったのであり、その直接の実践的企てにおいては成功しないままであったが、みずからが憎んだ文明を停止させ、それどころか根絶しようとさえしたプロパガンダは、長期的には、残念なことながら成功を収めたと主張するなら、それは素材についての矛盾のないそしてほとんど異論を提起されない解釈であると言えるであろう。(2) だが、こうした解釈にはしっくりこないものがある。それを感じてもらうためには、ことがらを飾らずに述べさえすればよいだろう。いずれにせよ、わたくしは自分の解釈を定式化したとき、そうした印象をもった。わたくしは自分の解釈が真実でないというよりは欠陥をもっているのだろうと感じたのだ。それゆえわたくしは自分の解釈を反駁する証拠を探し始めた。(3) だが、自分の解釈を反駁しようとする試みは、ある一点をのぞいて、かなり無益であった。新しい素材は、プラトン主義と全体主義とが同一であることをますますあきらかにするのみであった。

反駁の試みが成功しそうに見えた一点とは、〔ふつうの解釈では全体主義は僭主を許容しているにもかかわらず〕プラトンが僭主政を憎んでいたことにかかわっていた。もちろん、この点を言い繕ってしまう可能性はいつでも存在する。僭主政に対するプラトンの告発はたんなるプロパガンダであったと言っておけば、そうした言い繕いは簡単にできていただろう。全体主義はしばしば〈真の〉自由を愛すると公言する。そしてプラトンが僭主政に反対して自由を讃えるとき、それとかなり似ているように〔プロパガンダにすぎないように〕聞こえるのだ。にもかかわらずわたくしは、僭主政についてのかれの観察のいくつか（これらについては本章の後半の箇所で報告するつもりである）[4]は、真面目に取り上げられるべきであると感じた。〈僭主政〉とはプラトンの時代にあってはふつう民衆の支持に基礎をおいた支配形態を意味する。そうした事情からすれば、当然のことながら、僭主政に対するプラトンの嫌悪はわたくしのもともとの解釈と合致すると主張するのは容易であろう。だが、わたくしはそうであるからといって自分の解釈を変更しなくともいいとは感じなかった。またわたくしは、僭主政に対するプラトンの嫌悪は心底からのものだと力説しさえすれば、変更を加えずに済むとも感じた。だが、そのように強く力説したところで、プラトン像についての一般的な印象が変わったわけではなかった。新しいプラトン像が必要であった。その像には、プラトンが自分の使命は社会という病んだ身体を癒す医者としての務めを果たすことであると心底から信じていたこと、またかれが以前以後の誰にもましてギリシア社会に起こったことを明瞭に見て取っていた事実が含まれねばならない。わたくしは、プラトン主義と全体主義とはおなじであるという考えを棄ててみようと思ったわけだが、そうしたところでプラトン像が改良されたわけでもなかった。結果として、わたくしは全体主義という観念についての自分の解釈そのものの変更を強いられた。ことばを換えてみよう。わたくしは、プラトンを現代の全体主義的教義との類似性において理解しようとした。しかし、その試みは、わたくし自身驚いたことに、この現代の全体主義の教義そのものについての、そしてまたその社会的機能についての自分の従来の見解の変更をみちびいたのである。そのさいでも、この観念に対するわたくしの嫌悪はたしかに変わることはなかったが、結局のところ、この新旧の全体主義運動の強みは、それらが現実の必要に即応しようとこころみた——その試みがいかに醜悪な考えにもとづいてなされたにせよ——という事情に根ざすことを悟ったのである。

わたくしの新しい解釈に照らしてみると、国家とその市民を幸せにしたいというプラトンの説明はたんなるプロパガンダとは思えない。わたくしにはかれの根本的な善意を承認する用意がある(5)。わたくしはまた、かれが幸福の約束をしたときの基礎とした社会学的分析は、ある限られた範囲であればただしいという点も承認する。より正確に言えば、つぎの点を承認する。かれは、深い社会学的洞察をもって、同時代人たちが押しつぶされそうな重荷、つまり、持続的な内的緊張のもとで呻吟しており、こうした重荷、こうした緊張は、民主主義と個人主義の台頭によって始まった社会革命の帰結である、と見ていたということだ。かれは不幸——社会の変動、社会の不和——の奥深くに宿る原因の発見に成功したのであり、そしてそうした原因と戦うために極限まで力を尽くしたのである。かれのもっとも強力な動機のひとつは国家の市民を幸せにしたいという願望であった。これを疑う根拠はない。本章の後半の箇所で理由はくわしく述べるつもりであるが、わたくしは、プラトンが変化を押しとどめ、部族へ、つまり原始的な群れに還帰しようとして提案した医療的‐政治的処方は絶望的なまでに失敗したと考える。提案が治療法としては失敗であったとはいえ、やはりそれはプラトンの診断上の天才を示している。部族へ還帰することでこうした重荷を避け、そして人間の幸福をふたたび回復することができるという根本的な主張においては誤っていたとはいえ、プラトンが病を認識していたこと、すなわち、かれが内的緊張、言い換えれば、人間がそのもとで苦しんでいる重荷や不幸を理解していたことが示されているのだ。

本章ではこうした見解にみちびいてくれた歴史上の素材をてみじかに概観するつもりである。そのさいに用いる方法、歴史を解釈するための方法については、本書(第一巻)の最終章で若干の批判的なコメントを与えておいた。したがってここでは、わたくしはこうした方法に学問的性格を与えていないと、つまり歴史解釈のテストは通常の仮説のテストほど厳格ではありえない、とだけ言っておけば十分であろう。解釈するとは大要において観点を取るということであって、その価値は豊穣性に、歴史的素材に光を投げかける能力にある。それは、新しい素材の発見やその合理的な理解において、統一ある見方をとることを助けるべきものである。したがって以下に述べることは、たとえばしばしば自分の考えをシャープに語っているとしても、教条的な主張と考えられるべきものではない。

第一節

われわれ西洋の文明はギリシア人に発する。かれらは種族の道徳からヒューマニズムへ向けての最初の一歩を踏み出した者たちであったと思われる。これがなにを意味するのかを考えてみたい。

初期ギリシアの部族社会は多くの点でポリネシア人のそれ、たとえばマオリ族に類似していた。通常は防備を固めた居住地でくらす小さな戦士集団が、部族の長老とか王とか貴族によって支配され、海陸で互いに戦いあっていた。もちろんギリシア人とポリネシア人との生活様式とでは多くの相違が存在する。なぜなら、さまざまな種族の生活様式は、当然のことながら、同一ではなかったからである。標準となるような〈部族の生活様式〉といったものは存在しない。しかしながら、こうした部族社会のすべてにおいてではないとしても若干においては、社会生活の慣習への魔術的あるいは非合理な態度とか、それに伴うこうした慣習への固着といったある種の共通の特徴が存在しただろう。

社会慣習上の魔術的な態度についてはすでに論じておいた。その主要な特徴は、社会生活における通常のあるいは因習的な規則性と、〈自然〉において見出される規則性とが区別されておらず、これらは超自然の意思によって強いられたものであるという信念がしばしば結合していたということである。社会習慣の硬直性は、多くのばあい、こうした態度のべつな側面にすぎないであろう。（こうした側面はプリミティブなものとみてよいし、超自然的なものを信じ込む態度は定型化された流儀を変更することへの恐れ――幼児たちに見出される恐れ――の一種の合理化であると見てよいだろう。）部族によって束縛された生活様式の硬直性について語るとき、わたくしは、部族の生活形式はいかなる変更も受けつけないと言おうとしているのではない。むしろ、変更は比較的まれではあるが生じるのであって、それは宗教上の改宗とか転向という性格をもち、新しい魔術的タブーの導入であったりすると言いたいのである。それらは社会環境を改善しようとする合理的な試みにもとづくのではない。そうしたこともまれには生じるかもしれないが、そうしたものから目を転じるならば、タブーが、変化を許さないようなかたちで生活のあらゆる側面を規制し支配しているのである。抜け道は多くはない。こうした生活形式においては、道徳の問題となるような問題はほとんどないか、まったくない。とはいえ、タブーに合わせて物事を処理していく過程では、部族のメンバーは多大の英雄的精神とか忍耐力を必要とする機会はほとんどないと言いたいのではない。そうではなく、どのように振る舞うべきかについて疑いをもつような状況に陥ることはまれであるということだ。ただしい道は、それにしたがったところで、多くの困難を克服しなければならないのだが、いつも目の前に提示されている。それは、決して批判的考察の対象にはなりえないタブーと魔術的な部族制度によって規定されている。ヘラクレイトスでさえ、制度にもとづく部族の法と自然の法とを明確に区別したわけではなかった。両者にはおなじ魔術的性格が帰せられている。制度は、集団主義的な部族の伝統に基礎をおいているので、個人の責任を問うような余地は残ってはいない。タブーは、一種の集団の責任をたてるのであるから、いわゆる個人の責任の先駆形態と呼べるのかもしれないが、それとは根本的に異なる。タブーは、合理的な責任の原則にもとづくのではなく、むしろ運命の力を宥めるといった魔術的観念にもとづいている。

それがこんにちでもいかに多く存続しているかはよく知られている。われわれ自身の生活のありさまを見ても、依然として食物のタブー、上品さのタブー、またその他多くのタブーに満ちている。とはいえ、いくつかの重要な相違がある。われわれ自身の生活のあり方においては、一方における国家の法律と、他方習慣的に遵守されているタブーとのあいだには、個人による決定という領域があるのであって、それは、たえず拡大しており、個人のあらゆる問題や責任におよびつつある。そしてわれわれはこの領域がなにを意味するかをわかっている。個人の下す決定は、タブーを変更するのみならず、もはやタブーではない政治的な掟の変更をみちびくこともできる。大きな相違はこうしたことがらについて合理的に考察する可能性が存在するということである。合理的な考察はある意味ではすでにヘラクレイトスにおいて始まっていた。(6)+ アルクマイオン、ファレアスまたヒッポダモスにおいて、ヘロドトスやソフィストにおいて、〈最善の国制〉を求める要求は、次第に合理的に論じることのできる問題という性格を帯びるに至る。そしてわれわれ自身の時代においては、多くの人びとが、新しい法律とかその他の制度変更の良し悪しにかかわる合理的な決定、すなわち、そこからどのような帰結が生じるかについての評価とか、帰結のいくつかについての意識的なえり好みにもとづく決定を下している。われわれは合理的な個人的責任というものがあることを知っている。

以下においては、魔術的な、部族に縛られた、あるいは集団主義的な社会を閉じた社会と呼ぶことにし、個人が個人的な決定と向き合う社会秩序を開かれた社会と呼ぶことにしよう。

閉じた社会は、その純粋な形態において捉えると、ただしくも有機体になぞらえることができる。国家については、いわゆる生物学的理論、有機体論があるが、それはこの社会にこそひろく適用できる。閉じた社会秩序は群れとか部族に似ている。それはなかば有機体であり、そのメンバーは、なかば生物としての結びつき、親戚関係、共同生活をつうじて、また、共通の労苦、共通の危険、共通の喜び、共通の不幸をつうじて結びつけられている。それはさらに、たんに分業とか交換といった抽象的な社会的関係によってばかりでなく、接触、匂い、相互に見えることといった具体的な身体的関係によって相互に結びつけられた具体的諸個人からなる具体的集団である。こうした社会秩序は奴隷制にもとづくこともあろう。だが、奴隷の存在は、家畜化された動物に見られる問題と異なった問題を生み出すわけではないのである。だから、有機体論を開かれた社会に適用したら、それを挫折させることになるあの特性は欠いているわけである。

わたくしが念頭においている特性は、開かれた社会のメンバーの多くは社会的上昇を目指しているという事実、換言すれば、他のメンバーの場所を占めようとしているという事実に結びついている。ここからしてたとえば、階級闘争といった重要な社会現象がみちびかれるであろう。有機体においては階級闘争に少しでも類似するようなものはまったく見出されない。有機体の細胞とか組織は、しばしば国家の構成員に対応するなどと言われるが、それらは栄養摂取をめぐって争うことはあっても、足が大脳になろうとするとか、身体の他の部位が胃袋の機能を引き受けようとすることはない。有機体には、開かれた社会のもっとも重要な特徴、すなわち、そのメンバーがその社会において占めるべき地位をめぐって争うといったことに対応するものはなにもない。いわゆる国家有機体論はしたがって誤ったアナロジーにもとづいている。他方で、閉じた社会においてはそうした奮闘はほとんど見られない。カーストを含むそこでの諸制度は、聖なるもの―タブーなのである。そうした社会に対してであれば、有機体論がうまく適用できないことはないわけだ。としたら、有機体論をわれわれの社会に適用しようとする試みのほとんどが、閉じた社会、部族社会への還帰を説教する偽装されたプロパガンダであることを見出したとしても驚くにはあたらない。(7)+

有機体的性格を失えば、その帰結として、開かれた社会は次第に――わたくしはかつてこう呼びたいと思ったのだが――いわゆる〈抽象的社会〉に変質していくだろう。それは、人間の具体的集団という、あるいはそうした集団からなるシステムという性格をかなりの規模で喪失している。だが、この点がただしく理解されることはかつてほとんどなかった。だから説明するには誇張してみればよいかもしれない。人間がじっさいに顔を突き合わせることがない社会、手書きでなくタイプされた手紙とか電報によって理解し合い、また窓を閉め切った原動機つきの車で動き回る孤立した個人があらゆる仕事をこなす社会を想像してみよう。(人工授精を用いれば、個人間の接触をもたずに繁殖することさえ可能になるだろう。) こうしたフィクションとしての社会は〈完全に抽象的な、あるいは脱個人化された社会〉と呼べる。興味深いのは、われわれの現代社会がいくつかの点においてこうした抽象的社会に完全に類似しているということである。われわれは必ずしも窓を閉め切った車のなかに一人すわって移動するわけではないけれども(路上の何千という人間とは顔を合わせるけれども)、結果はそうしたばあいと似たものである。原則としてわれわれは歩行者たちとは個人的な関係ももたないのだから。おなじようなことは組合員であることについても言えるだろう。というのも、それは組合員証をもち見知らぬ書記に会費を支払うこと以上を意味するわけではないからである。現代社会において多くの人は、緊密な個人的関係をもたないか、あるいは非常にわずかしかもたずに、匿名性のなかで孤立して生きているのであり、そこからして不幸である。というのも、社会が抽象的になったとはいえ、人間の生物学的構造は大きく変化したわけではないし、人間は抽象的社会においては充足できない社会的欲求をもっているからである。

ここに描いたイメージは、いうまでもなく、このようなかたちであってさえはなはだしく誇張されている。完全に抽象的であるとか圧倒的に抽象的である社会というものは、完全に合理的であるとか圧倒的に合理的である社会形態とおなじように、決して存在しないだろうし、また存在しえないであろう。さらに人間は具体的なグループを作り、さまざまな仕方で相互に具体的に接触し合う。そうすることでかれらは感情にかかわる社会的欲求を可能なかぎり満足させようとする。現代の開かれた社会における具体的社会的集団のほとんどは(若干の幸せな家族のような例外を除けば)、代替手段としては貧弱である。というのも、それらは共同生活のための枠組みを作り出しはしないからである。それらの多くは、より大きな社会的連関の内部においてそもそも役割をもちえないのである。

このイメージは他の面でも誇張されている。つまり、いままでのところ、なんら獲得されたものを提示しておらず、ただ失われたもののみを提示しているからである。しかし、獲得されたものもあるのだ。そこには新しい種類の個人的関係が発生しうるということだ。そこでは出生といった偶然に頼ることなく自由に関係に入ることができ、したがって新しい個人主義が発生する。おなじようにして、生物学的な、あるいは身体的な結びつきが退いているところなどでは、精神的な結びつきがより大きな役割を演じるであろう。ともあれ、ここに挙げた例は、より具体的で現実的な社会集団とは反対のより抽象的な社会ということでなにが考えられているのかを、また、現代の開かれた社会は圧倒的に財の交換とか労働分業といった抽象的な関係をつうじて機能することを明確にしただろうと思う。（経済学といった現代の社会理論は、主として、こうした抽象的な諸関係の分析に従事している。だが、こうした点は多くの社会学者によって理解されてこなかった。例を挙げると、どんな社会も具体的な社会的集団の結びつきとして分析されねばならないという独断的な信念を放棄することのなかったエミール・デュルケームによっては理解されていなかった。）

これまでに述べてきたことに照らせば、あきらかに、閉じた社会から開かれた社会への移行は、人類がおこなった最大の革命と呼ぶことができよう。本書では、閉じた社会を有機体として特徴づけた。だから、この移行はそれを経験している人間にとって身震いをきたすようなものとして受けとめられたにちがいない。われわれ西洋の文明はギリシア人に発すると言われるが、その意味するところが思い描かれるべきであろう。ギリシア人は、われわれにとってはまだ発端であると思われるかの偉大な革命、すなわち、閉じた社会から開かれた社会への移行を開始したということである。

第二節

もちろんこの革命は意識的になされたわけではなかった。ギリシアの地における閉じた社会秩序としての部族形態は崩壊していったが、その発端は、土地所有者からなる支配階級が人口増大を感じ始めた時代にさかのぼるであろう。これは、〈生物学的な〉、あるいは〈有機体としての〉部族の束縛の終焉、つまり部族－有機体の終焉を意味した。なぜなら、それとともに、支配階級という閉じた社会内部に緊張が生じたからである。はじめは、この問題はある程度までなら〈有機体的に〉解決できると、すなわち植民地を建設すればよいと思われていた。（この解決の〈有機体的〉性格は、入植者を送り出す時に執りおこなわれる魔術的な手続きによって強調されていた。）だが、この入植という儀式は崩壊を先送りしたにすぎなかった。異国の文化との接触が生じたあらゆるところで、新しい危険地帯が生み出された。というのも、そうしたところでは閉じた社会にとっておそらく最大の危険であるもの、つまり、交易が発生したからである。それと一緒に、交易と航海に従事する新しい階級も発生したからである。こうした発展は、紀元前六世紀には古い生活形態の部分的な解体をもたらし、さらには一連の政治革命と反動をみちびいた。それはまた、スパルタで生じたように、古い部族形態を救済し、始まったばかりの発展を暴力的に停止させようとする試みを誘発したのみならず、かの偉大な精神的革命――あらたに批判的討論が工夫され、それにともなって魔術的な強迫的観念の硬直性から解放された思考――への機会も与えたのであった。同時に新しい不安の兆候が現れた。文明の内的緊張と文明が要求するものから生じる重荷が感じられ始めたのである。

こうした重荷、こうした不安、こうした内的緊張は、閉じた社会の崩壊がもたらしたものである。それらはこんにちでもなお感じられている(そしてドイツでは〈人間の自己疎外〉というヘーゲル的なセンチメンタルな名前が好んで用いられている。)それは、開かれた、そして一部には抽象的な社会で生きる試みから生じ、そして合理的な行動を持続的に課してくる重荷なのである。少なくとも情緒的で自然な社会的欲求のいくつかは充足されえないこと、そして自分と他者に対して責任を負うことが期待されることになる。思うに、われわれはこうした内的緊張、こうした重荷を、代価として、つまり、新しい認識をえることへの代価として、理性に向けての、共働への、相互扶助に向けての歩みすべてに対する代価として、平均寿命の伸長への代価として、また人口増加への代価として支払わねばならないのである。それはヒューマニティのための代価である。

こうした重荷は、閉じた社会の崩壊とともにはじめて見えてきた階級間の対立問題とかたく結びついている。閉じた社会そのものはこうした問題を知らなかった。少なくとも支配階級のメンバーにとっては、奴隷制、カーストおよび階級支配というものは、問いにものぼらないという意味において〈自然〉なのである。閉じた社会が崩壊すると、こうした確実性、またそれに結びついた保護されているという感情はことごとく消えてしまう。部族共同体(そしてのちには〈都市〉)は、部族のメンバーにとっては安全な場所であった。敵や、危険や悪意に満ちた魔術的諸力によって囲まれていたわけだから、かれらにとって部族共同体で生きることは、子供が家族のなかで、そして家のなかで、熟知の、そしてよく演じてきた定まった役割を生きるようなものであった。閉じた社会の崩壊は、すでにみたように、階級問題や社会的地位にかかわる他の問題を生み出した。それは、かつて家族間の深刻な争いとか家族的共同生活の解体が、多くのばあいに子供に対してもったのとおなじ作用をその市民に対してもったにちがいない(8)。もちろんこの種の緊張は、特権階級のほうが、脅威にさらされた時点で、以前の被抑圧階級よりもより大きく感じたであろう。だが、後者でさえ不安を覚えたのだ。彼らも〈自然な〉世界の崩壊にはおなじように恐怖を覚えた。かれらは闘争をつづけたのではあるが、階級敵に対するその勝利を多くのばあいにおいて余すところなく利用しつくせたわけではなかった。階級敵は、伝統によって、現状によって、教育のより高い水準や身についた威圧感によって支えられていた。

こうした見方からすれば、このような発展をたくみに阻止しようとしたスパルタの歴史と、指導的な民主主義国家であったアテネの歴史とを理解しなければならない。

閉じた社会を崩壊させるにあたってもっとも効力のあった原因は海上交通と交易の発展であっただろう。異国の部族との密な接触は、部族共同体からの別離を厭う気持ちやそのような思いで部族の諸制度を見ていた感情を掘り崩す傾向をもっただろう。そして交易、つまり通商でイニシアティブを発揮することは、昔と変わらず圧倒的に部族の掟によって拘束されていた社会にあっては、個人がイニシアティブや独立性を主張できる数少ない形態のひとつであったと思われる(9)。両者、つまり海上交通と交易は紀元前五世紀に発展したアテネの帝国的支配の主要な特徴となった。じっさい、寡頭政治家、つまり過去および現在においてアテネで特権をもった階級の者たちは、海上交通と交易をもっとも危険な展開と見た。かれらにとって、アテネの交易、貨幣経済、海上政策、民主主義的傾向は、ただひとつの運動の一部分であり、海上政策と帝国という二つの根本悪が解体されないかぎり、民主主義を打倒しえないことは明白であった。アテネの海上政策は、交易の中心であり民主派の城塞であった港湾、とりわけピレウスの港に依拠していた。軍略上の支えとなっていたのは、アテネの防備を固める城壁であるとともに、のちにはピレウスの港とファレロンの港を結んだ長い城壁であった。したがって一世紀以上ものあいだ、帝国、艦隊、港湾そして城壁は、アテネの寡頭派によって民主主義の象徴として、その強さの源として、憎まれていたのであり、いつの日にか破壊したいと思われていたのである。

アテネの民主政とスパルタの硬直した寡頭政的部族社会との戦いを扱った、トゥキュディデスの『ペロポネソス戦史』(あるいはむしろ、紀元前四三一年—四二一年および四一三年—四〇四年の二つの大戦争の歴史(邦訳、久保正彰訳『戦史』岩波文庫、一九六六年))には、この発展についての数多くの証言が見られる。しかし、トゥキュディデスを読むときには、かれの心臓が生まれ故郷のアテネのために脈打っていたのではないことを決して忘れてはならないであろう。かれが、戦争中ずっと敵と共謀していたアテネ寡頭派の極端な一派に属していなかったことは明らかではあるとはいえ、たしかにかれは寡頭派のメンバーであったのであり、アテネ民主派、つまりかれを亡命へと追いやった民衆の友でも、帝国主義的政策の主張者でもなかった。(わたくしには、史上もっとも重要な歴史家と思われるトゥキュディデスを貶める意図はない。かれがどれほど伝承された事実の確認に成功したとしたところで、そしてまた党派的な見方を取るまいとするかれの試みがどれほど真剣なものであったとしたところで、かれのコメントや道徳的判断はやはりひとつの解釈、ひとつの視点であるにすぎない。その点にかんしてはかれと考えをおなじくする必要はない。）わたくしは最初にペロポネソス戦争の始まる半世紀前、紀元前四八二年におけるテミストクレスの政策を記述している箇所を引用しておきたい。「テミストクレスはピレウスを完成させるようにとアテネの人びとを説得した……。アテネ人は海を志向していたのだから、それが帝国の建設にとっての大きな機会であるとかれは信じていた。かれは果敢にも海を領有すべきだと言った最初の者であった[10]……。」二五年後、「アテネ人たちは海に向かう長壁、ひとつはファレロンの港への、他はピレウスの港への壁の建設を開始した[11]」。しかし、ペロポネソス戦争勃発に先立つ二六年前のことであったが、このたびは寡頭派もこの発展のもつ意味に十分に気づいた。寡頭派は公然たる裏切りさえ辞さなかった、とトゥキュディデスは語っている。寡頭派においてはしばしば生じることであるが、階級利害が愛国心を追い払ったのである。敵対するスパルタ遠征軍がアテネ北方に展開したときに機会は与えられた。寡頭派は、祖国を裏切りスパルタと共謀する決心をした。トゥキュディデスはつぎのように書いている。「アテネ人のある者は、かれら（すなわち、スパルタ人）に個人的に近づいた。民主主義と長壁の建設に終止符を打とうと望んでいたからである。だが他のアテネ人たちは……民主主義に対するかれらの陰謀を発見した。」そこで忠実なアテネの市民たちはスパルタ軍に向かって進軍したのだが打ち破られた。とはいえ、敵を十二分に弱らせ、敵の戦闘部隊がアテネ市内の内応者と合流することは妨げたと思われる。数カ月後に長壁は完成し、民主主義は海上覇権を握っているかぎり、その安全をよろこぶことができた。

この事件は、たしかにペロポネソス戦争勃発に先立つ二六年前のことであったが、アテネにおける階級間の緊張に光を投げかける。この戦争中に状況はかなり悪化した。この事件はまた破壊的で親スパルタ的な寡頭派が用いた方法をも照らし出す。明言しておかねばならないが、トゥキュディデスは、他の箇所では激烈な調子で階級闘争や党派心に反対するとはいえ、裏切りにはただ通りすがり程度に触れるのみであって、決して批判はしていないのである。つぎの引用箇所は、紀元前四二七年のケルキラ革命についての一般的考察として書かれたものであるが、たいへん興味深い。というのも、第一に、階級状況についての卓越した叙述として。第二にトゥキュディデスが、ケルキラの民主派側における背信的傾向について記述するために用いた強いことばを説明するものとして。(このような公平性の欠如をただしく評価するためには、ケルキラは戦争勃発当初、アテネの側に立つ民主主義的同盟国のひとつであったこと、また反乱は寡頭派がひき起こしたことを思い出さねばならない。)くわえて、この箇所は一般的な社会崩壊にともなう感情の表現としても卓越している。トゥキュディデスはこう書いている。「ほとんどギリシア世界全体が動揺した。あらゆる都市において民主派の、また寡頭派の指導者が――一方はアテネ人を、他方はラケダイモン人〔スパルタ人〕をひき入れようと努めた……党派との関係は血のつながりよりも強かった……両陣営とも指導者はまことしやかな美辞麗句を吐いた――一方の党派は多数者を法にもとづいて平等に取り扱うことを主張し、他方の党派は貴族の知恵を主張したが、両者とももちろん公共の利益に献身すると力説しつつもじっさいにはそれを踏みにじった。かれらは互いに相手を欺こうとして考えられるかぎりであらゆる手立てを利用し、そしておぞましい犯罪に手を染めた……こうした革命はギリシア世界にありとあらゆる悪行をもち込んだ……いたるところに陰険な背信行為が蔓延した。どんなことばも敵を鎮めるに足る十分な束縛力をもっていなかったし、どんな誓約にしてもそれに足るだけの恐ろしさをもっていなかった。各人がただひとつ確実なこととして知っていたのは、もはやなにものも確実ではないということであった。[12]」

スパルタの援助を受け入れ、そして長壁の建設を中止させようとしたアテネ寡頭派の画策がそもそもなにを意味したかを判断しようとしたら、つぎの点を思い浮かべる必要がある。こうした背信的態度は一世紀以上のちに、つまりアリストテレスがその『政治学』を書いたときにも変わることはなかったということだ。この著作には、アリストテレスが言うところの「目下流行中」なる寡頭派の誓約が書かれている。こうである。「わたしは、民衆の敵であり、民衆に悪しき助言をするために誓って最善を尽くす。[13]」こうした態度を目に浮かべなかったなら、あきらかにこの時代は理解できない。

先にわたくしは、トゥキュディデス自身は民主派の人びとにとっての敵であったと述べた。この点は、アテネ帝国についてのかれの記事を読むとき、そしてまた帝国がギリシアのさまざまな国によっていかに憎まれていたかを知るときにあきらかになるだろう。かれの語るところによれば、アテネの帝国支配は僭主政以外のなにものでもなく、ギリシアの全部族はアテネを恐れていた。ペロポネソス戦争勃発時における世論についてのかれの記述にはスパルタに対する批判が少しばかり見られるが、アテネ帝国に対する批判は鋭く尖っていた。「民衆の一般的な感情はラケダイモン人たちの側に傾いていた。というのもかれらは自分たちこそギリシア全土の解放者であると主張していたからである。都市も個人もかれらを援助しようとして燃えていた……アテネ人に対する一般の憤りには凄まじいものがあった。アテネの支配から解放されたいと願う者がいたし、またべつな者はアテネの支配下に陥ることを恐れていた。[14]」きわめて興味深いことには、アテネ帝国に対するこうした判断が多かれ少なかれ〈歴史〉についての公式見解となった、つまりほとんどの歴史家の判断になったのである。哲学者がプラトンの観点から身を引き離すことがむずかしかったように、歴史家はトゥキュディデスの立場に束縛されていた。一例として(この時期にかんするドイツ最良の権威)エドゥアルト・マイヤーを引いておきたい。マイヤーは、「ギリシア世界の教養ある層の同情は……アテネから離れた」(15)+と述べるとき、文字通りトゥキュディデスをくり返しているにすぎない。

だが、こうした主張は反民主主義的観点の表明でしかない。トゥキュディデスによって伝えられた事実の多く——たとえば先に引用しておいた、民主派および寡頭派の指導者の態度を記述している箇所——が示しているのは、スパルタはギリシア全土の民衆のあいだにおいてではなく、寡頭派のあいだで〈人気があった〉ということ、マイヤーの上品なことばを使えば〈教養ある層〉で人気があったということにすぎない。マイヤーでさえ「民主派の人士と気持ちをおなじくする大衆は、多くのところでその勝利を望んだ」(16)と、すなわちアテネの勝利を望んだことを承認している。そしてトゥキュディデスの叙述には、そのアテネ人たちが、民主派の人たちや被抑圧者たちのもとで人気があったことを示す多くの例が含まれている。だが、誰が無教養な大衆の意見などに気を遣うか。トゥキュディデスや〈教養ある層〉がアテネは僭主であったと主張するならば、アテネはまさに僭主であったというわけである。

ローマをその偉業——世界帝国の建設——のゆえに讃えるおなじ歴史家が、よりましなものを打ち建てようとしたアテネの試みを弾劾するのは、まことにもって興味深い。アテネは挫折したがローマは成功したという事実は、そうした態度を説明するに十分ではない。かれらがアテネを批判するのはじつにアテネが挫折したからではない。なぜなら、かれらはこの試みが成功するかもしれない可能性さえ忌み嫌っていたからである。かれらの信じるところ、アテネは、冷酷な民主主義の国であり、教養ある者を押さえつけ憎悪する無教養者たちが支配するところであって、それゆえに教養ある者は憎悪する。こうした見解——民主主義的アテネは文化的に非寛容であったという神話——は、周知の事実、たとえばこの特殊な時代地域におけるアテネの圧倒的な精神的多産性と符号するものではない。マイヤーでさえこの多産性は認めざるをえない。かれは「アルキダモス戦争〔ペロポネソス戦争の第一段階（前四三一年—四二一年）〕の一〇年間において一方のアテネが生み出したものは、その全体性からすればドイツ文学の怒涛の一〇年間に匹敵する」[17]と特徴ある慎み深さで語っている。（考えられているのは、『ゲッツ・フォン・ベルリヒンゲン』〔ゲーテの処女戯曲、一七七三年〕、『若きウェルテルの悩み』〔一七七四年〕、『賢者ナータン』〔レッシングの戯曲、一七七九年〕などなどであり、そして『純粋理性批判』〔一七八一年〕の一〇年間である。）この時代におけるアテネ民主派の指導者ペリクレスは、アテネを「ギリシアの学校」と呼んだが、それは正当すぎるくらい正当であった。

わたくしには、アテネがその帝国の建設にあたって取ったあらゆる施策を擁護するつもりもないし、またいわれのない攻撃（そうしたものがあったとして）とか野蛮な行為を正当化するつもりもない。またわたくしは、アテネの民主主義が依然として奴隷のうえに立っていたことを忘れるつもりもない。[18]だがわたくしの考えでは、部族に縛られた排他性とか自己満足は一種の帝国主義によってのみ克服されえたのだと洞察する必要があると考える。またアテネが導入したある種の帝国主義的施策はかなりリベラルであったと言っておかねばならない。ひとつの非常に興味深い事例がある。アテネは紀元前四〇五年に同盟国であるイオニア人のサモス島に対して「サモス人は今後アテネ人であるので、二つの共同体はひとつの国家を形成すべきこと、そのさいサモス人は国内の諸関係を自分自身の裁量で整え、自分たちの法を維持すべきこと」と提議したという事実である。[19]+もうひとつの例はアテネによる帝国への課税方法である。こうした税とか貢納については多くのことが語られたし、また言われてきた。わたくしはただしくないと考えるが、それらは小国からの恥ずべき僭主政的な搾取であるとも言われた。こうした税の意味を評価するためには、もちろんアテネの艦隊が守った貿易量との比較がなされねばならない。必要な情報はトゥキュディデスからえられる。かれの報告では、アテネは紀元前四一三年に「貢納に代えて海上による輸出入品のすべてに対して五パーセントの税を課すことにし、それによってより多くのものがえられると考えた」という。[20] 戦争という極度の緊張下で導入されたこうした施策は、私見では、ローマがとった中央集権化の方法とくらべても優れていたと思う。アテネはこのような措置をとることで、同盟国の交易の発展に即応して帝国のさまざまな構成国のイニシアティブと独立性に関心を払っていたのだ。もともとアテネ帝国は同等の権利をもつ国同士の同盟から発展したものであった。ときおりアテネが優勢になったが、それは自国の市民たちによって（参照、アリストファネスの『女の平和』）公的に批判された。にもかかわらず、貿易の発展に寄せるアテネの関心は一種の連邦制をみちびきえたのではないかと思われる。少なくともアテネのばあいにおいては、文化財の帝国内から首都への〈移送〉、すなわち（ローマのばあいにおけるような）略奪は知られていない。金権政治に対してはいろいろ言えるものだが、略奪者の支配よりはましである。[21]

以上に述べた判断は、アテネの帝国主義に対して好意を示すものであるが、スパルタがその外交政策をおこなった方法との比較では、正当化されるように思われる。スパルタは、あらゆる変化を停止させて元来の部族支配に立ち帰ろうとする意図をもっていたのであり、それがスパルタの政治を支配する最終目標であり、外交政策を規定するものであった。（のちに示すつもりであるが、部族支配に立ち帰ることは不可能である。ひとたび失われた無垢は取り戻すことができないし、人為的に引き止められた閉じた社会、あるいはわざとらしい部族社会は原始の部族とは大きく異なる。）スパルタの政策の原則はつぎのようなものであった。(1)硬直した部族社会の防衛。部族のタブーの硬直性を危険にさらす外部からの影響はなんであっても排除せよ！　(2)反ヒューマニズム的原理。とりわけ、法のもとの平等という理念はすべて、また民主主義的・個人主義的イデオロギーもすべて排除せよ！　(3)アウタルキー〔自給自足を目指した閉鎖経済〕、すなわち貿易に依存するな！　(4)反国際主義あるいは単独主義。汝の部族と残りのすべての部族とのあいだの区別を堅持せよ！　劣った者と交わるな！　(5)支配欲。汝の隣人を支配し奴隷とせよ！　(6)だが大きくなりすぎるな！　「都市はその統一を危険にさらすことなく」、とくに国際主義的傾向をもちこまぬかぎりで、「成長しうるかぎりで成長してよい」(22)。——こうした六つの主要点を現代の全体主義の傾向と比較するならば、最後の点を唯一の例外として根本において一致していることがわかる。相違点を挙げるとしたら、現代の全体主義的イデオロギーは帝国主義的傾向を示しているといえばよいだろう。だが、この帝国主義と寛容な国際主義とには、共通のものはなにもない。現代においては、全体主義的教義の擁護者たちは世界的規模での野心を示しているが、それはいわばその意に反してかれらに課せられたものである。それには二つの要因がある。第一の要因は、あらゆる僭主政に見られるのだが、国家(あるいは民衆)を敵から救うといって、みずからの存在を正当化しようとする一般的な傾向——古くからの敵を首尾よく屈服させたあとでは新しい敵を作り出さざるをえない傾向——である。第二の要因は、全体主義の綱領では(2)と(5)とが深く結合しているわけだが、それを現実のものにしようとする試みである。人道主義的感情は、(2)にしたがえば排除されねばならないわけだが、それは至る所に広まっているので、自国でそれと成功裏に戦おうと思うならば、それは全世界的な規模で破壊されねばならないのである。われわれの世界は小さくなっているので、あらゆる人が隣人であり、そしてそのゆえに(5)に応じて誰もが屈服させられ、奴隷とされねばならないのである。しかし古代においてはスパルタのように単独主義に耽っていたものにとって、アテネの帝国主義ほど危険と思われたものはなかった。それにはギリシア諸都市の連邦〔コモンウェルス〕へと、それどころか万人の普遍的帝国へ発展しようとする傾向がともなっていたからである。

これまでの分析を要約するならば、ギリシアの部族支配の崩壊とともに始まった政治的精神的革命は、紀元前五世紀におけるペロポネソス戦争の勃発とともに頂点に達したと言える。それは階級間の激烈な戦争へと、また同時にギリシアにおける二つの指導的な都市間の戦争へと発展したのであった。

第三節

トゥキュディデスのような傑出したアテネ人がこの新しい発展に対して反動の側に立ったという事実はどう理解すべきなのであろうか。わたくしの考えでは、階級利害を言うだけでは説明としては不十分である。説明すべきは、たしかに功名心に駆られた青年貴族の多数が必ずしも民主派の頼れるメンバーになったわけではなかったとしても、その活発なメンバーにはなったのに対し、もっとも熟慮に富みもっとも才能ある人物たちは民主派にひきつけられることに抵抗したという事実である。ことを分けたのは、開かれた社会がすでに存在し、実地に新しい価値や新しい平等主義的な生活の規準を発展させ始めていたにもかかわらず、とりわけ〈教養ある者たち〉にとっては依然としてなにかが欠けていたということであったと思われる。開かれた社会への新しい信念、人道主義への信念という唯一可能な信念は、承認されつつあったとはいえ、依然として定式化されてはいなかった。さしあたり目撃されるのは、階級戦争であり、寡頭派の反動に対する民主派の恐れであり、革命の展開が引きつづくことからくる危険でしかなかった。それゆえ、開かれた社会の発展に対しては反動の側にも強い連帯者がいた。——伝統、古い徳目を擁護せよとの訴え、古い宗教である。こうした傾向は多くの人びとの心情に強く作用したし、その人気は、スパルタ人やその寡頭派連中によってかれら自身の目的のために利用されたし、アテネにおいてさえ多くの率直な人びとを包摂したにちがいない運動をみちびいた。〈愛国者〉ということばは、この運動のスローガンであった〈われらが父祖の国へ帰れ〉とか〈古い父の国へ帰れ〉から派生したものである。〔1〕こうした〈愛国者〉運動の仲間において一般的であった信念が、民主派に対抗するための援助がえられるなら自分の都市を敵に譲り渡すことさえ厭わなかった寡頭派の連中によって大きく歪められたことは断言するまでもない。トゥキュディデスはこうした〈父の国〉[23]運動の代表的な指導者の一人であり、そしておそらくは極端な反民主派の裏切り行為を支持することはなかったとはいえ、かれらの主要な目的——つまり社会的変動を停止させ、アテネ民主主義の国際的帝国主義ならびにかれらの力の道具であり象徴でもあった艦隊、長壁、貿易に敵対するという目的——への共感を隠そうとはしなかった。〈貿易にかんするプラトンの説に照らすと、交易に対する恐れがいかに大きかったかを語っても興味をもってもらえるだろう。スパルタ王リュサンドロスが紀元前四〇四年にアテネを下し膨大な鹵獲物《ろかくぶつ》をもって帰国したとき、スパルタの〈愛国者たち〉、つまり〈父の国〉運動のメンバーたちは金のもち込みを阻止しようとした。だが、最後にはもち込みが認められたとき、金の所有は国家にのみ認められたのであって、貴金属の所持が発見された市民はすべて死刑に処せられた。プラトンの『法律』でも非常によく似た処置が勧められていた。[24]+）
〈愛国者〉運動は、一部には、安定した生活態様、宗教、品位、法と秩序への要求の表現であったが、それ自身は道徳的に腐敗していた。そこにおいては古き信念は失われていた。それはあらかた、宗教的感情に偽善的に、また冷笑的につけいる態度によって取って代わられていた。[25] もしプラトンがカリクレスやトラシュマコスの肖像のなかに描き込んだニヒリズムがどこかで見出されるとしたら、チャンスさえあれば民主派の指導者にもなったであろう「愛国的」青年貴族のもとにおいてほかにはなかったであろう。このニヒリズムをもっとも明瞭に表わしているのは三〇人僭主政の指導者でプラトンの叔父でもあったクリティアスであったかもしれない。かれはアテネに致命的打撃を与えることを助けた寡頭政指導者の一人であった。[26]

だがまさにこの時代に、トゥキュディデスが属したのとおなじ世代において、理性への、自由とすべての人間が兄弟であることへの新しい信念――思うに、開かれた社会において唯一可能な新しい信念――が生まれたのだ。

第四節

人類史における転換点を意味するこの世代をわたくしは「偉大な世代」と名づけたい。それは、アテネにおいてはペロポネソス戦争の前、またその期間中を直接に生きた世代である。[27] そこにはソフォクレスやトゥキュディデスといった重要な保守派も属していた。そこには移行期を代表するような人物、たとえばエウリピデスのように動揺していた人とか、あるいはアリストファネスのように懐疑的であった人びとも属していた。そこにはまた民主主義の偉大な指導者で、法のもとの平等の原理および政治的個人主義の原理を定式化したペリクレスも属していたし、ペリクレスの都市でこうした原理をたたえた作品の著者として嵐のような歓迎をうけたヘロドトスもいた。アブデラに生まれてアテネで大きな影響力をもつようになったプロタゴラスや、その同郷人のデモクリトスもまた偉大な世代に数え入れられねばならない。かれらは、言語、慣習、法律といった人間の制度はタブーという呪術的性格をもたず、人間が作ったものであり、自然なものではなく、協定によるものであるという教えを的確に語ったし、同時にだからこそわれわれはこうした制度に責任があるという点を強調した。くわえて合理的な保護主義と反ナシヨナリズムの根本原則、すなわち人類の普遍的な共同体の原則を展開し、奴隷制との戦いを宣言したゴルギアスの学派——アルキダマス、リュコフロン、アンティステネス——が存在するのだ。またそこにはかれらのうちでも最大の人物と思われるソクラテスがいた。かれは、われわれは人間の理性を信頼するが同時に独断主義からは身を守らねばならないと、また、同様に理論と理性に対する不信である論理嫌い(Misologie)[28]から、そしてまた知恵を偶像化する者の呪術的態度から身を引き離すべきであると教えた。ことばを換えれば、ソクラテスは学問の精神は批判にあると教えたのである。

これまでわたくしはペリクレスについては多くを語ってこなかったし、デモクリトスについてはまったくなにも語ってこなかった。だから彼ら自身に語らせて、新しい信念を説明したい。最初はデモクリトスである。「恐れからではなく、ただしいものへの賛同の感情から、誤った行動を控えるべきである……徳は、なんといっても、他者に対する尊敬にもとづく……どんな人もおのれ自身にとっての小世界である……われわれは、不正をこうむっている人を助けるために最大限のことをなすべきである……よくあるということは、いかなる不正もなさないということであり、不正をなそうと思ったりしないことでもある。……大事なのはよき行為であって、ことばではない……民主政のもとでの貧困は貴族政とか君主政に結びつけられるいわゆる繁栄よりもましであり、おなじように、自由は奴隷制よりもよい……賢者はあらゆる国に属する。なぜなら偉大な魂の故郷は世界全体であるからである。」「ペルシア王であるよりも、ひとつでも因果法則を発見したい(29)」ということばは、ほんものの科学者であることを示すものであるが、これもまたかれに属する。

デモクリトスのこうした断片中のあるものはプラトンの作品以前に書かれたものであったにもかかわらず、ヒューマニズムと国際主義を強調する点で、あたかもプラトンに向けられたかのように響く。おなじ印象は、少なくとも『国家』が執筆される半世紀前になされたペリクレスの有名な追悼演説によってさらに強められる。わたくしは第六章で法のもとにおける人間の平等説(30)を論じたさいにこの演説から二つの文を引用しておいた。しかしここではこの演説の精神についてのより明確な印象をもってもらうために、若干の箇所をよりくわしく引いておきたい。「われわれの政治制度は他の国で実施されている制度と覇を競おうとするものではない。われわれは、隣国を模倣しようとするのではなく、みずから模範例になろうとする。われわれの行政は少数者ではなく多数者の利益になろうとする。それゆえ民主政と呼ばれる。法律は私人間の争いごとにおいてはすべての人を同等に公正に扱うとはいえ、卓越性の主張が無視されるわけではない。ある市民が抜きん出ているのであれば、その者は国家に奉仕するように求められるが、それは特権としてではなく、功績に対する報酬としてである。かれの貧しさが障害になることはない……われわれが享受する自由は日常生活にまでおよぶ。われわれは互いに悪意を抱かず、隣人がその人なりの道を選んだとしても文句をつけたりはしない……だがこうした自由はわれわれを無法者にするわけではない。われわれはこう教えられている。当局と法を尊重し、不正を受けている人びとを保護することを忘れてはならない、と。また、なにがただしいことなのかについての普遍的な感情のうちにその妥当性がある不文律にしたがうべきことも教えられている……。

　われわれの都市は世界に向けて開かれている。われわれは外国人を追放したりはしない……われわれは自由であって望むがままに生きるとはいえ、どんな危険にも立ち向かう覚悟をもっている……われわれは美を愛するが夢想に耽《ふけ》ることはないし、理性を強化しようと試みるが意志を薄弱化することはない……自分の貧窮を認めはするが、それはわれわれにとって恥ではない。だが貧窮を避ける努力をしないことは恥であると考える。アテネの市民は、私的な生業に従事するときにも、公のことがらを無視することはない……政治的構想をくわだて実行できるのは少数の者のみであることは承認するが、われわれすべてはそうしたものを判断することができるのだ。われわれは討論を政治的行動への道におけるつまずきの石とは見なさず、賢明な行動のための欠くべからざる準備であると考える……われわれは幸福を自由の果実と、そして自由を勇気の果実と考えるのであり、戦争の危険を前にして引き下がることをしない……要するにわたくしはこう主張したい。アテネはギリシアの学校であり、そしてアテネの個々人は幸せな多面性を発展させるために、またあらゆる非常時に対する覚悟をもち、みずからを恃《たの》むことができるようになるために成長するのだ、と。」(31)

これらのことばは、アテネに対する賛辞にすぎないのではなく、偉大な世代の真実の精神を表現している。それは、民主主義というものが「人民の支配」といった無意味な原理でくみ尽くされるわけではなく、理性とヒューマニズムの諸原則にもとづかねばならないことを熟知した平等のための闘士、個人主義者、民主主義者が抱いた政治綱領を定式化している。それは同時に真実の愛国主義の表現であり、他国に対して範たろうとする課題を立てた国家への正当な誇りの表現でもある。そしてこの国家は、周知のように、ギリシアの学校となったばかりでなく人類にとっての学校ともなった――過ぎ去った、またこれから来るであろう何千年にも対して。

ペリクレスの演説は綱領にすぎないのではない。それは防御であり、おそらくは攻撃でさえある。それは、すでに示唆しておいたように、プラトンに対する直接の攻撃としても読める。また疑いもなくそれは、硬直した部族的王国スパルタに向けられていたばかりでなく、国内の全体主義的徒党、あるいは〈盟友団〉、つまり祖国のため運動とか（テオドール・ゴンペルツが一九〇二年に名づけた）[32]〈ラコニア僚友会〉といったアテネの結社にも向けられていたと言える。この演説は、こうした運動に対するもっとも初期の[33]、同時におそらくもっとも強烈な態度表明であった。プラトンはその意味を感じ取っていた。プラトンはペリクレスの演説を、半世紀後に『国家』の民主派を攻撃した箇所[34]で、またむき出しのパロディである『メネクセノスあるいは追悼演説[35]』という対話編で批判した。だが、ペリクレスを攻撃したラコニア僚友会はプラトンにかなり先立って応答していたのである。ペリクレスの演説のわずか五、六年後に、いまではふつう「老寡頭派」と呼ばれている匿名の著者（おそらくクリティアス）によって『アテネの国制[36]』にかんするパンフレットが出版された。この秀抜なパンフレットは、政治理論にかんする最古の論文であるが、同時におそらくは人類がその知的指導者からいかに見捨てられたかを示す最古の証拠物件でもある。そこにはアテネに対する容赦のない攻撃──おそらくはこの都市における最良の頭脳の持ち主の一人であった者による攻撃──が書かれている。その主要な考えは、トゥキュディデスやプラトンとともに根本的な信念にさえなったものであった。つまり、航海、帝国主義そして民主主義のあいだには緊密な連係があるという信念である。それは、二つの世界、すなわち民主政の世界と寡頭政の世界とのあいだでのこの衝突にはいかなる妥協もありえないことを示そうとしている。[37] 容赦のない暴力行使のみが、つまり外部の同盟者(スパルタ人たち)の介入を含めての全体主義的施策のみが、自由の不埒な支配に終焉をもたらしうることを示そうとしているのだ。この注目にあたいするパンフレットは、こんにちに至るまで、多かれ少なかれ公然とあるいは隠然たるかたちで、実際上無限におなじテーマを繰り返す政治哲学上の著作系列の先鞭をつけた。〈教養ある層〉のなかには、未知のそしてはじめて創成されるべき未来への困難な道程において、人類を助けようともせず、またそうすることもできず、人類を過去に引き戻そうとする者もいた。かれらは新しい道でかれらの先頭に立つこともできず、ただあつかましくも自由に対するいかいかいかな反逆の指導者になることができたのみであった。それだけにかれらは(ソクラテスの言い方をすれば)人間嫌いで論理嫌いでもあったわけだから、いっそう法のもとでの平等という考えと戦い、それをつうじて自分たちの優位性を示す必要があった。かれらには、同胞を信じること、人間の理性を信じること、また人間の自由への信頼を鼓舞するという単純でふつうの寛大さが欠けていた。かれらをこう評価することはおそらくきびしく聞こえるだろう。だが、偉大な世代やソクラテスのあとにつづきながら、自由への反逆を知的に指導した者たちにこうした評価が投げかけられるのは当然ではないかと思う。さて、いまや彼らをわれわれの歴史解釈の背景のもとで見なければならない。

哲学が興隆したこと自体も、閉じた社会とその呪術的信念の基礎が崩壊したことへのひとつの応答として解釈できるだろう。哲学は、呪術的信念が失われたことに対し、合理的な信念をもって取って代わろうとする試みである。それは、新しい伝統――理論や神話を疑い、それらを批判的に論じる伝統――を基礎づけることによって、理論や神話の墨守という伝統を変革する。[38]+（重要なのは、こうした試みがオルフェウス教の普及と重なり合うことである。この教団の信徒たちは失われた統一感を神秘的宗教によって取り戻そうとしていた。）勃興期の哲学者たち、すなわち三人の偉大なイオニア人〔ミレトス学派の哲学者のこと、タレス、アナクシマンドロス、アナクシメネス〕とピタゴラスは、自分たちが応答している状況を意識していなかったと思われる。かれらは、社会革命の代表者であるとともに、それへの無意識の対抗者でもあった。まさにかれらが、学派、教団、結社、言い換えれば、主に理想化された種族にならってつくられた共同の生活や共同の機能をともなう新しい制度、あるいはむしろ、具体的な集団を設立したという事情こそ、かれらが社会改革者だったのであり、それゆえにある種の社会的欲求に対応していたことを証明する。かれらは、こうした欲求や彼ら自身の漂流感、不確実感に対して、ヘシオドスの模倣、つまり、ヒストリシズム的な運命と没落の神話[39]+を発明することによってではなく、批判的討論という新しい伝統を基礎づけた批判的思考の術を発明することによって対応したのであった。これはわれわれの文明の劈頭《へきとう》を飾る説明のむずかしい事実である。だが、そうした合理主義者でさえ、部族の統一が失われたことに対してはおおむね情緒的に反応した。かれらの思索にはこの漂流感があらわれている。それは、われわれの個人主義的な文明が作り出されていくにあたっての内的緊張、また発展のもたらす重圧を露呈している。こうした重圧感を表現した最初の一人は、イオニアの哲学者で二番目に登場したアナクシマンドロスであった。(40) かれにとっては、個人として生きることはヒュブリス〔思い上がり〕であると、すなわち神を恐れぬただしからざる行為であると、言い換えれば、神の地位を簒奪《さんだつ》する無法者の行為——個人はこれについて苦悩し改悛しなければならない——であると思われたのであった。社会革命と階級闘争を意識した最初の者はヘラクレイトスであった。本書の第二章で、かれがその不確実感を合理化するために、最初の反民主主義的イデオロギーと、最初のヒストリシズム的な変化と宿命の哲学を発展させたことについてはすでに述べておいた。ヘラクレイトスは、開かれた社会に対する最初の意識的な敵であった。

こうした初期の思想家たちのほとんどすべてが、悲劇的で絶望的な重圧のもとで、文明の内的緊張のもとで苦悩していた。(41) おそらく唯一の例外は、みずからの重荷を勇敢に担った唯一神論者のクセノファネス(42)であった。こうした思想家たちを、その後継者たちはともかく、新しい発展に対して敵対的な立場をとったとして、叱責することはできない。開かれた社会への新しい信念、人間への、法のもとでの平等への、また人間の理性への信念はかたちを取り始めたばかりであり、まだ定式化されてはいなかった。

第五節

この信念に最大の貢献をしたのは、まさにそれゆえに死んだソクラテスであったと言うべきであろう。ソクラテスは、ペリクレスのようにアテネ民主主義の指導者ではなかったし、プロタゴラスのように開かれた社会の理論家でもなかった。かれはむしろ、アテネとその民主主義的諸制度の批判者であった。それゆえに、かれのうちに、開かれた社会に対する反動の指導者との表面上の類似性を見ることもできよう。だが、民主主義やその諸制度を批判する人物が民主主義の敵であるとは限らない。たしかにソクラテスが批判する民主主義者や、そしてまた民主主義陣営におけるあらゆる不一致から利益を引き出そうとする全体主義的同時代者は、ソクラテスのことを民主主義の敵と思わせようとするだろう。だが、民主主義への民主主義的な批判と全体主義的な批判とのあいだには根本的な相違が存在する。ソクラテスの批判は民主主義的なものであった。それどころかかれの批判は、民主主義の存続にとって必要な種類の批判であった。(民主主義に対する友好的な批判と敵対的な批判との区別がわからない民主主義者は、全体主義の精神に捉えられている。当然のことながら、全体主義的統治体制はそもそも批判に友好的なものがあるとは考えられない。というのも、権威に対する批判は、どんなものであっても権威主義の原則そのものに疑問を付すからである。)

わたくしはすでにソクラテスの教えのいくつかの側面については触れておいた。すなわち、人間の理性は理解のための普遍的な媒体であるという理論としての主知主義、知的誠実性と自己批判との強調、平等主義を強調する正義論、そして不正を他者にくわえるよりは不正をこうむった方がよいといった教えについては触れた。最後の教えは、かれの考えの核心にある、個人主義への信念告白、各人はそれ自体として目的であるという信念の理解をもっともよく助けるであろう。

閉じた社会は崩壊したのであり、それとともに部族がすべてであり個人は無であるという信念も崩壊した。個人のイニシアティブと自己主張はひとつの現実となった。たんに部族の英雄とか救済者としてではなく、個人としての人間個人への関心が呼び覚まされた(43)。人間をその関心の中心とする哲学が、プロタゴラスをもって始まった。そしてわれわれの人生には個々の他者よりも重要なものはないという信念、つまり自分自身と他者を尊重すべきであるという人間へ向けての呼びかけは、ソクラテスにさかのぼるように思われる。

バーネットは、われわれの文明にかくも凄まじいまでの影響をおよぼした魂という観念を作り出したのはソクラテスであったと強調した[44]+。こうした見解は、わたくしの見るところ、それ自体で優れたものであるが、その定式化、とりわけ〈魂〉という概念を利用する点では誤解をひき起こしかねないと感じる。というのもソクラテスは、形而上学的理論とは、可能なかぎり距離をとっていたと思われるからである。かれの呼びかけは道徳的なものであり、そして人間は個人としてあるというかれの理論(あるいはこちらのことばが好まれるのであれば、〈魂〉についての理論)は、思うに、形而上学的な教えというよりはむしろ道徳の教えだからである。こうした教義を助けとして、かれはいつものごとく、おごりと自己満足に対して戦った。個人主義はたんに部族との紐帯を断ち切ることであってはならず、個人はそこからの解放にあたいするものであることを示さねばならない。したがってかれは、人間とはたんに肉の塊——身体——にすぎないのではないと主張した。人間のうちにはそれ以上のものが、神のごときひらめきが、理性が、そして真理、親切心、人間性への愛が、つまり美と善への愛が存在するということだ。

これらこそ、人間の生を生きるにあたいするものとする。わたくしというものがたんなる〈身体〉にすぎないのではないとするならば、――ではわたくしとはなんなのか。汝は他のなにものにもまして理性である、というのがソクラテスの答えであった。汝の理性こそ汝を人間に、汝をたんなる欲望や願望の束以上のものに、汝を自足的な個体にするのであり、目的を自己自身のうちにになう権限を与えるのである。「汝の魂を気遣え」というソクラテスの要求は、何よりも知的誠実性への呼びかけであり、また「汝自身を知れ」という要求は、われわれが知的に制約されていることを思い起こさせるために用いられたのであった。

ソクラテスは、これらは現実の重要事であると強調する。そしてかれは、民主主義に対して、そして民主主義の政治家に対して、こうした重要事を不十分にしか実現していないと批判したのであった。かれはただしくも、政治家たちが知的誠実性に欠けていること、かれらの狭隘な視野しかもたない権力政治を批判したのであった[45]。かれは、重点を主として、政治問題のうちの人間にかかわる側面においたから、制度改革には大きな関心はもたなかった。かれが関心を払ったのは、開かれた社会における直接、人間にかかわる側面であった。かれは自分を政治家であると考えたとき自分を欺いていた。かれは教師であったのだ。

とはいえ、ソクラテスは根本において開かれた社会の擁護者であり民主主義の友であった。としたら、なぜかれは民主主義の敵と交わったのかと問われるであろう。というのも、ソクラテスの同伴者たちのうちには、しばらくのあいだスパルタ側についたアルキビアデスのみならず、プラトンの二人の叔父、つまり三〇人僭主政の冷酷な指導者であったクリティアス、またその副官であったカルミデスもいたからである。

この問いに対する答えはひとつ以上ある。さしあたりプラトンの語っていることを聞こう。当時の民主派政治家に対するソクラテスの攻撃は、一部には、民衆に対して偽善的に媚を売る者のもつ我欲や権力欲を発見すること、なかんずく民主派を装いつつ民衆のうちに権力獲得の手段を見る青年貴族のそれを発見する目的でなされた(46)。こうした活動によってかれは一方で少なくとも民主主義の敵対者からの関心を引きつけたし、他方で野心に満ちた青年貴族たちとあのように結びついた。そしてここで第二の考察が始まる。ソクラテスは、道徳家であるとともに個人主義者でもあったので、そうした人びとをたんに攻撃するだけではすまなかった。むしろかれは、かれらに対してほんものの関心をもたざるをえず、そこからしてかれらの心を入れ替えさせるための真剣な取り組みをせずに放置することはできなかった。プラトンの対話編にはこうした試みを示唆するものが数多くある。第三の考察になるのだが、そしてこれには信じるにあたいするあらゆる根拠があるのだが、教師にして政治家であったソクラテスは、青年たちには心を入れ替える可能性があると信じていたし、またかれらはいつの日にか国家の責任ある地位を占めるであろうとも考えていたので、しばしば青年たちをひきつけ影響をおよぼすことに関心を払っていた。そのきわだった例はもちろんアルキビアデスである。かれはすでに子供の頃からアテネ帝国をみちびく将来の偉大な指導者であると見なされていた。またクリティアスはその明敏さ、功名心、勇気のゆえにアルキビアデスに対するおそらくは数少ない競争者の一人になっていた。（クリティアスは一時的にはアルキビアデスに協力したが、のちには背いた。こうした一時的な協力関係がソクラテスの影響によることもまったくありえないことではない。）プラトン自身の初期のそして後期の政治的努力にかんする周知の一切からすれば、ソクラテスに対するプラトンの関係がこの種のものであったことも大いにありえただろう。(47)+ ソクラテスは、開かれた社会の指導的な精神的人物の一人ではあったが、党派的な人物ではなかった。かれには、みずからの活動が自分の都市に利益をもたらすならば、どんな集団においても影響力をふるう用意があった。かれは才能ある青年に関心をもったとき、その者が寡頭政政治家につながる家系の者であっても怯《ひる》みはしなかった。

だが、そうしたつながりが、かれに死をもたらしたのだと言うべきであろう。大戦争が敗北に終わったとき、ソクラテスは、民主主義を裏切り敵と共謀しアテネの没落をもたらした青年たちの教育者であったというかどで告発されたのである。

ペロポネソス戦争の歴史やアテネの没落は、トゥキュディデスの権威による影響もあって、いつにせよアテネの敗北は民主主義体制の道徳的弱さの最終的証明であると語られてきた。しかし、こうした見方は底意のある立場を示しているにすぎない。熟知の事実はまったく反対の歴史を物語っている。敗戦の主たる責任は、スパルタとの共謀をつづけ裏切りをおこなった寡頭派にある。なかでもきわだっているのはソクラテスの初期の弟子であった三人、アルキビアデス、クリティアス、カルミデスであった。紀元前四〇四年におけるアテネ陥落のあと、後者の二人は、もはやスパルタの傀儡政権以上のものではなかった三〇人僭主政の指導者となった。アテネの陥落と城壁の取り壊しはしばしば、紀元前四三一年に始まった大戦争の最終結果であると見なされてきた。だが、ここにはまさにあの通説的な見方が表われている。なぜなら民主派は戦いつづけたからである。最初は七〇人の強者であったが、トラシュブロスとアニュトスの指導のもとに、アテネの解放を準備した。アテネではその間クリティアスが市民を大量に殺害していた。恐怖政治がおこなわれていた八カ月のあいだに死亡者リストには「ペロポネソス軍が戦争の一〇年間で殺害したよりもはるかに多数のアテネ人」(48)+が含まれていた。八カ月後に、紀元前四〇三年のことであったが、クリティアスとスパルタの駐屯軍はピレウスに集結した民主派によって撃破され、プラトンの二人の叔父もこの会戦で命を落とした。寡頭派の後継者たちはアテネでしばらくのあいだ恐怖政治をつづけたが、その軍隊は混乱と解体のなかにあった。かれらが支配を担いえなくなったことがあきらかになったあと、かれらの保護者であったスパルタはついに彼らを見放した。そしてスパルタは、アテネに民主主義を回復したアテネ民主派の人たちと平和条約を結んだのであった。それによって民主主義的統治形態はそのもっとも困難な運命的試練のさなかにおいて圧倒的な強さを証明したのであり、敵でさえかれらを打倒することはできないと考え始めたのであった。（九年後のクニドスの戦いのあとでは、アテネ人たちは城壁を再建することができた。民主主義の敗北は勝利へと変わっていた。）

民主主義が回復され、通常の法的状態が再建されると、すぐにソクラテスに対して告発がなされた。その意味はあまりにも明白であった。かれは国家の腐敗しきった敵、アルキビアデス、クリティアス、カルミデスの教育に大きな影響を与えたかどで告発されたのである。告発にはある種の困難があった。民主主義の再建以前になされた政治的犯罪のすべてについて大赦がなされていたからである。それゆえ告発は多くのばあいそうした悪名高い事例に関係づけることはできなかった。また告発者たちは、ソクラテスをその意に反してなされた――かれらはそのことをよく知っていた――過去の不幸な政治的出来事のゆえに罰しようとしたのではなかったのだと思われる。むしろかれらの目的は、かれが教えつづけることの防止にあった。かれらは、ソクラテスの影響力は国家にとって危険であると見なさざるをえなかったのである。こうした理由から告発は、ソクラテスは青年たちを堕落させている、かれは無神の徒である、かれは新しい宗教慣習を国家にもち込もうとしているといったあいまいでほとんど意味のないかたちをとった(49)。(最後の二つの告発は、ぎごちないとはいえ、疑いもなくソクラテスが倫理的‐宗教的領域において革新者であったという真っ当な感情を表現していた。) 大赦があったので「堕落した青年」を正確に名指しすることは――もちろん誰もが考えられていたのは誰であるかを知ってはいたのであるが――不可能であった(50)。自己を弁護するなかで、ソクラテスは三〇人僭主政の政治には共感などもっていなかったこと、そのうえ自分を犯罪の共犯者にしようとするかれらの試みに逆らって命を賭したことを指摘した。かれはまた陪審員たちに対して、自分の親密な仲間や熱心な弟子のなかには少なくとも断固たる民主派がいたこと、とりわけ三〇人僭主政と戦ったカイレポン――ピレウスの戦いで斃《たお》れたらしい――がいたことを思い出させた(51)。

こんにちでは一般に、民主派の指導者であり訴追を支持したアニュトスはソクラテスを殉教者にするつもりはなかったことが十分に承認されている。かれは、国外退去に処することを目指していた。だが、その計画は、自分の原則を曲げてまで妥協することを拒んだソクラテスによって水泡に帰した。わたくしは、ソクラテスが死を望んでいたとか、殉教者の役割を好んでいたとは思わない(52)。かれは単純に、みずからがただしいと信じたこと、自分の生涯の仕事だと考えたことのために戦ったのであった。かれは民主主義を掘り崩そうなどとは思ってもいなかったのであり、かれがこころみたのは、民主主義に必要とされる信念を与えることであった。それがじつにかれの生涯の仕事であった。かれはそれが深刻なまでに脅かされていると感じていたのだ。以前の仲間の裏切りは、自身とその仕事をもっとも深いところで不安にさせたと思われる。おそらくかれは裁判そのものをさえ、国家に対する自分の忠誠を証明する好機として歓迎したのだろう。

ソクラテスは、逃亡の機会が与えられたときに、こうした態度をこのうえなく明確に説明した。そうした機会を利用したならば、つまり亡命したならば、誰もがかれのことを民主主義への敵対者と見なしたことであろう。それゆえかれは止まり、その理由を述べた。こうした説明、かれの最後の意志は、プラトンの『クリトン』(53)+のなかに見られる。それは単純である。もし自分が逃亡したならば、国家の法律を傷つける、とソクラテスは言った。そうした行動は自分を法律に敵対させ、敵意を証明することになろうし、国家を害するだろう。とどまるときにのみ、国家と民主主義に対する自分の忠誠を疑問の余地なく示し、自分が決してそれらの敵ではないことを証明するだろう。国家に対する自分の忠誠を証明するものは、そのためには死も辞さない覚悟に勝るものはありえない。

ソクラテスの死はかれの一途さを最終的に証明する。かれは最後まで、勇気、素直さ、謙虚さ、自己皮肉、ユーモアを失わなかった。ソクラテスは『弁明』でつぎのように述べた。「わたくしは、神がこの都市に張りつけたアブであり、一日中あらゆるところで諸君に張りつき、目覚めさせ、説得し、咎めだてる。諸君は、わたくしに代わる者をすぐには見つけられないだろう。だから忠告する。わたくしを大事にせよ、と。……諸君は、アニュトスの忠告のように、わたくしを打ち、すみやかに殺してしまうならば、神が配慮してもう一匹のアブを送ってくるのでないかぎり、残りの人生を眠って過ごすことになるだろう。(54)」かれは、人間が運命とか名声とかその他類似の大義のために死ぬことができるばかりでなく、うぬぼれや感傷とは無縁の批判的思考の自由や自己矜持のゆえに死ぬことができることを示したのである。

第六節

ソクラテスは後継者にふさわしいと言える者をただ一人だけもった。偉大な世代の最後の者であり、かれの古くからの友人であったアンティステネスである。プラトンはといえば、もっとも才能に富んだ弟子であったが、まもなくもっとも不実な者であることがあきらかになった。かれは、叔父たちがソクラテスを裏切ったように、背信行為をおこなった。これらの叔父はソクラテスを裏切ったばかりでなく、ソクラテスをテロリスト的行動の共犯者にしようとした。だがソクラテスが逆らったので成功はしなかった。プラトンは、硬直した社会の理論を構成するという壮大な試みのなかにソクラテスを巻き込むために成しうるかぎりのことをした。そして成功した。ソクラテスは死んでいたからである。

こうした判断はプラトンの批判者にとってさえきびしすぎると思われるだろう。そのことは、もちろん、自覚しているつもりである。[55]+ しかしソクラテスの最後の意志を含んでいる『弁明』や『クリトン』に目を向けるならば、またこうしたかれの老年期の証言をプラトンの証言、つまり『法律』に比較するならば、これとは違ったふうに判断することはむずかしい。ソクラテスは有罪判決を受けたが、かれの告発者たちは死なせることを意図してはいなかった。意図が欠如していたという点はプラトンの『法律』では修正されている。そこには異端審問の理論が冷淡かつ明瞭に展開されている。自由な思索、政治制度への批判、新しい考えを若い世代に伝えること、新しい宗教的実践やまったく新しい信念にもとづく見解を導入する試み、これらすべては、そこでは死にあたいする犯罪と宣言されている。プラトンの国家ではソクラテスは決して公に自己弁明する機会をもちえないであろう。かれは、〈処分〉のために、最後にはその病んだ魂を罰するために、夜の秘密裁判に移送されていたことだろう。

わたくしには、プラトンの裏切りという事実を疑うことはできないし、かれが『国家』の主要な話し手としてソクラテスを利用し、かれをこの裏切りの共犯者に仕立てる試みにおいて成功したことも疑うことができない。だが、この試みが意識的になされたのかどうかはべつの問題である。

プラトンを理解するためには、同時代史的状況の全体を把握しなければならない。ペロポネソス戦争後、文明の重荷、つまり文明の内的緊張はかつてないほど重く感じられた。古い寡頭派の宿望は依然として生きつづけていたし、アテネの敗北はそれを勇気づけるものでさえあった。階級闘争はつづいていた。だが、民主主義を破壊し、老寡頭派の綱領を実行しようとするクリティアスの試みは失敗に帰した。決然たる態度が欠けていたからではない。勝利したスパルタから強力な支援を受けるという有利な状況があったところで、また暴力を容赦なく使用しても失敗したのだ。プラトンは綱領の全面的な再構築が必要だと感じた。三〇人僭主政は権力政治の領域において主として市民たちの正義感を傷つけたがゆえに挫折した。かれらの敗北はなによりも道徳的敗北であった。偉大な世代の信念はその強靭さを示したのである。三〇人僭主政はこの種のものを与えなかった——かれらは道徳的ニヒリストであったからである。老寡頭派の綱領は、別種の信念、すなわち古い部族の価値を再建し、それを開かれた社会への信念に対置するという信念のうえに基礎づけないならば存続しえないとプラトンは感じたのだ。人間には、正義とは不平等のことであり、そして部族、すなわち集合体が個人の上に立つことが教えられねばならない。[56]+ ソクラテスの信仰はむろん表立って攻撃するにはあまりにも強固であったので、プラトンはそれを閉じた社会への信仰であると解釈を変えざるをえなかった。これは困難であったが不可能ではなかった。なぜなら、ソクラテスは民主主義によって殺されたのではなかったか。民主主義はかれを自分の側に立っていると主張する一切の権利を失ったのではないか。ソクラテスはいつでも無名の群集やその指導者を知恵に欠けるとして批判していたのではなかったか。くわえてソクラテスを〈教養ある層〉

による支配を擁護する者として、学識ある哲学者として解釈することはむずかしくはなかった。プラトンは、それがピタゴラス派の信念の本質的部分を形成していることを発見したとき、また、とりわけ偉大な人物でもあり同時に成功した政治家でもあったタ―ラント〔南イタリアの都市〕のアルキタスのうちにピタゴラス的知恵を発見したとき、そうした解釈へと鼓舞されたのであった。プラトンはそこにこそ自分の問題の解決があると感じた。ソクラテス自身は弟子たちに政治への参加を促してはいなかったか。これはかれが、啓発された者、つまり賢者が支配すべきことを望んでいたという意味ではないのか。アテネを支配する賤民どもの低劣さと、アルキタスの品位とのあいだにはなんたる相違があることか。ソクラテスは、国制の問題の解決についてはなんの提案もしなかったが、やはりピタゴラスの思想を考えていたのだ。

このようにしてプラトンは、偉大な世代に属し、かつもっとも影響力のあった者の教義に一歩一歩新しい意味を与え、その圧倒的な力に対しては直接的に攻撃しようなどとは思わず、この敵対者こそじつは盟友なのだと自分自身に言い聞かせることができると思ったのだ。このように考えてこそ、プラトンが、ソクラテスを自分の主要な話し手にし、そして師の教えから大きく離れ、もはやその逸脱を自分に納得させられないほどになった事実を、もっともわかりやすく解釈できると思う。(57)+ だがこれで終わりではない。

プラトンは、魂のもっとも奥深いところでソクラテスの教えが自分の描き出すものとは大きく異なること、そしてソクラテスに背信行為をはたらいたと感じとっていたのであろう。また、ソクラテスのような人物をみずからの教義に対しまさに変節した人物として描くというプラトンの長年にわたる努力は、同時に自分自身の良心のまえで自分を正当化しようとする努力でもあったのであろう。自説は真実のソクラテス説の論理的な展開にすぎないとたえず示しつづけることで、かれは自分自身に対して背信者ではないと言い聞かせようとした。

プラトンを読むとき、われわれはプラトンの知性内部における内的葛藤、巨人のみがなしうる戦いの真実の証人になるのだと感じる。かれの有名な「気品をもって自分自身の個性を抑制、抑圧すること」(58)というよりは、むしろ――行間に読み取ることに困難はないのだから――抑圧未遂とでも言うべきものでさえ、この戦いの表現である。またわたくしは、プラトンの影響力は、一部には、これら二つの世界間での戦いがひき起こす魅力にあるのではないかと思う――それは、プラトンへ強力な反作用をおよぼしており、かの気品をもった抑制の下にも感じとれるほどの戦いなのだ。この戦いはわれわれの琴線に触れる。なぜなら、それはわれわれ自身においても依然として続行されているからだ。プラトンは、依然として時代――われわれ自身の時代でもある――の子であった。

(あれこれ言っても、合衆国における奴隷制廃止以来わずか一〇〇年しか経っていないし、中央ヨーロッパにおける農奴制の廃止からはさらに経っていないことを忘れてはならないだろう。) この内面の戦いが、プラトンの魂論におけるほどあらわなところは他にはないだろう。プラトンは統一と調和を熱烈に求めていたのだが、人間の魂の構造を階級によって引き裂かれた社会の構造に類似したものとして考えた。ここにはかれの苦悩がいかに苦痛に満ちたものであらざるをえなかったかが示されていると言ってよい。(59)+

プラトン最大の葛藤は、ソクラテスという先例がかれに残した深い印象から生じている。だがそれに対しては、かれ自身の寡頭政的傾向が勝利を収めた。この戦いは、合理的な論証の領域でも生じた。かれはソクラテスのヒューマニズムの教えをそれ自身に向けることで戦いをおこなっているからである。その種のもっとも早い例は『エウテュプロン』に出現していると思われる。(60) プラトンは、自身はエウテュプロンのようにはなりたくないと言う。自分は、父親、尊敬すべき先祖を、敬虔といっても野卑と変わりない水準にある法律とかヒューマニズムの道徳で、犯罪者として告発したいとは決して思わない。たとえかれらが人を殺したのだとしても、それはつまるところ、犯罪者と変わりのない奴隷の命にすぎない。そしてかれらを裁くことはわたしの課題ではない。ソクラテスは、なにが正義でなにが不正であるのか、なにが敬虔でなにが神を汚すことなのかを知るのはむずかしいと示したではないか。またかれ自身は、かれのいわゆる友であるという人間によって神を汚したとして迫害されたではなかったか。――プラトンにおけるこの戦いをしるす他の痕跡は、とくに『国家』においてヒューマニズム的考えに反対しているほとんどあらゆる箇所に見出されよう。だが、プラトンは、正義は法のもとでの人間の平等を要求するという説に対して戦うことが重要なときに、逸脱し、そして嘲笑と軽蔑に走り去ってしまった。こうした点や、ウソを擁護し、人種理論を導入し、正義についての自身の定義を導入するために、かれがためらいがちに置いたまえおきといったものなどすべてについては以前の章で触れておいた。こうした葛藤をまぎれようもなく表現しているのは、ペリクレスの葬送演説に対するかれの皮肉に満ちた返答であろう。それは『メネクセノス』に見出される。そこにはプラトンの意識されていない本音が出ている。かれは自分の感情を皮肉と軽蔑の背後に隠そうとしたにもかかわらず、ペリクレスの心情によっていかに深く揺り動かされたかを露呈せざるをえない。ペリクレスの演説がかれに残した印象をかれの〈ソクラテス〉は意地悪くつぎのように述べる。「わたしのうちにあっては高揚した恍惚感が三日以上も去らなかった。四日目あるいは五日目以前には、努めることなしには、正気を取り戻すこともできず、自分がどこにいるのかさえわからなかった。[61]」プラトンはここで、開かれた社会の信念によっていかに深く揺り動かされたか、そしてまたふたたび正気を取り戻し自分がどこにいるか——つまり〔ペリクレスとは〕敵の陣営に所属していること——を発見するために、いかに懸命に戦わざるをえなかったかを吐露している。いったい誰がこの点を疑うことができようか。

第七節

この戦いにおけるプラトンの最強の論証は誠実に考えられたものだと思う。ヒューマニズムの信念を述べたあとで、われわれは隣人を助けるべきであるとかれは論じる。人間は緊急に助けを必要とする。かれらは、押し流されていると感じ、不幸であり、過酷な重荷のもとで苦しんでいる。すべてが流動するとき、人生には確実性も安全もない。(62) わたくしには同胞を助ける覚悟はある。しかし、悪の根源をきわめることなしには幸せになることはできない。

そしてかれは悪の根源を発見した。それは〈人間の堕落〉、閉じた社会の崩壊なのだ。この発見によってかれは、老寡頭政およびその継承者たちがアテネよりもスパルタを選び、そしてあらゆる社会的発展を阻止するというスパルタの綱領を引き継いだのはただしかったと確信した。しかしかれらは十分先にまで進まなかった。かれらの分析は十分深く根底に達しなかった。かれらは、スパルタでさえあらゆる変化を押し止めようとする英雄的な努力をしたにもかかわらず、没落の兆候を示したという事実に気づかなかったか、それを気にかけようともしなかった。スパルタでさえ、血統保存を監視し、支配人種の質量ともにおける腐敗、〈変異〉〈不規則性〉の原因除去の試みに命がけで取り組むことをしなかった。[63]+（プラトンは、人口増大がそうした堕落の原因のひとつであることを認識していた。）老寡頭政政治家やその後継者たちが、三〇人僭主政におけるような僭主政の援助をえて、古きよき日を再建できると考えたのはあまりにも浅薄であった。プラトンはそれをよく知っていた。この偉大な社会学者は、そうした僭主政が当世はやりの革命的精神によって支えられていたこと、それ自体がこうした精神をかき立てたこと、それが法のもとの平等を要求する民衆への譲歩を強いられたこと、それが事実上部族支配を崩壊させるうえで重要な役割を演じたこと、こうしたことを的確に見抜いていた。プラトンは僭主政を憎んだ。プラトンには僭主についての有名な記述があるが、そこにおけるようにプラトンにするどい洞察をもたらしたものは、憎しみをおいて他にはあるまい。「民衆に」極度の危機からの救済者としての「将軍が必要なことを感じさせるために」僭主は「つぎからつぎへと戦争をひき起こ」さざるをえない――こうしたことを言えたのは僭主政の真正の敵のみである。僭主政も通常のどんな寡頭政も解決ではなかった。民衆をその場につないでおくことは絶対に必要であるとはいえ、そのような抑圧が自己目的となってはならない。最終目標は自然への完璧な還帰、画面の完全なまっさら化であらねばならない。

一方の側におけるプラトンの理論と、他方における老寡頭政政治家や三〇人僭主のそれとの相違は、偉大な世代の影響に帰すことができる。個人主義、人間の平等説、理性への信念そして自由への愛は、新しく強力な思想だが、開かれた社会の敵の観点からすると戦わねばならない危険な思想であった。プラトン自身はその影響を感じ取っていたのであり、自分自身の内部でそれと戦った。かれは偉大な世代へ反論しようとしたのだ。それは真に剛毅な営みであった。それは、開かれてしまった扉をふたたび閉じ、その深さと豊かさにおいて比類のない魅力をもった哲学による呪文を投げかけ、社会を硬直させようとする試みであった。かれは政治の領域においては、かつてペリクレスがすでに反駁していた古い寡頭政的綱領に対してはごくわずかしか付け加えなかった[64]。だが、かれは、おそらく無意識のうちにではあるが、自由への反乱という大きな秘密を発見した。それはヴィルフレド・パレートがわれわれの時代においてつぎのように定式化したものであった。「感情は、それのもつエネルギーを除去しようとか消滅させようという無益な試みをする代わりに、利用すべきである。[65]」理性に対して敵意を示す代わりに、プラトンは知識人のすべてをその思想の深みで蠱惑《こわく》し、学識ある者の支配を要求することで、かれらに媚びそして感激させた。かれは正義に反対していたにもかかわらず、すべての正直な人に対して、みずからが正義の守り手であると確信させた。かれは、自分がソクラテスに死をもたらした思想の自由のために戦っているのだと自認することなど一度もなかった。それなのに、ソクラテスを同志とすることで自分こそ思想の自由のために戦っているのだとすべての人を説得したのであった。それゆえプラトンは無意識のうちに、しばしばよき信念からではあるのだが、道徳的かつヒューマニズム的な感情を非道徳的にして非人間的な目的のために利用するという技術を発展させた多くのプロパガンディストたちの先駆者となったわけだ。そこからしてかれはまた、偉大なヒューマニズムの思想家に対してさえ、その信念には非道徳的なもの、自利の追求があると確信させるという驚くべき影響をおよぼした。[66]そして、疑いを差しはさむ余地はないと思うのだが、かれは自分自身を完全に説得することに成功したのだ。個人がイニシアティブをとることへのかれの憎しみ、そしてあらゆる変化を押し止めようとするかれの願望、こうしたものをかれは正義、節度への愛に変形させることに成功し、また誰もがそこでは満足し幸せであるような国家、低劣な金銭欲は寛大さと友好の掟によって取って代わられた天国のような国家への愛に変形させることに成功したのだ[67]。統一、美、完全性についてのこうした夢、こうした唯美主義、ホーリズム、集団主義は、部族制のもつ集団精神が失われたことの産物でもあればその兆候でもあった[68]+。それは、文明の重荷のもとで苦しんでいるすべての人の感情と希望を表現し、そうした感情にアピールする。(こうした重荷、こうした居心地の悪さを感じるのは、われわれが、自分たちの生が不完全であることを、つまり、個人も制度も不完全であることをますます苦痛を覚えながら意識するからであり、避けられるはずの苦痛や浪費とか不必要な憎悪がますます大規模に生じていることに気づくからであり、また同時に、改善のためのなんらかの貢献も不可能ではないにもかかわらず、そうした改善は重要であるだけにいっそう達成しがたいことを認識するからでもある。こうした意識は個人の責任という重荷をいやましにする。われわれは人間であるという十字架を背負わされているからである。)

第八節

ソクラテスは自分の個人としての統合性を妥協によって放棄してしまうことを拒んだ。プラトンは妥協のない画面のまっさら化の道を突き進んだが、その途上で踏み出す一歩ごとに妥協によってますます自分の統合性を汚した。かれは、思想の自由や真理の探究と戦うことを強いられた。かれは、ウソ、政治的奇跡、タブーに満ちた迷信、真理の抑圧、そして最後には野蛮な暴力の擁護を強いられた。ソクラテスが人間嫌いや論理嫌い(本章の注(28)を見よ)に警告を発していたにもかかわらず、プラトンは最終的には人間を信頼せず論証を恐れた。かれ自身は僭主政を憎んでいたにもかかわらず、僭主に助けを求め、どう見ても僭主的な手段を擁護せざるをえなくなった。かれの反ヒューマニズム的目標がはらんでいる内的論理、権力がはらんでいる内的論理によって、かれはそれと気づくことなくかつて三〇人僭主たちが到達したのとおなじ場所へ、のちには友人のディオンや弟子たちのなかの他の多くの僭主たちが到達したところへ押しやられた。(69)+かれは社会の変化を阻止することには成功しなかった。(随分とのちになって、つまり中世になってはじめて、社会はプラトン的－アリストテレス的本質主義の魔術的な呪文によって静止させられた。)その代わりにかれは、自分自身の呪文によって、かつては憎悪していたあの悪しき諸力と手を結ぶことに成功したのだ。

プラトンからなにを学ぶべきか――かれがわれわれに伝えようとしたことのまさに正反対をこそ学ぶべきなのだ。それは忘却されてはならない教訓である。プラトンの社会学的診断は優れていたが、かれ自身の知的発展は、かれの勧める治療が戦おうとした悪よりもさらに悪いことをあきらかにした。すべての社会的発展を阻止することは治療薬とはならない。それはわれわれに幸せをもたらすことはできない。われわれが閉じた社会のいわゆる無垢と美に立ち返ることは決してできない[70]。天国の夢が地上に実現されることはありえない。理性に耳を傾け始めたならば、そして批判をおこなうこと、すなわち自分の行為に対して責任を感じ、したがって自分の知識や自分の認識の歩みに対して責任をとり始めたならば——ここまで歩んだならば、われわれはもはや部族の魔術に隷従する状態に立ち返ることはできない。知恵の樹の実を味わった者には楽園は失われる。部族共同体という英雄時代に帰ろうとすればするほど、われわれは間違いなく異端審問、秘密警察、そしてロマンチックに描かれたギャングの世界に到達するだろう。理性と真理の抑圧が開始されるならば、人間的なもの一切に対するもっとも野蛮でもっとも暴力的な解体が始まらざるをえない。調和に満ちた自然状態への還帰は存在しない。帰り始めたなら、途のすべてを戻らねばならなくなる——われわれはふたたび野獣にならざるをえなくなる。[71]+

ここでわれわれは、答えるのがどれほどむずかしいにせよ、明確に答えねばならない問いの前に立っている。幼年期への還帰を夢見るとき、他人に身を委ねて幸せになろうとするとき、十字架、つまり人間であることの十字架、理性と責任の十字架を背負うことにあとずさりするとき、勇気を失い十字架の重荷に疲れ果てたとき、われわれは自分たちのもとにある明察と毅然たる決意によって自分自身を鍛えねばならない。なるほどわれわれは野獣に立ち返ることもできるだろう。しかし人間でありつづけようと欲するならば、ただひとつの道、開かれた社会への道しか存在しない。われわれは未知なるもの、不確実なるもの、危ういもののなかに進んでいかねばならない。われわれは手もとにある理性を用いて、なしうるかぎり、二つのこと、すなわち安全と自由のために計画を立てねばならない。

訳注

〔1〕ここでは、原語を示しておいた方が理解が進むであろう。「愛国者(Patriot)」とは語源的にはギリシア語の pater(父)に由来し、直訳的には「父の国の人間」ということになる。

付録

I　プラトンと幾何学（一九五七年）

本書の英語版第二版でわたくしは第六章注(9)（本書では第一分冊四五八〜四七四ページ）をおおはばに増補しておいた。そのなかで提案した歴史仮説は、のちに拙稿「哲学的諸問題の性格と科学におけるその根源」(*The British Journal for the Philosophy of Science*, Bd. 3, 1952, S. 124 ff. 現在は拙著『推測と反駁』〔邦訳、法政大学出版局、一九七九年、第二章〕、ドイツ語版、*Vermutungen und Widerlegungen*, 2000, S. 96 ff.)において詳細に論じておいた。それはあらためてつぎのように定式化できるだろう。(1) 2の平方根が無理数であることの発見は幾何学や宇宙論（そしておそらくあらゆる知識）を算術に還元しようとするピタゴラス派のプログラムの崩壊をみちびき、ギリシア数学に危機をひき起こした。(2) ユークリッドの『原論』は、幾何学の教科書ではなく、むしろ幾何学という基礎のうえで数学や宇宙論の全体を再構成し、それによって無理数の問題に、たんにアドホックな処置を施すのではなく、体系的に取り組むというプラトン学派の最後の試みであった。それによって算術化というピタゴラス派のプログラムは逆転される。(3)のちにユークリッドによって遂行されたこうしたプログラムを最初に構想したのはプラトンであった。かれは、再構築の必要性を最初に洞察し、幾何学を新しい基礎の上におき、比という幾何学的方法を最初に新しい方法にした。プラトンは、算術、天文学そして宇宙論を含む数学の幾何学化というプログラムを企て、それによって幾何学的世界像の定礎者となり、最終的にはそれによって近代科学――コペルニクス、ガリレイ、ケプラー、そしてニュートンの科学――の定礎者となった。

ここでわたくしは、プラトンのアカデメイアの入り口に掲げられていた銘文「幾何学を知らぬ者、入るべからず」(下記の第一分冊四六〇ページ(2)が意味していたのは「算術では十分ではない！　君が知らなければならないのは幾何学だ！」――こうした幾何学化というプログラムの示唆――であったという仮説を提出しておきたい。(これがピタゴラス派のプログラムの逆転を告げるものとして考えられていたことは、アルキタスの断片B4、『断片集』第一巻S. 438に照らすと十分にありうる。)

第一分冊四六三ページの四行目以降で、わたくしは、プラトンを「ピタゴラス主義の崩壊……から救出すべきものを救出するという目標をたてた……特殊な幾何学的方法を要請した最初の者」と見なそうという提案をした。そしてわたくしはこれに関連する提案を「高度に仮説的なもの」と表現しておいた。いまわたくしはもはや、この仮説がとくに不確かであるという見解はとっていない。その反対である。わたくしはいま、プラトン、アリストテレス、ユークリッドそしてプロクロスをこの仮説のもとで読み直すならば、一般に期待されるよりもより多くの確証的(bewährende)な証拠を浮かび上がらせることができるという感じをもっている。上に言及したパラグラフで詳論した験証的(bestätigende)証拠を超えていまやわたくしは、『ゴルギアス』(451a/b; c: 453e)が「奇数」と「偶数」の議論を算術の特徴と見ており、しかも算術を明確にピタゴラス派の数論と同一視したのに対し、幾何学者は比例の方法を用いる者として特徴づけていた(465b/c)と付けくわえておきたい。その他にプラトンは『ゴルギアス』(508a)において幾何学的平等(参照、第八章注(48))について語っているばかりでなく、のちに『ティマイオス』で十分に展開されるのだが、宇宙の秩序は幾何学的秩序であるという原理を暗黙のうちに定式化している。追加のコメントをくわえておくと、『ゴルギアス』はまた「無理(alogos)」ということばがプラトンの理解では無理数と結びついていないことを明かしている。というのも、465a は、技術や芸術は無理(alogos)であってはならないのであり、このことは幾何学のような学問にいっそうあてはまると言っているからである。わたくししは、「無理（alogos）」は単純に「比がない（alogisch）」と翻訳できると考える（参照、『ゴルギアス』496a/b および 522e）。こうした点は、第一分冊四六二ページで言及しておいたデモクリトスの逸失してしまった書物の標題を解釈するうえで重要である。

さきに言及した拙稿「哲学的諸問題の性格」は、プラトンによる数学と宇宙論の幾何学化一般（かれによるピタゴラス派のプログラムの逆転）およびかれのイデア説にかかわる若干のさらなる〔解釈上の〕提案を含んでいる。

追記（一九六一年）

この付録は一九五七年に本書の英語版第三版ではじめて発表された。その後、ほとんど偶然によるのだが、本書一九三ページの(2)以降で定式化しておいた歴史仮説の興味深い確証（Bewährung）を見出した。それはユークリッドの『原論』第一巻に対するプロクロスのコメントにおけるある箇所であった（hrsg. von Gottfried Friedlein, Leipzig 1873, Prologus II, B41/42, S. 71, Zeilen 2-5）。そこからあきらかになるのは、ユークリッドの『原論』をプラトン的宇宙論、すなわち『ティマイオス』の問題についての論述とする伝統があったということである。

Ⅱ　『テアイテトス』の日付問題（一九六一年）

第二分冊三一〇ページの第八章注(50)(6)では、「『テアイテトス』は通常の想定とは反対に」おそらく「執筆は『国家』よりも早かったのであろう[と考えるべきである]」という示唆を述べておいた。この提案は、故ロバート・アイスラーによって一九四九年のかれの死にかなり近かったときに会話でなされた。かれはこの推測について、一部には『テアイテトス』(174e f.)——その日付が『国家』よりあとではわたくしの理論に適合しそうには見えない箇所——にもとづくということ以上のことは語ってくれなかった。わたくしはアイスラーの推測はあまりにもアドホックであるという感じをもったので、かれにこうした推測の責任を負わせようとは思わなかった。

だがその後、わたくしは『テアイテトス』の日付がより早いことを示す数多くの独立の論証に出会ったので、アイスラーのもともとの提案に恩義をこうむっていることを表明しておきたい。

エーファ・ザックス(Eva Sachs, *Sitzungsbericht des Philosophischen Vereins zu Berlin* 1917, S. 531 f.)は、いま知られているようなかたちでの『テアイテトス』の冒頭は紀元前三六九年以降に書かれたことを証明した。すると、ソクラテス的核心、および『テアイテトス』の日付がより早いということについての推測は、さらなる仮説、すなわちプラトンがテアイテトス没後に修正を施したより早い版は散逸してしまったのだという仮説を含むことになる。この後者の仮説は、パピルス(H. Diels und W. Schubart, Berliner Klassikertexte, Heft II, 1905 による改訂)が発見される以前に、さまざまな学者によって相互に独立したかたちで提案されていた。そのパピルスは、プラトンのテアイテトスに対する匿名のコンメンタールの一部を含み、テアイテトスには二つの異なったバージョンがあることを示唆するものであった。以下の論証はこれら二つの推測を支持するであろう。

(1)アリストテレスにおけるいくつかの箇所は『テアイテトス』をほのめかしているように見える。その箇所は『テアイテトス』の本文に完全に適合するし、同時にそこに表明された考えは、プラトンからよりは、むしろソクラテス由来であることを暗示している。その、わたくしの念頭にある箇所とは、帰納法の発案をソクラテスに帰している箇所(参照、『形而上学』1078b 17-33, 987b 1 および 1086b 3)であって、あきらかにソクラテスの（『テアイテトス』で詳細に展開される）産婆術を示唆している。学生にものの真なる本質を認識させるにあたって、精神を誤った観念から浄化する助けとなる方法――『テアイテトス』においてだんだん強く表現されるようになった立場がソクラテスに帰属させられている箇所でもある――ということで、「ソクラテスは、自分ではなにも知らないと認めるのが常であったから、答えが得られないような問いを立てたのである」（『詭弁論駁論』150c–d）。（この箇所は、文脈は異なるが、わたくしの講義「知と無知との情報源について」で取り上げておいた。（初出 *Proceedings of the British Academy*, Bd. 46, 1960 別冊、Oxford 1961。現在は拙著『推測と反駁』の序論、*Vermutungen und Widerlegungen* 2000, S. 2 ff. 参照、とりわけ、S. 16 f. また拙著『科学的発見の論理』*Logik der Forschung* の一九八四年、第八版以降、新付録 *XIX の第六節から第九節 S. 450 ff. を見られたい。））

(2)『テアイテトス』は驚くべきことに、ほとんど始めからそう計画され準備されていたことがあきらかになるとしても、なんの成果もあげずに終わる。（じっさい、知識の問題を解決しようとする――あきらかにそう意図されていたわけであるが――試みとしてみたばあい、この素晴らしい対話編は完全な失敗作である。）だが周知のごとく、なんの成果にも到達しない歩み行きは初期の（ソクラテス的）対話編大多数の特徴である。

(3)「汝自身を知れ」は『弁明』におけるように「汝はいかに知るところ少ないかを知

れ」とおなじものとして解釈されている。このように述べたあとでソクラテスはその最後の話でつぎのように言っている。「テアイテトスよ……君は……仲間に対してきびしくなるのを抑え、より優しくなるだろう。そして君は自覚を深め、知っていないことを知っていると信じはしなくなるだろう。というのもわたくしの〔産婆〕術が達成できるのは、これくらいであって、それ以上は成し遂げることができるわけではない。わたくしが理解している術は、他の人たちすべてが理解しているようなものではない。」

(4) われわれに残された『テアイテトス』の版がプラトンによって改定された第二版であることは、偉大な人間への追憶に捧げられたこの対話編の冒頭(142a から 143c の終わりまで)が、現実にはこの対話編のより早い版のおそらくは改定を免れた箇所とは矛盾するという事実にかんがみると、とりわけありそうなことと思われる。わたくしの念頭にあるのは、他の一連の初期対話編とおなじようにソクラテス裁判の差し迫っていることをほのめかす結論部である。矛盾は、冒頭部に登場して対話編が書き下ろされた次第を語るユークリッドが、自分はことあるごとにアテネにきた(おそらくメガラから)のであり、そのたびごとにソクラテスと一緒に自分の手記を検討し〈訂正〉を企てたと語った事実にある。これを物語る仕方は、対話そのものが裁判とソクラテスの死の少なくとも数カ月前に生じたにちがいないことをかなり明瞭に示している。だがこれは対話編の終末とは結びつけがたい。（わたくしはこの点の指摘には出会ってはいないが、プラトン研究者によって論じられるはずもなかったとは想像しがたい。）〈訂正〉の指摘（143a）、ならびに〈新しいスタイル〉についての大いに論じられた記述（143b-c については、たとえば、Constantin Ritter, *Platon*, 1 Bd., 1910/1976, S. 220 f.）という二点は、読者に、改訂版がもとの版から若干逸脱していることを示すとともにその理由づけをするために導入されたのかもしれない。（とすれば、改訂版は『ソフィスト』の後に位置づけられるかもしれない。）

Ⅲ　ある批判者への返答（一九六一年）

本書元来の英語版への付録において、わたくしはロナルド・B・レヴィンソンの『プラトンを擁護して』という書物（Ronald B. Levinson, *In Defense of Plato*, Harvard University Press, 1953）と対決している。かれの本はドイツ語では出版されなかった。レヴィンソンをしばしば引用するわたくしの返答をドイツ語に移すには、したがってかれが用いなかったような、またおそらくかれが決して承認することもなかったであろう表現を押しつけざるをえなくなるであろう。ここでは翻訳の問題（ギリシア語から英語への翻訳）が問われているのであるから、この付録はドイツ語へは翻訳できない。

わたくしのプラトン解釈に正確にかかわろうとする読者にとってはここでの議論はたいへん興味深いと思う。それゆえここには、ロンドンのラウトリッジ社の好意にもとづいて英語版を載せておく。それは、本版における箇所を指摘するページ数をのぞいて変更はない。

以下がわたくしの英文テキストである。〔1〕

わたくしは本巻〔原書第一巻、本訳書では第一巻（上・下）〕への批判者たちに答えてなにかを語るようにと求められてきた。しかしその前に、かれらの批判によって本書をさまざまな仕方で改善できたことに対し、あらためて感謝を申し上げておきたい。

わたくしの出会った他のことがらについては、多くを語ることに躊躇を覚える。プラトンを攻撃することで、いまわたくしは自覚しているが、多くのプラトン主義者たちを攻撃し傷つけたのである。その点はすまないと思っている。にもかかわらず、そうした反応のうちのいくつかに見られる荒々しさには驚かされてきた。

プラトン擁護者の大多数は、真面目に考えたらわたくしには否定はできないと思われる事実を否定してきた。これはかれらのうちでももっともすぐれた人物、すなわち『プラトンを擁護して』という記念碑的大著（ぎっちりと印刷された六四五ページ）をものしたロナルド・B・レヴィンソン教授についてさえ言えることである。

レヴィンソン教授に答えようとして、わたくしは重要さの点ではひとしくはないのだが、二つの課題を設定した。あまり重要ではない課題――多数の告発から自分自身を擁護するという課題（A節）――について、最初に取り組むつもりである。そしてより重要な課題――レヴィンソン教授のプラトン擁護に答えるという課題（B節）――が、わたくし個人を擁護することではなはだしくあいまいにされてはならないだろう。

A

レヴィンソン教授は、わたくしの肖像画を描いた。それを読んで、わたくしは自分がプラトンを描いた肖像画は真なのだろうかと疑うに至った。つまり、現存している著者の書物から、その学説と意図についてかくも歪んだイメージを引き出せるのであれば、ほとんど二四世紀も前に生まれた著者について真なる肖像画を描くことに望みはあるのだろうか、ということになるからだ。

だが、わたくしはレヴィンソン教授が描いた肖像画のオリジナルだと想定されているわけなので、どうすればそうした人物に対して自分自身を擁護できるのだろうか。わたくしにせいぜいできることといえば、レヴィンソン教授が告発した翻訳の誤り、描写の誤り、そして歪曲といったもののいくつかは少なくともほんとうのところは存在しないと示すことくらいであろう。それでさえわたくしにできることといえば、何百ものうちからアトランダムに選んだ二、三の代表的事例を分析してそう示すのみであろう。かれの書物のなかにはそうした類の告発がそのページ数よりも多く存在するように思われる。だとしたら、わたくしにできることは、提起された大部分の荒々しい告発のうち少なくともいくつかには根拠がないと証明することであろう。

それをするには、引用の誤りなどについてなんらかの逆告発などせずにおこなうべきなのであろう。しかしそれは不可能なことがわかった。よって、わたくしはいまやレヴィンソン教授が他のプラトン主義者と同じように、拙著を憤激の種とばかりでなく聖なるものへの冒瀆とみたにちがいないことをあきらかにしておきたい。またわたくしは攻撃をする人間になるのだから(『マタイオスによる福音』18: 7)、自分がはげしく否定されたところで、不平を言ってはならないことになる。

では、重要な箇所のわずかばかりだが、検討してみることにしよう。

レヴィンソン教授はわたくしについてこう書いている(p. 273, note 72)。「ポパーはみずからが非とする者を、ここではクリティアスになるが、その性格を誇張していっそう腹黒いものとした。というのも、引用された行文は宗教というものを、贋造されたものではあるが、社会の一般的な善を目指すものとして描いており、ずる賢い贋造者自身の自己利益を目指すものとしては描いていないからである。」

さてこれがなにごとかを意味するのだとすれば、それはわたくしが、レヴィンソン教授によって引用された箇所(1)(つまり、A版でのp. 179およびp. 140は、E版でのpp. 183-184およびpp. 142-143にあたり、G版でのpp. 219-220およびpp. 170-171にあたる〔本訳書のそれぞれ一五五ページ、六五―六六ページに対応する箇所〕)において、わたくしが引用したクリティアスの行文は、宗教を贋造であるばかりでなく、「ずる賢い贋造者自身の自己利益を目指す」贋造でもあると主張した、もしくは、少なくともそう示唆したということになろう。

わたくしは、なにかしらこの種のことを主張したとか、さらには示唆したつもりはない。その反対である。わたくしの関心は、「社会の一般的な善」がプラトンの圧倒的な優先事項のひとつであり、この点でかれの態度は「実際上クリティアスの態度とおなじである」と指摘することにあった。わたくしは自分の批判の基礎を第八章の冒頭(第二パラグラフ)で明確に述べておいた。そこにはこう書いておいた。「『国家の最善のために』とプラトンは言う。集団の統一という原則に訴えることが終極の倫理的考慮であるわけだ。〔2〕」

わたくしの主張は、「社会の一般的な善」を道徳的目的として立てるこのような道徳原理は倫理の基礎として十分ではない、たとえばそれは、「社会の一般的な善のために」とか「国家の最善のために」と称してウソをつかせる、ということだ。換言すれば、倫理にかんする集団主義は有害でありそして腐敗するということ、これをわたくしは示したいのである。しかしわたくしはどこにおいても、クリティアスから引用された行文をレヴィンソン教授が言い立てているような意味では解釈していない。わたくしの攻撃はきびしく、レヴィンソン教授に告発をさせるほどの挑発であったわけだ。この点を認めなかったら、わたくしは「いったい誰が誰の性格を誇張によって腹黒いものとしているのか」と問いたくなるはずだということになる。しかし、それはレヴィンソン教授によるわたくしへの非難を真とするわけではない。

第二の例に移ろう。レヴィンソン教授はこう書いている(pp. 354 f.)。「ポパーのもっとも仰々しい主張のひとつは、プラトンは、三〇人体制の維持やその不法な統治を支援するために集められたスパルタ軍のアテネ駐留を「好機」と見たのであり、スパルタのくびき下にあるアテネ人はそれをただただ容認するのみだろうと感じたのであり、スパルタ軍の駐留が自身の新寡頭政的革命の達成を支援するならば——われわれはこう想定するようにみちびかれるのだが——ふたたびスパルタ軍の駐留を要請するつもりがあっただろう、ということである。こうした非難を支えるためにポパーに引用できるテキストは存在しない。それはかれが、みずから創り出し、「老寡頭政とクリティアス」と呼んだ双頭の怪獣の第三の頭としてプラトンを描いたことからのみ生じているにすぎず、魔女狩り術の究極の例である連想によって罪ありとされているのだ。」

これに対するわたくしの返答は、もしこれが、わたくしの「もっとも仰々しい主張」のひとつであるというならば、わたくしはどんな仰々しい主張もなしえなかったはずだ、というものだ。というのも、こうした主張はわたくしのなすところではなかったし、またわたくしが描き、伝えようとした――全面的に成功したとは思えないが――プラトン像に適合するものでもないからである。

わたくしの信じるところ、プラトンは平民を信じておらず、また倫理については集団主義を信奉していたから、暴力の是認へとみちびかれたのだ。しかし、わたくしはまったくもって、レヴィンソン教授がここでいくぶんか仰々しくもわたくしの主張だとしていることにかすかなりとも類似したかたちでプラトンについて主張したことはない。したがって、レヴィンソン教授が、わたくしがこうした主張をしたとする非難を支えるために引用できるテキストは存在しない。それはただ、レヴィンソン教授がオットー・ノイラートとJ・A・ラワリーズという双頭の怪獣の第三の頭としてポパーを描いたことからのみ生じているにすぎず、「連想によって罪あり」とされているのだ。わたくしはレヴィンソン教授の著書の p. 441 に言及しうるのみである。そこでかれは、――「ポパーをして周期的にこうした邪悪なイメージ化に耽らせた原因」についての問いに――「答える助けになる」として――わたくしを「ポパーの年長の同郷者、多面的な才能をもったオーストリアの哲学者にして社会学者オットー・ノイラート」に結びつける。(じっさいノイラートもわたくしも、ノイラートの著作から、またわたくし自身の著作から、明白すぎるくらい明白に浮かび上がってくるように、相手の哲学にはなんらシンパシーをもっていなかった。たとえば、ノイラートはヘーゲルを擁護し、カント主義とわたくし自身によるカント称賛の双方を攻撃している。ノイラートによるプラトン攻撃についていえば、わたくしはそれをレヴィンソン教授の書物ではじめて知った次第である。わたくしはいまだノイラートの関連論文を読んでいない。)

しかし、わたくしのいわゆる「仰々しい主張」に戻ることにしよう。プラトンの感情についてわたくしがじっさいに語ったこと(p. 195 E = 190 A = 232 G〔本訳書一七七ページ以下〕)はほとんどレヴィンソン教授が報告しているところ(p. 354)とは正反対である。わたくしは、プラトンがスパルタ軍のアテネ駐留を「好機」と見たとは示唆しなかったし、あるいは「スパルタのくびき下にあるアテネ人はそれをただただ容認するのみだろうと感じた」とは示唆さえもしなかった。わたくしが伝えようとしたこと、そしてわたくしが言ったことは、三〇人僭主政(Thirty Tyrants)は「勝利したスパルタから強力な支援を受けるという有利な状況があったところで」失敗したということであり、プラトンはかれらの失敗の原因を——まさにわたくしが見たように——三〇人僭主政の道徳的失敗にあると示唆したということである。わたくしはこう書いたのだ。「プラトンは綱領の全面的な再構築が必要だと感じた。三〇人僭主政は権力政治の領域において主として市民たちの正義感を傷つけたがゆえに挫折した。かれらの敗北はなによりも道徳的敗北であった。」

これがプラトンの感情についてわたくしがここで言うべきことのすべてである。（わたくしは二度「プラトンは感じた」[3]と言っている。）わたくしは、三〇人僭主政の失敗はプラトンのうちに部分的ではあるが道徳上の回心をひき起こした——十分遠くまで及ぶ回心ではなかったにせよ——と示唆している。ここには、わたくしがプラトンに帰したとレヴィンソン教授が言うような感情を示唆するものはない。誰かがこうしたものをわたくしのテキストのなかに読み込むことができるとは、わたくしの夢想だにするところではなかった。

たしかにわたくしは、プラトンは三〇人僭主政に対して、とりわけかれらが親スパルタ的な目的をもっていたことに対して一定程度の共感をもっていたと言っている。しかしこれは、もちろんのことながら、レヴィンソン教授がわたくしに帰している「仰々しい主張」とはまったく異なったものである。わたくしは、プラトンは三〇人僭主政の指導者であった叔父のクリティアスを称賛していたと示唆した、と言えるだけである。たしかにわたくしは、プラトンはクリティアスの目的と見解に共感をもっていたと示唆した。しかし、わたくしは、プラトンは三〇人寡頭政を道徳的失敗と考えていたと、そしてまたそれゆえに集団主義的道徳の再建にみちびかれたとも言っておいたのである。

読者は、レヴィンソン教授の二つの告発に対するわたくしの回答が告発とほぼおなじ分量でなされたことを見て取られたことだろう。これは避けがたいことである。だからわたくしはさらに(何百もの中からの)二つの例にのみ限定しなければならない。それらはともにプラトンのテキストについてのわたくしのいわゆる誤訳にかかわっている。

レヴィンソン教授の申し立ての第一は、わたくしがプラトンのテキストを改悪した、あるいは誇張したというものである。「しかしながらポパーは、以前とおなじように、その翻訳において「送り出す(send out)」ということばのかわりに「追放する(deport)」という不適切なことばを用いている」とレヴィンソン教授はp. 349, note 244で書いている。しかしこれは、単純に間違い——レヴィンソン教授の間違いである。教授が当該の箇所をもう一度見るならば、その翻訳——あるいはむしろファウラーの翻訳——が「所払い(banish)」ということばを使っているところで、わたくしが「追放」ということばを使っていることがわかるだろう。（ファウラーの翻訳が「送り出す」を使用している箇所は、わたくしの引用文では現れておらず、三連ドットでおき換えられている。）

この誤りからあきらかになってくるのだが、この文脈におけるレヴィンソン教授の「以前とおなじように」というコメントはじつに適切である。というのも、まさにこの箇所が論じられる前に、かれはわたくしについてつぎのように書いているからである（p. 348, note 243）。「ポパーはプラトンの当該箇所（『国家』540e/541a）を解釈する［p. 166 E＝162 A＝198 G］にあたって、翻訳に若干の不正確さを加えることで、プラトンの態度にはより大きな嘲りや暴力があるという印象を与え、みずからの解釈を強化している。だから、かれは「追い払う（send away）（apopempō）」を「放逐し追放する（expel and deport）」と訳している……。」さて、第一にここにはレヴィンソン教授のもうひとつの書き損じ（これは二つの連続する脚注において二つの書き損じを作っている）がある。というのもプラトンはここで「apopempō」という語ではなく、「ekpempō」という語を使っているからである。たしかにここには大きな差異はない。だが、「ekpempō」はいずれにしても「expel」の「ex」をもっており、そしてその辞書的意味のひとつは「駆逐する（to drive away）」であり、他の意味は「恥辱になるように追い払う（to send away in disgrace）」（あるいは、わたくしのリドル・アンド・スコット辞典が示しているように、

「恥辱を思わせる観念をともなって追い払う(to send away with the collateral notion of disgrace)」)ということである。この語は「pempō」――「退場させる(to send off)」、「片づける(to dispatch)」――のいくぶんか奇妙な形態であり、ハデス〔黄泉の国〕と連結して使われる(「to send to Hades」)ときには、「一般に生きている者をハデスに送る、つまり殺害するという意味をもつ」(わたくしはリドル・アンド・スコット辞典を引用している。こんにちでは「一般に」さえも、「片づける(to dispatch)」と言う人がいるかもしれない。これと密接に関連しているのが、プラトンの『饗宴』179e――レヴィンソン教授がp. 348で言及している箇所――でパイドロスが、神々はアキレスをその剛勇とパトロクロスへの愛のゆえにあがない、名誉を与え、「至福の島」に送ったと語っている箇所である――ホメロスはハデスに送ったのだが)。明白と思われるが、「expel」の訳語も「deport」の訳語もここでは学問的根拠から批判にさらされているわけではない。しかし、レヴィンソン教授が、わたくしが「expel and deport」と書いているとして引用するとき、批判にさらされるのは教授なのだ。なぜなら、わたくしはこれらの語をそのようには使っていないからだ。(かれがわたくしを「放逐され……追放されねばならない(must be expelled ... and deported)」として引用していたならば、少なくともことば遣いの面からすればただしかったであろう。ここで三連ドット〔省略引用符〕はある程度重要である。というのは、「expel and deport」と書くことは、ある表現を他の表現で「強化する(re-enforcing)」わけであり、誇張の試みとなりうることであろうから。だから、このわずかな不正確さはわたくしのいわゆる不適切行為を強化する傾向をもつというわけだ。——このプラトンの箇所の解釈を翻訳におけるわずかの不正確さによっていわば強化しているというのである。)

しかし、いずれにせよ、こうしたことにはなんの意味もない。というのも、たとえば、ポール・ショーリーの翻訳におけるこの箇所を取り上げてみよ。(ショーリーはただしくもレヴィンソン教授によって権威として受け入れられている。)ショーリーはこう訳している。「一〇歳以上の住民のすべてを、かれら[国家の主人となった「哲学者」]は原野に送り出す(send out)だろう。そしてかれらは子供を引き取り、親の作法や習慣から引き離し、ここに述べておいたようなかれら自身の習慣や法律で育てるだろう。」さて、これはわたくしが言ったことを正確に言ってはいないか(おそらくは、わたくしの p. 166 E = 162 A = 198 G[本訳書一一五ページ]とおなじくらい明瞭に)。というのも、いったい誰が「一〇歳以上の住民のすべて」の「送り出し(sending out)」が暴力的な排除と移送(expulsion and deportation)以外のものであると信じることができるだろうか。かれらは、「送り出された」とき、国家の主人となった「哲学者たち」によって脅され強いられていなかったとしたら子供たちを残して従順に出ていくものなのだろうか。(レヴィンソン教授は、p. 349でかれらは「かれらの……都市そのものの外側の田舎の所有地に」送り出されたと示唆しているが、この示唆を支えるために、十分皮肉なことに『饗宴』179eとアキレスが神々によって――あるいはより正確にはアポロの矢あるいはパリスの矢によって――送られた場所である「至福の島」に言及している。『ゴルギアス』526cに言及することがもっと適切であったことだろう。)

これらすべてのうちにはある重要な原則が含まれている。文字通りの翻訳(literal translation)といったものは存在しない。すべての翻訳は解釈である。文脈が、それどころか平行する箇所さえもが考慮に入れられねばならない。

いま引用したばかりの箇所に結びついた箇所(p. 166 E = 162 A = 198 G〔本訳書一一五ページ〕)はじっさい、結びつけられるのだということ、この点はショーリー自身の脚注から確証される。とくにかれはわたくしが「画面のまっさら化」と呼んでおいた箇所、そしてまた『政治家』からの「殺し‐追放する」という箇所293c–eに言及している。「かれらがたまたま法によって、あるいは法なくして、みずからの意志にもとづく、あるいはもとづかない臣民を支配するにせよ……またかれらが国家の善のために市民のうちのある者を殺したりあるいは移送(deporting)したりするにせよ[あるいは、レヴィンソン教授がファウラーとともに訳しているように「殺したり追放することで」。上述を見よ」……こうした統治形態が唯一ただしいものであると宣言されねばならない。」（わたくしのテキスト、p. 166 E＝162 A＝198 G〔本訳書一一五ページ〕を見よ。）

　レヴィンソン教授はこの箇所の一部をわたくしよりも十全に引用している(p. 349)。だがかれは、わたくしがその冒頭部として引用しておいたつぎの部分は引用しない。「かれらが、たまたま法によって、あるいは法なくして、みずからの意志にもとづく、あるいはもとづかない臣民を支配するにせよ。」この点は興味深い。なぜならそれは、殺し‐追放するという箇所をほとんどあどけなく〔イノセントに〕見せるというレヴィンソン教授の試みに適合するからである。この箇所を引用した直後にレヴィンソン教授はつぎのように書く。「ここに述べられた原則〔つまり、国家のためになされるならすべては許されるということでないとしたら、およそここになんらかの「原則」が述べられているとは思えない」を公正に解釈しようとしたら、少なくとも対話の一般的なパターンのてみじかな指摘が必要である。」この、プラトンの目的と傾向の「てみじかな指摘」をおこなっていく過程では――プラトンからの直接の引用なしに――つぎのように言われている。「他の伝統的にまた現在においても受け入れられている規準、たとえばルールは……みずからの意志にもとづく、あるいはもとづかない臣民に対して、法によって、あるいは法なくして適用されているかという規準は、意味がないか、あるいは無意味なものとして拒絶される。」わたくしがここで傍点を付しておいたレヴィンソン教授の箇所からのことばは、プラトンの殺し‐追放するという箇所からのわたくし自身の引用の(レヴィンソン教授によって引用されなかった)冒頭部を擬似的に引用するもの(near-quotation)と見られよう。だが、この冒頭部はいまやまったく無害化されて現れる。すなわち、もはや支配者は、わたくしが示しておいたごとくに、「法によって、あるいは法なくして」殺し‐追放するのではないと語られているのだ。レヴィンソン教授の読者は、この問題は副次的ことがらとして――目下の問題にとって「意味がない」として片づけられるという印象をもつだろう。

ところが、プラトンの読者、それどころか対話編中の参加者は異なった印象をもつ。直前に(わたくしが引用した箇所の冒頭部のあとだが)「素晴らしい」という讃嘆の声を発しながら介入してきた「若きソクラテス」でさえ提案された殺害の無法性にショックを受けるのだ。というのも、殺し‐追放するという原則(つまるところ、それがほんとうの「原則」なのであろう)が表明された直後に、かれはファウラーの翻訳(傍点はもちろんわたくしによるもの)ではつぎのように言うからである。「君の語ったすべてのこともまた理に適っているように思われる。しかし、統治［そこには、そのような苛酷な手段もまた、含まれている」は、法なくしてなされるべきだというのは口にしにくいことだ。」

わたくしの考えを述べておこう。このような批評が証明しているのは、わたくしが引用した冒頭部——「法によって、あるいは法なくして」——はじっさいにプラトンによって殺し－追放するという原則の一部をなすものとして意味されていたのであり、自分〔ポパー〕がしたように引用を書き始めたのはただしかったのであり、それに対してレヴィンソン教授が、「法とともに、あるいは法なくして」はここでの問題の本質にとって「意味がないとして拒絶される」問題であると言おうとしているのだと示唆するとき、かれは単純に間違っているということである。

殺し－追放するという箇所の解釈にあたり、レヴィンソン教授はあきらかに心中深く混乱した。だがかれは、自分のおこなったことをわれわれ自身のもの〔本書におけるポパーの解釈〕と比較しつつ、プラトンを擁護しようとする練り上げられた試みの最後で、この箇所についてつぎのような見解に到達したのである。「この文脈で見ると、プラトンの政治家は、殺害し、追放し、奴隷化するという明白な覚悟をもっているが、われわれが一方において改悛を、他方において精神医学的な社会奉仕を命じるならば、その血なまぐさい色彩のほとんどを失う。」

ところでわたくしは、レヴィンソン教授が真正の人道主義者――民主主義者でリベラル――であることを疑わない。しかし、真正の人道主義者が、プラトンを擁護するあまり、こうした仕方で、われわれの明白に欠陥のある刑罰とそれに劣らず欠陥のある社会奉仕は、「真の政治家」――善良かつ賢明なる人間――が市民を公然と法に依らずに(lawless)「ポリス〔国家〕のために」殺害と追放(および奴隷化)の処分をおこなうことになぞらえうると言うのを見ると、動転させられる。これはプラトンがその読者の多くに投げかけた呪文の、またプラトン主義の危険性の、ぞっとするような事例ではないのか。

この種の――だいたいにおいて想像されたポパーに向けられた告発と混合された例はありすぎて扱いきれないほどである。しかし、わたくしは、レヴィンソン教授の書物をプラトン擁護の真摯な試みとしてばかりでなく、プラトンを新しい光のもとで見ようとする試みであると見なしていると言っておきたい。この箇所で、プラトンのテキストを(かれの言う意味においてではないが)いくぶんか自由に解釈したと思わせられた箇所――まったく重要でない箇所であるが――をひとつだけ見出したとはいえ、レヴィンソン教授の本は、とりわけ「ポパー」が引用されている、あるいは(わたくしが示しておいたように)わずかに間違って引用されている、あるいは、頻発するのだが根本から誤解されている多数の箇所をすべて忘れての話だが、じつによくできた興味深い本とは言えないという印象を作り出したいとは思わない。

こうした個人的な問いかけよりもより重要な問いはこうである。レヴィンソン教授のプラトン擁護はどの程度まで成功しているか。

B

自分の書物に対するプラトン擁護者からの新しい攻撃に直面したとき、わたくしが学んだ最良の対策は、細かな点は無視して、つぎの五つの枢要な点に対する答えを求めることであった。

(1)（第一〇章第六節の第二パラグラフで指摘しておいた）『国家』と『法律』は『弁明』のソクラテスを弾劾しているというわたくしの主張はどう扱われているか。注（第一〇章注(55)）で説明しておいたように、この主張はじっさいグロートによってなされ、テイラーによって支持されている。それがフェアであるならば――わたくしはフェアであると考えるが――それはまたわたくしのつぎの論点(2)で言及される主張を支持するであろう。

(2) プラトンの反リベラル的な、また反人道主義的な態度は、おそらく、かれにはよりよい考えが知られていなかったとか、あるいは、当時においてかれは比較的リベラルな人道主義者であったといういわゆる事実なるものでは、おそらく説明できないというわたくしの主張はどう扱われているか。

(3) プラトンは、(たとえば、『国家』における画面のまっさら化の箇所で、また『政治家』の殺し－追放する箇所で)「国家のために」容赦なく暴力を使用してもよいと支配者を鼓舞したというわたくしの主張はどう扱われているか。

(4) プラトンは、王としてふるまう哲学者がとりわけ人種の血統保存との関連でポリスのためにウソと欺瞞を使う義務と特権を打ち立てた、人種差別主義の創建者の一人であったというわたくしの主張はどう扱われているか。

(5) わたくしは、プラトンの呪縛〔第一巻の副題〕に付す標語として p. 7 E = 9 G〔第一分冊六八ページ〕で『法律』からの引用箇所を示し、(また、p. 203 E = 268 G〔第一分冊三一二ページ〕の第一章注の冒頭で「第六章の注(33)と(34)でかなりくわしく論じておいた」とも述べておいたのだが)、これへの返答としてなにが語られているか。

わたくしはしばしば自分の学生に向かって、わたくしがプラトンについて語ったことは――必然的に――解釈にすぎないし、また仮にもプラトンが(わたくしが出会うのは影でしかないだろうが)、わたくしに向かって、おまえは提示の仕方を間違えているとわたくしにも満足できるように語ったとしても、べつだん驚きはしないと語ってきた。だが、かれは当然のことながら語った多くのことを十二分に説明する仕事をもつだろうともふつうに付けくわえてきた。

レヴィンソン教授は、この課題を成し遂げるために、いま言及した五点のどれかにかんして成功したであろうか。

わたくしは、かれが成功したとはまったく思わない。

⑴′第一点にかんして、疑いをもっている人に対しては、『法律』第一〇巻で見知らぬアテネ人によってなされた最後の発言の本文(907d から、たとえば 909d まで)を注意深く読むように求めたい。そこで論じられている立法は、ソクラテスが告発されたタイプの犯罪に関連している。わたくしの主張はこうである。ソクラテスには逃れる道があったのだが(ほとんどの批評家は、『弁明』での証言を見て、ソクラテスが追放を受け入れる意志を示していたならば死は免れることができていただろうと考えている)、プラトンの『法律』はそのような条項をなんら設けていない。わたくしは、ベリーの翻訳(これはレヴィンソンにも受け入れられるものであろう)で、この非常に長い発言を引用しよう。「犯罪者」を(「不敬虔」の罪を犯した者、あるいは「神を信じないという病」にかかっている者に(翻訳は、ベリー、908c)分類したあとで、見知らぬアテネ人が最初に

論じているのはつぎのような人物である。「神の存在をまったく信じていないとはいえ、生まれつきただしい性格をもち……そして……不正な行為に引き込まれることのない人物。」(908b–c. これはほとんどソクラテスについての――もちろん、意識されていない――肖像画である。もちろんかれが無神論者であったとは思えないという重要な事実から目を転じるなら、かれは不敬虔と異端のゆえに告発されたわけであるが。)こうした者についてプラトンはつぎのように言うのだ。

「……こうした犯罪者は……悪しき傾向と性格はもっていないが、裁判官によって法にしたがって五年をくだらない期間矯正施設に入れられるだろう。その期間、夜の議会の参加者をのぞいて他の市民と交渉をもつことはなく、訓戒を与えられることでみずからの魂の救済をえるべく夜の議会の参加者と向き合うだろう[わたくしは、「かれらのもとに出頭するだろう」と訳すべきだと思うのだが]……。」かくして不敬虔な者どものなかでも「よき者」は最小五年間の独房入りとなり、夜の評議会のメンバーからの病んだ魂への「世話」によって楽にされるのみなのである。「……そして監禁の期間が終わった時、矯正されたと思われる者がいれば、その者は矯正された者たちと暮らすであろう。しかし、そうでない者は、ふたたびおなじような告発で有罪となるならば、死によって罰せられるだろう。」

わたくしにはこれにつけ加えるものはなにもない。

(2′) 第二の点はおそらくレヴィンソン教授の観点からすれば、もっとも重要なものであろう。わたくしが、「偉大な世代」と呼んでおいた人びとのなかに——プラトンよりもましな——人道主義者がいたと主張する点で、わたくしは間違っているというのがかれの主要な主張のひとつである。

とりわけかれは、この点でわたくしがソクラテスをプラトンから大きく異なった人間として描いたのはまったくのフィクションであると主張する。

ところでわたくしは、この問題——ソクラテス問題——に非常に長い注、じっさい論文と呼んでよいほどのものを付した。そしてこれにかんする自分の見解を変更する理由は見当たらない。しかしながら、ソクラテス問題についてのこのような歴史推測には、リチャード・ロビンソンのような卓越したプラトン学者からの支持を受けたと言っておきたい。ロビンソンはプラトンに対するわたくしの攻撃の調子を手きびしく(そして、おそらく正当に)断罪しているだけに、その支持はいっそう重要である。わたくしの書物についてのかれの書評(*Philosophical Review*, vol. 60, 1951)を読む者は、わたくしを不当に贔屓しているとロビンソンを責めることはできないはずである。またレヴィンソン教授は、プラトンに対するわたくしの「荒々しい弾劾」を語るためにロビンソンを(p. 20

で)肯定的に引用する。しかしレヴィンソン教授は、リチャード・ロビンソンに「『開かれた社会とその敵』についての長大な書評において称賛と弾劾を混合している」と言及しているのだ(p. 20についての脚注で)。くわえて、「プラトンの論理の、ソクラテス的な発端から中期をつうじての成長」についての権威としてロビンソンにただしく言及しているにもかかわらず、レヴィンソン教授は読者に対して、ロビンソンがプラトンに対するわたくしの主要な告発に同意しているのみならず、とりわけソクラテス問題についてのわたくしの推測的解決にも同意していることにはまったく触れないのである。(ついでながら、ロビンソンは本稿の(5)で言及されたわたくしの引用がただしいことにも同意している。以下を見よ。)

すでに見たように、ロビンソンは「称賛と弾劾を混合している」ので、かれの読者のなかには(わたくしを「荒々しい弾劾」の対象とするための確証を見出そうとするあまり)、書評のうちの以下のような力強い箇所に含まれた驚くべき結論のなかの称賛(p. 494)を見落とした者がいるのかもしれない。

「ポパー博士の考えでは、プラトンはソクラテスの教えを歪曲した……かれにとってプラトンは政治におけるきわめて有害な力であり、ソクラテスはきわめて有益である。ソクラテスは若者に向かって自由に語る権利のために死んだ。しかし、『国家』においてプラトンは、〈ソクラテス〉に若者に対する恩着せがましさと不信の態度をとらせている。ソクラテスは真理と自由な言論のために死んだ。しかし、『国家』において〈ソクラテス〉はウソを擁護している。ソクラテスは知的に謙虚であったが、『国家』においてはドグマティストである。ソクラテスは個人主義者であったが、『国家』においてはラディカルな集団主義者である。などなど。

ほんとうのソクラテスについての見解を支えるポパー博士の証拠はなにか。それは、もっぱらプラトン自身から、初期の対話編から、第一義的には『弁明』から引き出されている。したがってかれがプラトンという悪魔と対比させる光の天使は、われわれにはこの悪魔自身の説明からのみ知られるのである。これは理屈に合わないことか。

わたくしの考えでは、理屈に合わないことはないのであって、まったくただしいことである。」

この箇所が示しているのは、少なくとも一人の学者、レヴィンソン教授によってプラトンにかんする権威と認められている学者が、ソクラテス問題にかんするわたくしの見解が理屈に合わないわけではないことを認めているということである。

しかし、ソクラテス問題にかんするわたくしの推測的解決が間違っていたとしたところで、この時期に人道主義的傾向が存在したことを示すたくさんの証拠が残されている。

プラトンの『プロタゴラス』337e(上記 p. 70 を見よ。レヴィンソン教授は、今回はわたくしの翻訳に反対しないように見える。かれの p. 144 を見よ)に見出されるヒッピアスの発言にかんして言えば、レヴィンソン教授はつぎのように書いている。「プラトンはここでヒッピアスのよく知られた感情を忠実に反映していると仮定して、われわれは始めなければならない。」ここまではレヴィンソン教授とわたくしとは一致する。しかし、ヒッピアスの発言の意義にかんしてはとことん一致しない。この点にかんしてわたくしはいまでは本巻の本文で表明しておいた見解よりもさらに強い見解をもっている。(ついでながらわたくしは、そもそも、ヒッピアスが奴隷制の反対者である証拠があると主張したとは思っていない。かれについてわたくしが述べたことは、「この精神はアテネ人たちの奴隷制反対運動と結びついていた」ということであった。「かれ[ヒッピアス]を奴隷制反対者のうちに算入している」点でわたくしは正当化されないというレヴィンソン教授の詳細な議論は論点がずれている。)

わたくしはいまではヒッピアスの発言を、啓蒙主義とフランス革命の理念を鼓吹した人道主義的信仰の——おそらく最初の——宣言であると見ている。その理念とは、すべての人間は兄弟である、人間を分かち、多くの回避可能な不幸の源を作っているのは協定としての、人間の作った、法と慣習である、というものであった。したがって、法における変革——法制度の変革——によって人間がものごとを改善することは不可能ではない。こうした考えはカントをも鼓吹した。そしてシラーは協定としての法について、人類を厳格に〈〉streng〈〉——ベートーヴェンの言い方では「横柄に〈〉frech〈〉」——分かつ「流儀《ファッション》」であると語っている。

奴隷制にかんするわたくしの主張は、『国家』にはアテネにおけるいわゆる奴隷制反対の諸傾向の存在を示す証拠が含まれているというものだ。だから『国家』(563b)の〈ソクラテス〉は、アテネの民主主義を揶揄した発言において、(わたくしは、第四章第二節、p. 43 E＝44 A＝53 G〔第一分冊一四五ページ〕で引用したのだが、ここではショーリーの翻訳を使う)「そして人びとの自由の頂点は……購入された奴隷が、男であっても女であっても、購入の支払いをした所有者に劣らず自由であるような時代のポリスにおいて達成される」と述べている。

ショーリーはこの箇所について多数の相互参照(後出の原注を見よ)をおこなっているが、この箇所はそれ自身で語っている。レヴィンソンはこの箇所についてべつのところ(p. 176)でつぎのように言う。「いま引いた箇所をプラトンの社会的罪についての控え目な一覧表を埋めるものとしよう。」そしてつぎのページで「プラトンの横柄さについてのもうひとつの例」を語るときに、かれはこの箇所に言及するのである。しかし、これは、わたくしの本文(p. 43 E＝44 A＝53 G〔第一分冊一四五ページ〕)で引用された『国家』からの第二の箇所に結びつけるなら、この最初の箇所は奴隷制反対運動の証拠を提供しているというわたくしの主張に対する答えとはならない。(プラトンでは、ここでは、先立つパラグラフの末尾に引用しておいた第一の箇所のよりくわしい叙述にすぐつづく)第二の箇所は、ショーリーの翻訳(『国家』563d, 先立つ箇所は『国家』563b)ではつぎのようになっている。「こうしたことがすべて足し合わされると……それらは市民の魂をたいへん繊細にし、かれらが隷属［わたくしは「奴隷化されること」と訳した］をほんの少しばかり示唆されるだけでもイライラするようになり、それに耐えられなくなるだろうということを君は知っているかね。」

レヴィンソン教授はこうした証拠をどう扱うのであろうか。第一には、二つの箇所を分離することによってである。第一の箇所をかれは、奴隷制反対運動にかんしてわたくしが言い立てた証拠をこまかく砕いたあと(p. 153)、かなりたったp. 176まで論じないということである。第二には、かれはp. 153でわたくしの翻訳をグロテスクな誤訳として退けるということである。というのも、かれはつぎのように書いているからである。「だが、それはまったくの誤りである。プラトンはdouleia(奴隷たること、あるいは隷属)という語を使っているが、それは通常の意味での奴隷たることへの比喩的なほのめかしにすぎない［傍点はわたくしによる］。」

これは、この箇所がその直接の先行箇所から切り離されているときには、もっともらしく聞こえるかもしれない。レヴィンソン教授は、二〇ページ以上たってから言及するにすぎず、そこでプラトンの横柄さによって説明しているのだから。しかし、もとの文脈においては、つまり、奴隷（さらには動物）のふしだらな行動についてのプラトンの苦情と結びつくところでは、レヴィンソン教授がただしくもこの箇所に帰属させている意味にくわえて、この箇所もまた douleia を文字通りに受け止める第二の意味をもっていることにはそもそも疑いはありえない。というのもそれは、自由で民主主義下の市民はどんなかたちであれ奴隷とはなりえない――（プラトンがつづけて言っているように、法律においてさえそうなのだが）どんな隷属の示唆にも服さないばかりでなく、かれらはやさしい心の持ち主となり「ほんの少しばかり示唆されるだけでも」――たとえば、「男であれ女であれ、購入された奴隷」が奴隷化されたことに――耐えられなくなる、と言っているし、そう意味しているからである。

レヴィンソン教授は（プラトンの第二の箇所を論じたあとの p. 153 で）つぎのように問う。「それでは証拠に照らして……ポパーの言い分に立ちつづけるとして、公平に見て、なにが言えるだろうか……もっとも単純な答えは、ことばがその文字通りの意味において受け止められるのであれば、「なにも言えない」ということだ。」だが、かれ自身の言い分は、明確に奴隷制に言及している文脈において、「douleia」をその文字通りの意味においてではなく、かれ自身が数行前で述べたように「比喩的なほのめかしにすぎない」として受け止めることに依拠しているのだ。(2)

ところでかれは、わたくしが「douleia」を文字通りに訳すにあたって犯したというグロテスクな「あやまち」について語っている。「この誤読はシャーウッド・アンダーソンの戯曲『アテネで裸足』(Sherwood Anderson, *Barefoot in Athens*)へのまえがきで実を結んだ……そこでこの疑うことを知らない脚本家はポパーにしたがって、……プラトン自身の権威に寄りかかって、アテネ人たちは「すべての奴隷の解放を擁護[した]」とほのめかし、あからさまにそう宣言している……」(p. 153, note 43)。(レヴィンソン教授は、p. 24, note 19で「アンダーソン流のプラトン理解はあきらかにポパーに寄りそって従順に読むことを証拠立てている」と主張しているが、この奇妙な非難の証拠を提出しているわけではない。)

さて、(シャーウッドでは*ない*)マクスウェル・アンダーソンの戯曲(レヴィンソンがこの戯曲(劇映画)をシャーウッド・アンダーソンの作としているのは錯誤であろう)についてのこのような批評は誇張というものだろう。しかし、どこでわたくしはこのようなことを言ったのか。そしてもし、擁護者は、擁護にあたって、その敵対者の見解を誇張せざるをえないとか、なんらかの「従順な」読者の(いわゆる)罪に結びつけて誹るのだとしたら、言い分の価値はなんなのか。(索引、「奴隷制」も見よ。)

(3′)プラトンは支配者に容赦のないそして無法な暴力の使用をけしかけたというわたくしの主張は、レヴィンソン教授の戦うところであるとはいえ、じっさいにどこにおいても否定されていない。それは、この『付録』セクションAの末尾にかけて言及した『政治家』の「殺し‐追放する」箇所についてのかれの議論からも見て取れる。せいぜいかれは、『国家』における他の多くの箇所――画面のまっさら化を語っている箇所――は、ショーリーとわたくしがともに考えているように、よく類似しているという点を否定するだけなのだ。この点から目を転じるならば、かれは現代における暴力的実践のいくつかから慰めと道徳的支援を引き出そうとしている。その慰めとて、『政治家』の箇所を、最初はレヴィンソン教授によって無視され、そしてのちには意義がないとして片づけられたのだが、わたくしが引用しておいた冒頭部と一緒に再読してもらうならば、慰めとしての意義を減少してしまうことだろう。

(4′)プラトンの人種主義、また国家のために支配者にウソと欺瞞を使用せよという訓令にかんして言えば、読者には、レヴィンソン教授となんらかの議論をおこなう前に、

「正直は最良の政策である」には疑問が呈せられるかもしれないとはいえ、「正直は政策以上である」には争いの余地はないというカントのことば(p. 139 E = 137 A = 167 G〔本訳書五八ページ〕を見よ)を思い出してもらいたいと思う。

レヴィンソン教授は(p. 434で、わたくしのpp. 138 ff. E = 136 ff. A = 165 ff. G〔本訳書五五ページ以下〕とりわけp. 150 E = 148 A = 179 G〔本訳書八一ページ以下〕に言及しながら)、まったく公正なことながら「第一に、『国家』での統治を目的としたウソの使用はある種の状況では擁護される〔強調はわたくし〕……」と書いている。結局のところ、これがわたくしの主要論点である。その意義を低下縮小しようとするいかなる試み――わたくしのいわゆる誇張なるものに対するカウンター攻撃――も、この容認をあいまいにすることは許されるべきではない。

レヴィンソン教授はまたおなじ箇所で「ほんとうは支配者によって優生学的理由から仕掛けられていたにもかかわらず、結婚はくじによって定まったと告げることで〔わたくしのp. 150 E = 148 A = 179 G〔本訳書八二ページ〕を見よ〕、補助者の兵士をして「支配者ではなく偶然を咎めさせる」ために、ことばによる説得術が必要とされることに疑いはありえない」と認めている。

これが、わたくしの第二の主要論点であった。

レヴィンソン教授はつづけている(p. 434 f. 強調はわたくしのもの)。「この事例で、実際上の端的なウソ[3]がよきことのためとして、たしかに語られている(そしてこうした目的のためにのみプラトンはウソを語ることを承認している)のである。それは、ウソであってそれ以上ではないことに変わりはない。プラトンはこうしたウソをただ一回承認しているわけだ。われわれは、ポパーとおなじく、こうした政策を不快なものと見る。このようなウソ、したがって、プラトンのむしろ一般的な許容によって正当化されるかもしれないウソに類似のなにか他のものは、プラトンがポリスにおいて「ウソによるプロパガンダ」の使用を提案しているというポパーの非難の根拠となっている。」

これで十分ではないのか。わたくしが他の点で間違っていた——もちろん、わたくしは否定するが——と仮定してみよう。だからといって、わたくしの嫌疑——プラトンはみずからの「ウソの使用」の「一般的な許容」をさらに広げることを躊躇しなかっただろう——を少なくとも見逃してよいわけではないだろう。——とりわけ、レヴィンソン教授も認めているように、プラトンがじっさいに「ウソの使用」を「擁護した」という事実を見れば。

さらにここでウソは「優生学」、あるいはより正確に言って、主人人種——監視者たちの人種——の血筋の保存との関連で使われているのだ。

プラトンは人種主義者であったというわたくしの告発からかれを擁護しようとして、レヴィンソン教授はプラトンを現代の「悪名高き」全体主義的人種主義者――拙著においてはその名前を挙げずに済ませられるように努めた(わたくしはそうつづけるつもりである)――と比較して好意的に扱っている。かれはそうした連中についてつぎのように言うのである(p. 541. 傍点はわたくしのもの)。かれらの「血統保存のスケジュール」は「第一義的には主人人種の純粋性を保存しようとするものであった。――これは、われわれがなにほどか苦痛を覚えながらプラトンの目的ではなかったと示そうとしてきたものだが。」

〔それは、〕プラトンの目的であったのではなかったのか。『国家』(460c)での主要な優生学的議論のひとつからのわたくしの引用はおそらく誤訳であった、というのであろうか。わたくしはつぎのように書いている(pp. 51 E＝52 A＝62 G〔第一分冊一六二ページ(訳文は異なる)〕)。わたくしはここで新たな強調を導入しておこう)。

「〈監視者の人種は純粋に保たれねばならない〉とプラトンは(嬰児殺しを擁護するとき)、われわれは大きな注意を払って動物を育種しながら、その一方でわれわれ自身の種を無視しているという人種主義者の議論――これは語られて以来、ずっと繰り返された議論――を展開したのだ。」

わたくしの翻訳は間違っているのか。あるいは、これはプラトン以来ずっと人種主義者や支配人種の育種家たちの主要な議論であったというわたくしの主張は間違っているのか。あるいは、監視者はプラトンの最善ポリス〔国家〕の支配者ではないというのか。

わたくしの翻訳にかんして言えば、ショーリーは少しばかり異なったふうに訳している。かれの翻訳から（嬰児殺しに言及している）先行する文も引いておこう（傍点はわたくしのもの）。「……劣った者の子孫、また他の欠陥をもって生まれた者たちを彼ら〔支配者たち〕は秘密のうちに適切に処理するであろう。だから、誰もその結果を知らないだろう。「それが、監視者の血統の純粋性を保存する条件である」とかれは言った。」

ショーリーの最後の文がわたくしのものよりも少しばかり弱いことが見て取れるだろう。しかし、差異は些末であって、わたくしのテーゼに影響することはない。いずれにしても、わたくしは自分の翻訳にこだわりたい。「いずれにしても監視者の血統の保存は純粋に保たれねばならない」あるいは「いずれにしても［われわれが同意するように］監視者の血統の保存の純粋性が保たれねばならないならば」は、ショーリーのことばを使えば、本書本文（pp. 51 E＝52 A＝62 G〔第一分冊一六二ページ〕）における、そしてここで繰り返しているわたくしの翻訳と正確におなじ意味をもった翻訳ということになろう。

したがって、わたくしには、レヴィンソン教授による全体主義者の「悪名高い……血統保存のスケジュール」についての定式と、プラトンが与えている血統保存の目的についての定式とのあいだにどんな相違があるのかがわからない。そこにどれほど微細な相違があろうと、それは中心問題にとって意義をもつものではないだろう。

プラトンは――非常に例外的に――人種の混合(このことはより劣った人種のメンバーを取り立てることからの帰結であろう)を認めていたのかという問題にかんしては、意見は分かれるかもしれない。だがわたくしは、自分の語ったことは真であると信じている。しかし、わたくしは、例外が許容されたとして、それが意味をもつだろうとは思わない。(レヴィンソン教授が、例外が許容されると示唆している現代の全体主義者に対してさえ。)

(5′) わたくしは、『プラトンの呪縛』に付した二つのモットー〔第一分冊六八ページ〕のうちのひとつとして取り上げた『法律』からの箇所(他は、ペリクレスの葬送演説からの対照的な箇所)を引用したとして――あるいはむしろ間違って引用したとして――くり返し、そしてきびしく批判されてきた。これらのモットーはアメリカの出版社によってアメリカ版のカバーに印刷された。英語版にはそうした宣伝は載っていない。カバーについては通例のことだが、それらについてわたくしは出版社から相談を受けたわけではなかった。(しかしわたくしはたしかに、わたくしのアメリカの出版社による選択に反対していない。なぜかれらが、かれらが作ったカバーにわたくしのモットー——あるいは、本書に書いたなんらかのこと——を載せてはならないというのか。)

この箇所についてのわたくしの翻訳と解釈は、すでに言及しておいたように、リチャード・ロビンソンによってただしいと述べられてきた。しかし他の者は、読者がテキストのチェックをできないようにするためにその引用元を意図的に隠したのではないかとわたくしに問うほどであった。そして、思うにわたくしが大部分の著者たちよりも、読者が引用された、あるいは言及された箇所をチェックできるように気配りしていたにもかかわらず、そうであったのだ。だからわたくしは、自分の注の冒頭で——自分のモットーへ言及することはどちらかと言えばふつうではないにもかかわらず——それに言及しておいたのだ。

この箇所を使ったことに対しては非難された。その主要なものは、それが軍事的なことがらに言及するものであることをわたくしが語っていない、あるいは十二分に強調していないというものであった。しかし、これにかんしてわたくしは有利な証言をレヴィンソン教授からえている。かれはつぎのように書いているのだから(p. 531での脚注。傍点はわたくしのもの)。

「ポパーはこの箇所をかれの本文、p. 102〔= 103 E = 124 G〔第一分冊二七三ページ〕〕で引用するにあたり、それが軍事的事項への言及であることをただしくも強調している。」

これでこのような告発への返答は済んだ。しかしながら、レヴィンソン教授はつづけている。「……しかし〔ポパーは〕、プラトンが語っているのは戦時でも平時でも「おなじ軍国主義的諸原理」に固執すべきであり、たんに軍事教練プログラムに対してばかりでなく、平時のあらゆる領域にも適用されることに対しても同時に抗議している。それでかれは、軍事面への言及をぼかす歪んだ誤訳によってこの箇所を引用する……」などなど。

さてここにおける最初の告発は、プラトンが戦時でも平時でもこうした軍国主義的諸原理に固執すべきであると言っていることへわたくしが「同時に抗議している」という点である。じっさいにわたくしは――プラトンを引用しながら――そう言った。そう言っているのはプラトンだったのである、と。わたくしはこれを隠しておくべきだったというのだろうか。プラトンは、レヴィンソン教授が承認しているR・G・ベリーの翻訳ではつぎのように言っている。(わたくしは自分の翻訳のほうを好むが。明晰性の違いをべつにしたら、それらのあいだに意味の違いがあるのかと読者に問いたい。p. 103 E = 102 A = 124 G〔第一分冊二七三ページ〕を見よ。)「……なんぴとも、仕事をしているときであれ遊んでいるときであれ、一人でまた自分自身のイニシアティブで振る舞うように心を慣らしてはいけないのであり、いつでも、戦時でも平時でも、目をたえず司令官に向けて固定して、生きるべきである……」(『法律』Loeb Library, vol. ii, p. 477. 傍点はわたくしのもの)。

のちには(p. 479)つぎのように付け加えられている。

「支配し、また支配されるということのような任務とか他のことがらでも、幼児の時から平時においても実践されねばならない……。」

誤訳について言えば、わたくしには、自分の翻訳とベリーのそれとのあいだには――二つの非常に長い文は、そのままではフォローするに容易ではないので中断したことを除いて――実際上、差はないとしか言えない。レヴィンソン教授は、わたくしがこの箇所を「大きくそして不当な仕方で使用」したと言い(p. 531)、こうつづけている。「ダスト・カバー［出版社の広告のこと。二三八ページを見よ］およびかれの本の第一部タイトルページに印刷された、選択にあたってのジャーナリスティックな誤用は、われわれの注において分析されるだろう。その箇所はそこにすべて載せられている。」

その注では、わたくしの「ジャーナリスティックな誤用」の分析がなされている。その分析は、わたくしの翻訳についてのいくつかのいわゆる訂正――わたくしはもちろん受容するつもりなどない——から目を転じるならば、基本的におなじ告発をしているにすぎない。——要するに、わたくしはその箇所をジャケットや他の重要な箇所で印刷したというのである。というのもレヴィンソン教授はつぎのように書いているからである(p. 532 脚注、強調はわたくしのもの)。

「しかしながら、この小さな不公正さは、ポパーがこの箇所にかんして他のところでおこなったことによって全面的に覆い隠されている。この本の第一部タイトルページで、またダスト・ジャケットでも」[「誰が誰に対して不公正なのか」「かれはそこから注意深く選ばれた箇所を印刷し、またそのうえに、それに対するまさにアンチテーゼとしてペリクレスの葬送演説から引かれた一文も印刷している……これは、政治的理想と提案された軍事的規制とを並べて印刷することである。けれどもポパーは読者にそれが軍事に言及している箇所であることを告げないばかりか、おなじ誤訳を用いることでこの箇所の事実をあらわにするであろう部分をまったく削除してしまったのだ。」

これに対するわたくしの返答は単純である。(a)誤訳は存在しない。(b)わたくしは、この箇所は軍事に言及しているにもかかわらず、ペリクレスの箇所(ついでながら、この箇所は少ないとはいえ軍事への言及もいくらかはある)と同様、政治的理想——つまり、プラトンの政治的理想——を定式化している、とくどくなるほど示そうとしたとい

注

第七章　指導者原理

本章のモットーは『法律』690b（参照、第五章注（28））からである。

（1）参照、第六章注（2）と（3）の本文。

（2）おなじような考えはJ・S・ミルにも見られる。かれはその著『論理学』においてつぎのように書いている（John S. Mill, *Logik* (1. engl. Aufl. [1843], S. 557 f.)）。「支配者たちの行動は、かれらの自己利益追求的な利害関心によって完全に規定されているわけではないが、まさにそうした利害関心に対して安全を守るための憲法上の統制手段が必要となる。」おなじようにJ・S・ミルの『女性の従属』ではつぎのように言われている（J. S. Mill, *The Subjection of Women*, S. 251, Everyman 版、強調はわたくしのもの）。「あるよき人間の絶対的な支配のもとで、多くの徳、多くの幸福、多くの愛情が存在しうることを誰が疑うであろうか。だがなんといっても、われわれの法と制度は（ありうる支配者として)よき人間ではなく、悪しき人間を考慮に入れなければならない。」わたくしは傍点を付された文には大いに賛同するが、最初の文で表明された容認に根拠があるとはほとんど思わない。(参照、とりわけ、本章の注(25)(3)。)おなじ容認はかれの『代議制統治論』の傑出した箇所(参照、*Considerations on Representative Government* (1861/1991, とくにS. 224 f.[ドイツ語訳 *Betrachtungen über die repräsentative Demokratie*, 1971, S. 180 f.]))にも見られる。そこでミルは、王としてふるまう哲学者というプラトンの理想と戦っている。なぜなら、そうした者の支配は、とりわけそれが善意にもとづくものであるときには、通常の市民が政治を判断するにあたって意思と能力を〈捨てさせられること〉を意味するからである。

注記されてよいと思うが、ジョン・S・ミルのこうした容認は、ジェームズ・ミルの『統治論』(James Mill, *An Essay on Government* [1820/1955])と、J・S・ミルが「マコーリーの有名な攻撃」と呼ぶところのものとの衝突をこうした仕方で解決しようとした試みの一部であった。(参照、かれの『自伝』第五章「わたくしの精神史における危機」(J. S. Mill, *Autobiography*, Chapter V: A Crisis in my Mental History (1873/1989), S. 127. トマス・マコーリーの批判は最初 *The Edinburgh Review*, Bd. XLIX, März 1829, Juni 1829, Oktober 1829 に掲載された。)この衝突は、ミルの成長史において大きな役割を演じた。なぜなら、それを解決しようとする試みは『自伝』で読むことができるようにかれの『論理学』（「わたくしがのちに道徳科学の論理について公刊した論考の主要な章」、S. 129）の目的と性格を規定しているからである。

父親とマコーリーとの衝突に対してJ・S・ミルが提案した解決策はつぎのようなものである。父親は、政治学が演繹科学であると信じたときにはただしく、「自然哲学の演繹的分枝」は「純粋幾何学」であると見なしたときには誤っている。他方でマコーリーは、政治学の方法は高度に実験的であると仮定したときにはただしいが、それは「化学の実験的方法」［S. 129］のようなものであるといったときには誤っている。真なる解決は、J・S・ミルによれば、政治学の適切な方法は力学とおなじように演繹であり、その方法はかれの見解によれば、効果を力の平行四辺形的合成原理にしたがってまとめることを特徴とするものである。

この分析は（なかんずく、力学と化学についての誤解にもとづいており）十分な解明力をもっているとは思えない。支持可能と思われるのは以下の点である。

ジェームズ・ミルは、かれ以前の多くの人とおなじように、T・マコーリーの表現（かれの一番目の論文の末尾）を借りれば、「統治の学問を人間本性から演繹すること」を試みたのである。マコーリーからすれば、そうした試みは〈完全に不可能〉であった――わたくしもまた、この点でかれはただしいと思う。かれ自身の方法は、J・ミルの独断的理論を反駁する目的で歴史上の事実を全面的に利用したわけで、かなり経験的な性格をもつものであった。だがそれは、化学の方法とか、J・S・ミルが化学の基礎と見た規則とか、(マコーリーが、ミルの三段論法によって混乱させられて、たっぷり称賛を注ぎかけたベーコンの帰納法とかとは)いささかの関係ももっていない。それはただ、論理的に興味をひくことがなにも証明されるはずもない分野では、妥当でない論理的証明手続きを拒否し、また、理論や可能的状況を論じるにさいしては、代替的理論、代替可能性、また事実として存在する歴史上の証拠に照らして論じるということでしかない。もっとも重要な争点のひとつは、つぎのようなことであった。ジェームズ・ミルは、君主政や貴族政は必然的に恐怖政治をみちびかざるをえないと証明しなければならないと信じたのであるが、これは歴史上の事例によって簡単に反駁されたわけである。この注の冒頭で引用しておいたJ・S・ミルの著作からの二つの箇所は、この反駁の影響を示している。

マコーリーは、ただミルの証明を反駁するのみであって、かれの結論の真偽を断定するつもりはないということを強調していた。この点だけからしてもすでに明白だが、かれはじっさいにはみずからがあれほど称賛した帰納法をこうした事例に適用しようとは思ってもいなかったということだ。

(3) 参照、たとえば、E・マイヤーの所見(E. Meyer, *Geschichte des Altertums*, Bd. V [1902/1980], S. 2)。それによれば、「権力はその本質からして分割不可能である」。

(4) 参照、『国家』562b-565e. 本文中での言及は、とりわけつぎの562cである。「(自由の）過剰は人びとをして僭主政を要求する状況をもたらしはしないであろうか。」さらに563d/eではこう述べられている。「そして最後には、君もよく知っているように、かれらは（成文化されているのであれ、そうでないのであれ）そもそも法というものに注意を払わなくなる。というのも、かれらはどんな種類の専制であれ、自分より上にいるのを見たいとは思わないからである。そしてこれが僭主政の起源なのだ。」（参照、この箇所の冒頭については第四章注(19)。）

プラトンは、自由のパラドックスと民主主義のパラドックスについてさらにコメントをくわえている。『国家』564aではこうだ。「それゆえ、あまりにも大きな自由はあまりにも大きな隷属そのものに変わりがちである。そしてこれは、個人にも国家にも言えることなのだ。……それゆえ、僭主政は、民主主義を通っていく以外、いかなる統治形態を通っても権力の座を占めることはできないと見なすのが理にかなうというものだろう。自由がありあまるほどある状態から最高度に苛酷で恐ろしいかたちの隷属が生じてくる。」参照、つぎの『国家』565c/dも。「そして俗なる大衆は、一般に、一人の人間をかれらの擁護者、党派的指導者に指名し、その地位をあらゆる仕方で強化し、彼を偉大にするのではないかね。」「それがかれらの習性というものです。」「だから、やはりあきらかに、僭主が偉大になるところではどこでも、こうした民主主義をつうじた党派的指導というものが、僭主政を生む源だと見なさざるをえないだろう。」

寛容のパラドックスはあまり知られていない。これは、無制限の寛容は必然的に寛容の消滅に至るというものだ。なぜなら、寛容でない者にさえ寛容を無制限に適用するならば、つまり、非寛容の側からの攻撃に対して寛容な社会秩序を擁護しようとしないならば、そのときには寛容な人間は滅ぼされ、彼らと一緒に寛容も消滅するだろう。――こう述べることでわたくしは、たとえば非寛容な哲学はどんなばあいにも力ずくで抑えこまれるべきだと言いたいのではない。合理的な論証によって彼らを相手にすることができるかぎり、また、世論に訴えて彼らを掣肘《せいちゅう》できるかぎり、彼らを押さえつけてしまうのはたしかにもっとも非合理なことであろう。だがわれわれは、必要とあれば、彼らを力ずくで抑圧する権利を取っておくべきである。なぜなら、かれらの代弁者たちは、合理的討論の水準でわれわれに出会おうとは思っておらず、議論することそれ自体を拒否するからである。かれらは追随者たちに、合理的な論証――かれらは欺瞞戦術と呼ぶわけだが――に耳を傾けることを禁止する。かれらはおそらく、論証に対してはこぶしとかピストルをもって答えるようにと忠告することだろう。だから、われわれは寛容の名のもとで非寛容な者を許容しない権利を要求すべきである。非寛容を説くどんな運動も法の外におかれるべきであり、非寛容や迫害を要求する者は、殺人、強奪、奴隷売買の復活を要求する者とおなじように犯罪者として扱うべきなのだ。

もうひとつのそれほど知られていないパラドックスは民主主義のパラドックスである。

正確に言えば、多数者の支配がもたらすパラドックス、すなわち、多数者が僭主による支配を決定する可能性である。民主主義に対するプラトンの批判をここに述べたような仕方で解釈し、多数者支配の原理は自己矛盾をみちびきうることにはじめて気づいたのは、わたくしの知るかぎりではレオナルド・ネルソンであった(参照、本章の注(25)(2))。だが、ネルソンは燃えるような人道主義的心情をもっていたにもかかわらず、また自由のための熱烈な戦いをしたにもかかわらず、プラトンの政治理論から多くを継承した(とりわけ、プラトン的な指導者原理を引き継いだ)わけだが、主権論、あるいは指導者体制のどんな特殊形態に対しても正確におなじ反論が提起されることには気づいていなかったように思われる。

これらのパラドックスすべてを回避することは容易である。つまり、われわれの政治的要求を本章第二節で提案したように、あるいは、それに類似したかたちで作ればよいということだ。われわれが平等と保護主義の原理にしたがって統治をおこなう政府を要求するということである。ともに働く用意のあるすべての人間、つまり、すべての寛容な人間を寛容に扱う政府、すなわち、世論によって統制され、それに責任を負う政府を要求するということである。つけくわえて、公衆に情報を伝達する制度があるところでの一種の多数票は、決して誤らないわけではないが、こうした政府を統制する最良の手段であるとも言えるだろう。(無謬の手段など存在しない。)参照、第六章、注(42)の前の本文における最後の四パラグラフ、第一七章注(20)の本文、第二四章注(7)(4)ならびに本章注(6)。

(5) この点については、第二巻第一九章でさらに論じておいた。

(6) 参照、第二章注(4)(7)。

自由のパラドックスと主権のパラドックスについての以下のコメントは、おそらく、議論を先に進めすぎているという印象をひき起こすであろう。だが、本文中で扱った論証は、若干形式的な性格を帯びているので、重箱の隅をつつくように見えたとしても、突き崩されないように堅固なものにしておきたい。くわえて、ここに述べたような論争での体験からすると、指導者原理の擁護者、すなわち、最善者とか賢者が支配すべきであるという原理の擁護者は、つぎのような反対論証を用いるのではないかと思われる。(a)〈賢者〉が、多数者こそ支配すべきであると決定するなら、かれはじっさいには賢明ではなかったのだ、と。この議論を支えるのは、(b)賢明な支配者が多数の支配といった原理のように〔自分の立場と〕矛盾するかもしれない原則を立てることは決してないという主張であろう。(b)に対するわたくしの返答は、こうした〈最高の賢者〉の決定は矛盾が消失するように変更しさえすればよい、というものである。（たとえば、〈最高の賢者〉は、平等原理と保護主義の原則にのっとって支配をおこなわねばならない統治形態に、そして多数決にしたがって統制される統治形態に変更すると決定すればよいのである。賢者のこうした決定は、主権の原理〔ある一定の属性をもった者、たとえば、もっとも賢明な者、最善者、多数者といった者が主権を行使すべきであるという原理」を放棄するものであろう。そしてそれゆえ矛盾を免れるのだから、〈賢者〉が決定してもよいものであろう。だが、このやり方は、当然のことながら、賢者が支配すべきであるという原理をその矛盾から免れさせるものではないであろう！）最初の議論、つまり、(a) はことがらとして別種のものである。こうした言い逃れは、政治家の〈賢明さ〉とか〈善良さ〉は、ただ政治家が自分の権力を放棄しないように決定するときにのみ〈賢明である〉とか〈善良である〉というように定義することに危険なまでに近づく。そして事実としては、矛盾を免れている唯一の主権論とは、ただ自分の権力をいかなる状況下にあっても放棄しないと決定している者が統治すべきであると要求するような形態のものとなる。指導者原理に追随する者は、自己の信条から生じるこのような論理的帰結を率直に直視すべきである。彼らを矛盾から解き放ってみると、そこにあるのは、もっとも善良なる者とか賢者の支配ではなく、権力に飢えた者による支配の要求なのだ。（参照、第二巻第二四章注（7）。）

（7）《参照、（最初は *Rationalist Annual* (London 1949) に発表された）わたくしの講演「合理的な伝統論に向けて」。（これは、いまでは拙著『推測と反駁』第四章（*Vermutungen und Widerlegungen*, 2000, S. 175 ff.）を構成している。）そこで示そうと努めたのは、伝統は人（人による決定）と制度との一種の媒介的役割を果たすということであった。わたくしの講演「リベラリズムの原則に照らしてみた世論」も見よ。これはいまでは『よりよき世界を求めて』(*Auf der Suche nach einer besseren Welt* [1999], S. 165-177)に収められている。》

(8)　三〇人僭主政下におけるソクラテスの行動については、参照、『弁明』32c.　この三〇人僭主政は、ソクラテスを犯罪に巻き込もうとした。だが、ソクラテスは抵抗した。三〇人の支配がごくわずかでも長続きしていたならば、死を意味したであろう。参照、第一〇章注(53)と(56)。

(このパラグラフ後半での)ソクラテスにとって知恵とは自分の知識の限界を知ることであったという主張については、参照、『カルミデス』167a, 170a.　そこでは〈汝自身を知れ〉の意味はこのように説明されている。『弁明』(参照、とくに23a-b)もおなじような傾向を示している(『ティマイオス』72aには依然としてその残響がある)。『ピレボス』では〈汝自身を知れ〉の解釈には重要な変更がなされている。この点については、参照、本章注(26)(ならびに第八章注(15))。

(9)　参照、『パイドン』96-99.『パイドン』は、わたくしの見るところでは、部分的には依然としてソクラテス的であるが、大部分はプラトン的である。『パイドン』のソクラテスが自分の哲学的発展についておこなった叙述は数多くの論議をひき起こしてきた。ここで問題になっているのは、わたくしの見るところ、ソクラテスがみずからについて語っていることの真正性でも、プラトンが語っていることの真正性でもない。ここにあるのは単純にソクラテスの知的発展についてのプラトンの解釈であろう。学問に対するソクラテスの態度は、合理的な議論への強度の関心を一種の謙虚な不可知論に結びつけるものであった。だが、それは、プラトンにとっては理解できないものであった。かれは、ソクラテスの時代におけるアテネの学問はピタゴラス主義と比較して遅れていると指摘することで、それを説明しようとした。したがってプラトンはこうした不可知論的態度を、ピタゴラス主義がもたらした新たな認識に照らせば、もはや正当化されないかのように述べたのだ。(そしてプラトンは、魂についての新しい形而上学的理論が、個人に対するソクラテスの燃えるような関心にとってはいかに歓迎すべきものであったか示そうとした。参照、第一〇章注(44)と(56)および第八章注(58)。)

(10) つまり、ピタゴラス主義の解体を促進した2の平方根や無理数の問題とかかわる理解の仕方である。それで、ピタゴラス主義における幾何学の算術化は反駁されたのであり、ユークリッドから知られるようなあの特殊な演繹的-幾何学的方法の発展に至ったのである。(参照、第六章注(9)(2)。)『メノン』のいくつかの箇所においては、(まずソクラテスではない)著者が〈最新の〉哲学上の発展や方法によくつうじていると悟らせるような傾向が見られる。それが、ここの問題が『メノン』で語られる理由でもあるのだろう。

(11)『ゴルギアス』521d f.

(12) 参照、Richard H. S. Crossman, *Plato Today* (1937/1971), S. 75. クロスマンがソクラ

テスをいかによく理解していたかは、同書 S. 59 のつぎの箇所からわかる。「アテネ民主主義のこのような三つの根本的誤りにかんして言えば……われわれ西洋文明のよきこと一切［一九七一年版では、「……の自由一切は」］は、科学者、司祭、政治家においてであれ、あるいはまったくふつうの男女においてであれ、政治的虚偽につくことを拒否し、単純な真理につくことを選んだ精神から生じたのだ。……つまるところ、そうした実例は、暴力と貪欲に満ちた独裁者を打ち破ることのできる唯一の力であることを示している。……ソクラテスは、哲学は偏見と非理性に対する意識的な抵抗以外のなにものでもないことを示した。」［一九七一年版では、この文はつぎのようになっている。「ソクラテスは、その人格が歴史叙述によって継承されていった男女のうちの最初の者であった。」］

(13) R. H. S. Crossman, *op.cit.*, S. 75.（最初の強調はわたくしのもの。）クロスマンは、このとき、教育がプラトンの国家においては階級の独占物であることを失念していたように思われる。『国家』においてはお金をもっていることは高等教育を受けられるカギではない。お金はほとんど無意味なのだ。というのも、教育を受けられるのは支配階級のメンバーだけなのだから。（参照、第四章注(33)。）かててくわえて、プラトンは、少なくとも晩年においては、無階級的、あるいは平等原理にもとづく社会よりも金権政治をはるかに好んだのであり、その敵対者などではなかった。参照、第六章注(20)(1)で引用された『法律』744b ff. 教育における国家統制の問題については、参照、本章注(42)ならびに第四章注

（39）～（41）。

（14）ジョン・バーネット（John Burnet, *Greek Philosophy* [1914/1981], S. 144）の見るところでは、『国家』は純粋にソクラテス的なものである（あるいは、それどころか、ソクラテス以前的なものである――おそらく、これがより真理に近い見解であろう。参照、とりわけ、Alban D. Winspear, *The Genesis of Plato's Thought*, 1940/1974）。だがかれは、この見解を（かれが真正と見なす）プラトンの『第七書簡』から引用した重要な確認事項と合致させる試みを真剣にはおこなっていない（326a, 参照、J. Burnet, *Greek Philosophy*, S. 178）。第一〇章注（56）（5）（d）。

（15）『法律』942c. これは第六章注（33）の本文でくわしく引用しておいた。

（16）『国家』540c.

（17）第八章注（44）の本文で引用したが、参照、『国家』473c–e からの引用。

（18）『国家』498b/c.『法律』634d/e. ここでプラトンはドーリア人の法を讃えている。「どんな若者に対しても、どんな法がよく、どんな法が悪なのかと問うことは禁止されている。だから、かれらは一致してどんな法でも素晴らしいと語るようになる。」法を批判してもよいのは老人だけである、と年老いた書き手は付記している。かれにせよ批判が許されるのは、若者が聴いていないときだけである。参照、本章注（21）の本文、ならびに第四章注（17）（23）および（40）。

(19)『国家』497d.

(20)『国家』537c. つぎの引用は、537d-e と 539d からである。〈この箇所のつづき〉は 540b-c である。もうひとつのきわめて興味深いコメントは 536c-d に見られる。そこでプラトンは、(先行の箇所で)弁証法を学ぶために選抜された者たちは新しいことがらを学ぶには決定的に歳を取りすぎていると言っている。

(21)《参照、H. Cherniss, *The Riddle of the Early Academy* [1945], S. 79[ドイツ語訳 *Die ältere Akademie*, 1966, S. 95]、ならびに『パルメニデス』135 c-d.》

偉大な民主主義者であるグロートは、この点(『国家』の〈よりよい〉箇所、537c-540)について強いことばを投げかけている。「青年との弁証法的な論争を禁止するという断言は、……決定的に反ソクラテス的である……それは、メレトスとアニュトスがソクラテスに提起した告発の一部である。……それらは、ソクラテスが青年たちを堕落させているというかれらの非難と同一である……かれ(つまり、プラトン)が三〇歳以前においてはこの種の討議はなんであれ禁じているのを見るとき、クリティアスとカリクレスがアテネにおける短命だった三〇人僭主政の支配期にまさにこの禁令をソクラテス自身に課したことが気づかれる――じっさい、このめぐり合わせは比類ない。」(George Grote, *Plato, and the Other Companions of Sokrates*, 1875/1998, Bd. III, S. 239.)

(22) 本文中で異議を唱えておいた、服従するに優れた者は命令するにも優れているという考えは、プラトンのものである。『法律』762e を参照せよ。

A・J・トインビーは、石となってしまった社会ではプラトン的システムが支配者の教育にとってどれほどうまくいくものであるかを示した。（参照、A. J. Toynbee, *A Study of History*, Bd. III（1934），とりわけ S. 33 ff. 参照、第四章注（32）（3）と（45）（2）も。）

（23）個人主義者は、どうしてある種のことがら、たとえば、科学的研究のような抽象的なことがらへの献身を要求できるのだろうか、と問う人がいるかもしれない。だが、こうした問いは個人主義とエゴイズムとの同一視という（前章で論じておいた）古い誤りを示しているにすぎない。個人主義者は、無私の精神で活動できるし、個人を支援するためのみならず、他の人びとを支援するための制度的な手段の発展のために、尽力できる。（それはさておき、大義や理念に身を捧げることは、要求される（fordern）ことがらではなく、奨励される（fördern）ことがらだと思われる。）われわれは、個人主義者としてある種の制度（たとえば、民主主義）に対して、またある種の伝統に対してさえ、それらの人道主義的な目標が見失われていないかぎりで、身を投じることができると信じる。個人主義は、制度なき個人中心主義（antiinstitutioneller Personalismus）の考えだとされてはならない。これは、個人主義者がしばしば犯してきた誤りである。かれらは集団主義を拒否する点ではただしいのだが、制度というものを誤って（それ自体が目的になる）集団的なものと見なしている。それゆえかれらは制度なき個人中心主義者となる。だが、それゆえにかれらは指導者原理に危険なまでに近づくのだ。(ここから、議会に対するチャールズ・ディケンズの敵対的な態度が説明されよう。)(〈個人主義〉や〈集団主義〉といった)わたくしの用語については、第六章注(26)～(29)の本文を参照せよ。

(24) Samuel Butler, *Erewhon* (1872), S. 135[ドイツ語訳 *Erewhon oder Jenseits der Berge*, 1994, S. 265].〔"Erewhon"は"nowhere"を逆に綴ったもので「どこにもない」の意味。したがって、エレホン人とはどこにも存在しない国の住民ということになる。〕

(25) これらの出来事については、参照、E. Meyer, *Geschichte des Altertums*, V. Bd.[1902/1980], S. 502-514 および S. 473 ff. また、第一〇章注(69)も。アカデメイアは、僭主を輩出することで悪評が高かった。プラトンの弟子には、のちにペレーネの僭主になったカイロン、(アタルネウス近くの)スケプシスの僭主エウラストスとコリスコス、のちにアタルネウスとアッソスの僭主となったヘルミアスがいた。(参照、Athenaios, XI, 508[ドイツ語訳 *Das Gelehrtenmahl*, 2000, S. 94 f.(『食卓の賢人たち』)]およびストラボン[ドイツ語訳 Strabo, *Erdbeschreibung in siebzehn Büchern*, Teil 2, 1831/1988, XIII, S. 57, S. 592(『地理書』)].)ヘルミアスは、いくつかの資料によれば、プラトンの直弟子であった。その真正性が疑われているいわゆる〈プラトンの第七書簡〉によれば、かれはおそらくプラトンの忠告に喜んでつきしたがうプラトン賛美者にすぎなかったのであろう。ヘルミアスはアリストテレスやアカデメイアの第三代学頭、つまりプラトンの弟子のクセノクラテスの後援者となった。

ペルディッカス三世、およびプラトンの弟子であるエウファコスについては、Athenaios, *op.cit.*, XI, 508 f. を見よ。そこでは、カリッポスもまたプラトンの弟子として言及されている。

(1) プラトンが教育者としてこのような取るに足らない成果しかあげなかったことは、『法律』(637d-650b) 第一巻で展開されている教育と選抜の原理に目を向けるなら、たいして驚くことではない。（参照、とくに643a の「さて、教育の本性と意義を定義することにしよう。」）教育の、あるいはむしろ信頼できる人間の選抜にかんして驚くべき道具があることを示しているからである。葡萄酒だというのだ。酩酊は舌を解き放ち、かれがじっさいにはいかなる人物であるかを示すというのである。「葡萄酒の使用よりも適切な方法があるだろうか。第一に、人間の性格を吟味するために、第二に彼を鍛えるために。安価で異論にさらされることの少ないものがあるだろうか」(649d/e)。わたくしはいまに至るも、プラトンに心酔した教育者のうちでこうした飲酒方法を論じた者に出会ったことがない。こうした方法がいまだに広がっている、とりわけ大学において広がっているというのだから驚きである。もっとも、もうそれほど安くはつかないであろうが。

(2) だが、指導者原理に対して公平を期すためには、選抜にあたって他の人たちはプラトンよりも成功を収めたことを承認しておかねばならない。たとえば、レオナルド・ネルソン(参照、本章注(4))はこの原理を信じていたわけだが、最大の危険と誘惑があったところで大義に忠実であった男女をひきつけ、選抜するという無比の能力をもっていたように見える。かれらの大義はプラトンのそれよりもはるかによいものであった。それは、自由という人道主義的理念、法のもとではひとしいという意味での平等の理念であった。《レオナルド・ネルソンのいくつかの論文は、イェール大学出版会によって『ソクラテスの方法と批判的哲学』というタイトルのもとで英訳されている(Leonard Nelson, *Socratic Method and Critical Philosophy*, Yale University Press 1949)。たいへん興味深い序論はユリウス・クラフトによる。)》

(3) しかし、(民主主義者のもとでさえ依然として受け入れられている)慈悲深い独裁者という理論の根本的な弱点は残る。わたくしは、最良の意図をもち信頼される指導者の人格についての理論のことを考えている。こうした理論がただしいとして、またどんなテストも統制も受けずにある人間がそうした態度を保ちつづけることができると信じられるとして、かれがおなじように稀有なそして卓越した特性をもった後継者を見つけられると仮定するのは正当だろうか。(参照、第九章注(3)と(4)ならびに第一〇章注(69)。)

(4) 権力の問題にかんして『ゴルギアス』525e f. を『国家』615d f. と比較すると興味深い。双方の箇所ともよく類似している。だが『ゴルギアス』においては最大の犯罪者はいつでも「権力を保持している階級からやってくる人間」である。つまり、私人は悪人となりうるとはいえ、救済不可能ではない。『国家』では、権力の腐敗作用についての警告はない。最大の罪人の大部分はやはり僭主なのである。だが、「かれらのうちにも私人が何人かはいる」とも言われている。(『国家』ではプラトンは、利己心を信頼し、それが監視者たちの権力濫用を防止すると信じている。参照、『国家』466b/c. この箇所は第六章注(41)の本文で引用しておいた。利己心は監視者にはこのようなよい影響をおよぼすのに、僭主に対してはなぜそうではないのかはまったく不明である。)

(26)〈初期の(ソクラテス的)対話編(参照、たとえば、『弁明』や『カルミデス』。本章注(8)、第八章注(15)、第一〇章注(56)(5)において〈汝自身を知れ〉という警句は、〈汝の知るところ、いかに少ないかを知れ〉として解釈されている。だが、後期の(プラトン的)対話編『ピレボス』では微妙な、だがきわめて重要な変更が導入されている。初めのうちは(48c/d f.)、この警句はここでは暗黙のうちにおなじ仕方で解釈されている。なぜなら、自分自身を知らない多くの者について、この警句はかれらが「こう要求しながら、……自分は賢いことを偽っている」のだとされるからである。だが、いまやこの解釈はつぎのように展開されていく。つまり、プラトンは人間を二つのクラス、つまり、弱者のクラスと強者のクラスに分割する。かれは、〈強者の無知〉はまさしく〈悪〉であり〈憎むべきもの〉だが、弱者の無知と愚かさは笑うべきものであると言う。だが、そこからみちびかれるプラトンの教えは、権力をふるう者は無知であるべきではなく、むしろ賢明であるべきだ（あるいは、賢者のみが権力をふるうべきである）というものなのである。だが、もともとのソクラテスの教えは、どんな者でも、とりわけ権力をもつ者はみずからの無知を知るべきであるというものだった。（もちろん、『ピレボス』のうちには〈賢さ〉とは〈自己の被制約性を意識すること〉だという示唆などはない。それどころか、その正反対である。ここでは賢さは、『ソフィスト』で展開されているように、専門的知識、ピタゴラス主義の教義とプラトンの形相論を含むものなのである。）》

第八章　王としてふるまう哲学者

本章のモットーは『国家』540c–d からである。これについては、参照、本章注(37)ならびに第九章注(12)。この箇所はそこでより詳細に引用しておいた。

（1）参照、『国家』475e.　たとえば、485c f., 501c も。

（2）『国家』389b f.

（3）『国家』389c/d,『法律』730 b ff. も。

（4）これ、および以下の三つの引用については、参照、『国家』407e および 406c.　また『政治家』293a f., 295b–296e なども見よ。

(5)『法律』720c. 興味深いことにこの箇所は、政治家は説得を暴力と一緒に用いるべきだ(722b)という考えを導入するのに役立っている。そしてプラトンは大衆の〈説得〉ということでおおはばにウソによるプロパガンダのことを理解しているのであるから(参照、本章注(9)と(10)、また本文で引用がなされている『国家』414b/c)、『法律』のこの箇所でのプラトンの思考は、このような新種の穏やかさに包まれているにもかかわらず、依然として古い考え、つまり、ウソを処方する政治的医者という考えに貫かれている。のちのところで(『法律』857c/d)プラトンは、反対のタイプの医者、つまり、治療に専念するのではなく患者に哲学を語りすぎる医者について苦情を語っている。おそらく、ここでプラトンは『法律』執筆中にかかった病気のさいの自分の体験を語っているのであろう。

(6)『国家』389b. ——つづく短い引用については、参照、『国家』459c.

(7) イマヌエル・カント『永遠平和のために』(Immanuel Kant, *Zum ewigen Frieden*, 付録(1795/1992), B 72, S. 84.

(8) Richard H. S. Crossman, *Plato Today* (1937/1971), S. 82 ならびに直前の数ページ。クロスマンは依然として、ウソによるプロパガンダは被支配者に対してのみ妥当するのであり、また、プラトンは王がその批判的諸能力を十分に使用できるように教育されることを欲していた、と信じているように見える。なぜならわたくしはいま(*The Listener*, Bd. XXVII [Juni 1942], S. 750 で)、かれが「プラトンは言論の自由や討論の自由は選ばれた少数者のためにのみ存在すると信じた」と表明しているのを見たからである。だが事実は、プラトンはそもそもそのようなことは信じもしなかったということなのだ。『国家』においても『法律』においても(参照、第七章注(18)～(21)の本文で引用しておいた箇所)、かれは、まだ老齢に達していない者が自由に考えたり語ったりして、しっかりと固定されている学説の硬直性を、また静止させられた社会の石のごとく固くなっている状態を危機にさらすことがないかと不安を覚えているのだ。つぎの二つの注も参照せよ。

(9)『国家』414b/c. 414d でプラトンはもう一度、「王自身、戦士階級にも、また国家の他の者たちにも」自分のウソはほんとうのことなのだと確信させたいのだと強調する。のちにかれは自分の率直さを後悔したように見える。なぜなら、『政治家』269b ff.(参照、とりわけ 271b ならびに第三章注(6)(4)で、あたかもかれ自身が『国家』でためらいがちに堂々たる〈ウソ〉として導入した地から生まれた者についての神話を真であると信じているかのように語っているからである。(参照、本章注(11)。)

《わたくしが〈堂々たるウソ〉と訳した表現はしばしば〈堂々たる偽り〉とか〈才気に富んだ作り話〉と訳されている。【プライゼンダンツは、「われわれの一群の〈許容された〉ウソからのまさに気高い寓話」と訳している。】

ところでわたくしが〈堂々たる〉と訳した〉gennaios〈という語の字義通りの訳は、〈高い身分に生まれた〉あるいは〈高貴な由来の〉ということである。したがって、〈堂々たるウソ〉〈〉lordly lie〈〉という訳は少なくとも字義的には〈気高いウソ〉〈〉noble lie〈〉とおなじことになる。だが、この訳語は、〈気高いウソ〉という表現が漂わす、そして状況によってはいかなる意味でも正当化されない連想、つまり、ここでは一人の人間が気高い仕方で、わが身を危機に落としかねないにもかかわらず引き受けるウソという連想は避けている。(たとえば、その種のウソとしては、ベッキーの罪をわが身に引き受けたトム・ソーヤーのウソが挙げられよう。それをサッチャー判事(第三五章で)は「気高い、度量の広い、誇りに満ちたウソ」と呼んだ[Mark Twain, *Die Abenteuer von Tom Sawyer*, 2001, S. 295]。)プラトンの〈堂々たるウソ〉をそのような視野のもとで見るべき理由は存在しない。したがって、〈気高いウソ〉という訳は、まさしくプラトンの理想化という典型的な試みのひとつである。——コーンフォードは「……作り話の大胆きわまりない舞いあがり」と訳し、脚注で〈気高いウソ〉という訳に反対している。かれは〉gennaios〈が〈壮大に〉とおなじ意味である箇所を指摘する。じっさい、〈壮大なウソ〉とか〈光輝あるウソ〉は完全に適合する訳であろう。だが同時にF・M・コーンフォードは「ウソ」という表現の使用に反対している。かれは神話を〈プラトンの無害な寓喩〉と呼び、プラトンは「大部分ほとんど気高くもないし、いまではプロパガンダと呼ばれるウソを支えるだろう」という見解をしりぞけている。そしてつぎの脚注ではつぎのように言っている。「監視者自身が、可能ならば、この寓喩を受け入れるべきであるという点に注意を払おう。それは、支配者たちによって大衆に押しつけられる〈プロパガンダ〉ではない。」だが、こうした理想化の試みすべては挫折する。プラトン自身がこうしたウソは恥ずべきウソであることをこの上なく明瞭にしているのだ。参照、以下の注(11)における最後の引用。(本書第一版でわたくしは〈霊感を吹き込まれたウソ(inspirierte Lüge)〉と訳し、それで〈高い生まれ〉を暗示し、代案として〈巧妙なウソ〉を提案しておいた。これはプラトン主義者の友人からあまりにも意訳であり底意のあるものだと言われ、またそれにそくして批判された。だが、F・M・コーンフォードの「大胆きわまりない思惟の舞いあがり」も〉gennaios〈を正確におなじ意味で把握しているわけだ。)本章注(10)と(18)も見よ。》

【A・フェルドロース＝ドロスベルク(A. Verdross-Drossberg, *Grundlinien der antiken Rechts- und Staatsphilosophie* [1946], S. 115)は、「聖なるウソ」と訳したが、ウソをどう評価するかという点では、ここでの見解に一致している。かれはフリードリヒ・ニーチェ(Friedrich Nietzsche, *Der Wille zur Macht*, Aphorismus 428 [1911, S. 456])を引き合いにだしている。ニーチェによれば、プラトンはさまざまなテーゼを「かれにとっては条件をつけても真理ではないものを絶対的な真理として知ろうと欲した」。A・フェルドロース＝ドロスベルクはこうつづけている。「その目的のためには、プラトンが真理であると欺いて若者たちに提示した寓喩を指摘するだけで十分であった。」もちろんプラトンはこうした「子供じみたウソ」——その使用をフェルドロース＝ドロスベルクは激烈に断罪しているが――を、「みずからの根本的教義を押し通すために」もちこんだにすぎない。だがこれは、すでに述べたことに照らすと、疑われるべきことがら、状況を改善すべくもないことがらを、つまり、この教義のドグマティックな性格を一段と明確に示すものである。すなわち、その教義を押し通すためには、あらゆる手段、合理的ではない討論でさえ用いるという事実を「揺るぎなく確立する」ものである。】

(10) 第五章注(35)で引用した『国家』519e f. 説得(Überredung)と暴力については、参照、『国家』366d も。これらの箇所は、本注のずっと後段で、また、本章注(5)と(18)で指摘した箇所でも論じておいた。

通常、〈説得〉と訳されるギリシア語は〉peithō〈であり、この語の人格化されたものがアフロディテの侍者としての魅惑的な神であるが、この語はつぎのような意味をもちうる。(a)〈公正な手段で確信をもたせること(Überzeugung)〉および、(b)〈悪しき手段での説得〉、つまり、〈説き伏せること(Einreden)〉(下記の(D)、すなわち、『国家』414c を見よ)。またときには、〈贈り物による説得〉、つまり買収を意味する(下記の(D)、つまり、『国家』390e を見よ)。とりわけ、〈説得と暴力〉という表現における〈説得〉という語はしばしば(a)の意味において解釈され、この表現はしばしば(そしてときには、適切でもあるのだが)〈公正な手段によってであれ邪悪な手段によってであれ〉と付記されて訳される。(参照、さらに後段で引用される箇所(C)、つまり、『国家』365d についてのジョン・L・デイヴィスとデイヴィッド・J・ヴォーンの翻訳〔John L. Davies und David J. Vaughan, *The Republic of Plato*, 1852/1935〕— "by fair means or foul"〔公正な手段によってであれ腐った手段によってであれ〕を参照せよ。）だがわたくしは、プラトンが〈説得と暴力〉を政治的技術の道具として勧めたとき、この語を文字通りの意味で用いていたのだと、つまり、巧みなことばによるプロパガンダならびに暴力の使用を支持していたのだと考えている（参照、『法律』753a）。

以下の箇所は、〈説得〉という語を(b)の意味で、とりわけ政治的プロパガンダと結びつけるプラトン的な用い方を理解するために重要である。(A)『ゴルギアス』453a から 466a まで、とりわけ 454b-455a,『パイドロス』260b ff.,『テアイテトス』201a,『ソフィスト』222c,『政治家』296b ff., 304c/d,『ピレボス』58a. これらすべての箇所において（〈真なる知識を手段とする術〉とは反対の〈説得術〉としての）説得は、ことばを飾る雄弁、ごまかし、プロパガンダと結びついている。『国家』では 364b f., とりわけ 364e から 365d（参照、『法律』909b）までが注目にあたいする。(B) 364e（「彼らを説得する」とは、「個人ばかりでなく、国家全体をも」、つまり、ウソをついて信念をもたせるということなのだが）でこの表現は、（この箇所は本章注(9)の本文で引用しておいた）414b/c, つまり「堂々たるウソ」の箇所とおなじ意味で用いられている。(C) 365d は興味深い。なぜなら、ここでは、A・D・リンゼイ（A. D. Lindsay）〔参照、プラトンからのかれの訳、*The Republic*, 1935/1976,

S. 43 f.])が、〈説得する〉の一種のパラフレーズとして適切にも〈ごまかす〉という非常な適訳を提出しているからである。(「捕らえられないために……われわれは説得の達人を意のままにする……そのようにしてわれわれは説得と暴力で処罰を逃れる。だが、神々は欺かれたり強制されたりはしないと異議を唱える人もいるだろう……。」) そのうえ(D)『国家』390e f.では、〈説得〉という表現は贈賄の意味で用いられている。これは古い用法であるにちがいない。(この箇所はヘシオドスからの引用であると見なすことができよう。興味深いことにはプラトンが、人間は神々を〈説得〉したり、買収できるという考えにしばしば反論しているにもかかわらず、つぎの箇所399a/bでは、それを容認している。) つづいて〈堂々たるウソ〉の箇所である414b/cがくる。直後に、つまり414cにおいて(参照、次注も)〈ソクラテス〉は「誰かある者にこの物語を信じこませるにはどれほどの説得を必要とすることだろう」というシニカルな批評(E)を加える。最後に(F)『国家』511dと533eへの言及がなされる。そこでプラトンは説得とか信じこむこと(〈説得〉というギリシア語の語根は〉fides〈つまり〈信じこむ〉という語の語根と同一である)を魂の低位の認識能力と呼ぶ。それは、流転する事物にかんする欺かれやすい思いこみの形成に対応する(参照、第三章注(21)およびとくに『ティマイオス』51eでの〈説得〉の使用)のであり、不変の形相についての理性に適った知識には対立するものである。〈道徳的〉説得の問題についてはは第六章、参照、とりわけ注(52)と(54)の本文、ならびに第一〇章、とりわけ注(56)(65)

(69)の本文も。

(11)『国家』415 a. つぎの引用は415c である。(参照、『クラテュロス』398a も。) 参照、本章注(12)～(14)およびそこの本文、ならびに第四章注(27)(3)と(31)。

(1)(本文のこのパラグラフにおける)プラトンの不安にかんする批評については、参照、『国家』414c-d および前注(E)、すなわち、「誰かある者にこの物語を信じ込ませるにはどれほどの説得を必要とすることだろう」と〈ソクラテス〉が言い——「あなたはそれを語るのを渋っておられるように見えます」とグラウコンが答え——「それを語ってしまえば、君はわたくしのためらいを理解することだろう」と〈ソクラテス〉が応じる——「語ってください。恐れないでください」とグラウコンが言う。この対話は、わたくしが神話の第一の考えと呼ぶ思想を導入している。それは『政治家』では真実の物語として提示されていた。(参照、本章注(9)。『法律』740a も見よ。) 本文でも言及しておいたが、プラトンはこの〈第一の考え〉がためらいの根本原因であると思わせる。というのも、グラウコンは〈ソクラテス〉が話そうと決心したあとで、「あなたはウソを語ることをこんなにも長いあいだ恥じていた。理由のないことではなかったわけですね」と答えているからである。これにつづけて〈ソクラテス〉は「物語の残り」、すなわち、人種の神話を語る。そのあとに修辞的なコメントがつづくことはない。

(2)ところで、土着の戦士たちについていえば、アテネの貴族たちは(ドーリアの貴族たちとは反対に)自国において〈バッタのように〉地から生まれたと主張したことが思い出されねばならない(プラトンが『饗宴』191bで表現したように。参照、本章注(52)の末尾も)。ある親切な批評家が、ソクラテスの不安と、ソクラテスにはみずから恥じ入るべきあらゆる理由があるというグラウコンのコメント(これら二つについては(1)で言及しておいた)とは、アテネ人に対するプラトンの皮肉を込めたあてこすりとして、つまり、土着であると主張していたにもかかわらず、母を守るようには祖国を守らなかったではないかというあてこすりとして理解されるべきではないかという批評をしてくれた。だが、この才気に富んだ提案はわたくしには支持できないと思われる。プラトンは公然とスパルタを贔屓にしていたのだから、アテネ人の愛国心の欠如を咎めだてるわけにはいかなかっただろう。くわえて、こうした告発は正当なものでもなかっただろう。なぜなら、アテネ民主派の人たちは(第一〇章で示すつもりだが)スパルタに決して屈服しなかったのだから。だが、プラトンの愛した叔父のクリティアスは屈服し、スパルタの保護のもとで成立した傀儡政権の指導者になった。プラトンが皮肉を込めてアテネの不十分な防衛をほのめかしていたのだとしたら、そのほのめかしはペロポネソス戦争をほのめかすものであっただろうし、したがってクリティアスに対する批判になっていただろう。だがかれは、プラトンにしてみたらこのような仕方ではもっとも批判したくない人物だった。

(3) プラトンは自分の神話を〈フェニキア人のウソ〉と呼んでいる。こうした呼び方の説明となる提案はすでにアイスラーがおこなっている。かれの指摘はこうである。オリエントにおいてエチオピア人は金の人種と、銀山をもっていたギリシア人は銀の人種と、スーダン人はブロンズの人種と、ダマスカス鋼の刀剣で喜びの叫び声をあげていたシリア人は鋼鉄の人種と呼び習わされていた。そしてこうした呼び習わしはエジプトでは政治的プロパガンダとして利用されたのである(『ダニエル書』第二章、三二行)。そしてアイスラーは、これら四つの人種についての物語はヘシオドスの時代におそらくはフェニキア人によってギリシアにもたらされたのであり、プラトンはこの事情を示唆しているのだと見なしている。》

(12) この箇所は『国家』546a ff. からである。参照、第五章注(36)~(40)の本文。階級間の混交は434cでも明確に禁じられている。参照、第四章注(27)(3)、(31)と(34)ならびに第六章注(40)も。

『法律』(930d-e)は、階級間の混交から生まれた子供は身分の低い方の親のカーストを継承するという原則を含んでいる。

(13) 『国家』547a. (遺伝にかんする混交理論については、参照、第五章注(39)~(40)とりわけ注(40)(2)の本文、ならびに本章注(39)~(43)と(52)の本文。

(14) 『国家』415c.

(15) 『国家』414b ff. へのJ・アダムの注[参照、J. Adam, *The Republic of Plato*, Bd. I, 1902/

1979, S. 193〕。（強調はわたくしによる。）大きな例外は、ジョージ・グロート(George Grote, *Plato, and the Other Companions of Sokrates*, 1875/1998, Bd. III, S. 240) である。かれは、『国家』の精神、ならびにそれと『弁明』の精神との対立をつぎのように要約している。「プラトンの『弁明』においては、ソクラテスはみずからの無知をわきまえているさまが見られる。……だが『国家』はかれを新しい仕方で描く。……かれはノモス〔法、秩序〕という玉座にいる。かれは世俗のみならず、精神界の無謬の権威でもある。すべての公的見解はそこから生じ、この権威によってなにが正統であるかが決定される。……かれは、すべての個人が持ち場を付与され、権威によって指定された見解をもつことを期待する。そうした見解には、……地から生まれた者といった虚構を含めて、意図的な倫理的・政治的虚構が含まれる。……『弁明』のソクラテスも、かれの否定を介した弁証法もプラトンの『国家』においては許容されないだろう。」（強調はわたくしによる。G. Grote, *op.cit.*, S. 188 も見よ。）

　宗教は民衆にとってのアヘンであるという教義は、このように特別のかたちで定式化されてはいないとはいえ、プラトンおよびプラトン学派の根本原則のひとつであったことがあきらかになる。（参照、本章注(17)と本文、ならびにとりわけ、注(18)。）それは、この学派のきわめて秘教的な教義のひとつであるように見える。すなわち、それは、学ぶに足るほど十分に齢を重ねた上層階級の者にしか論じることを許されないのである。（参照、

第七章注(18)。）だが、秘密を漏らす者は、プラトンの規定にしたがって、イデア論者によって無神論者として迫害される。

(16)　たとえば、ジェームズ・アダム(James Adam)、アーネスト・バーカー(Ernest Barker)、ガイ・C・フィールド(Guy C. Field)。

(17)　参照、『断片集』第二巻 S. 386 ff., クリティアス断片 25.（わたくしは、四〇以上のところから一一の特徴的な行を選んだ。）言っておくべきだと思うが、この箇所は社会契約（これは、リュコフロンの平等論にある程度まで似てさえいる。参照、第六章注(45)）についてのてみじかな叙述から始まっている。クリティアスについては、参照、とくに第一〇章注(48)。ジョン・バーネット[John Burnet, *Greek Philosophy*, 1914/1981, S. 170 f.]は、クリティアスの名前で知られている詩や劇の断片はプラトンの叔父（三〇人僭主政の指導者）に帰せられるべきものではなく、祖父に帰せられるべきものだと提案した。わたくしには、それはありえないと思われる。なぜなら、そんなことをしたら詩人クリティアスの作品はソフィストたちの社会哲学の時代にまでさかのぼってしまうであろうから。プラトンが『カルミデス』(157e)で叔父に詩的才能があるとしていることにも注意が向けられるべきである。そして 162d ではクリティアスは劇作家であったとさえほのめかしているのだ。（参照、クセノポンの『思い出』(Xenophon, *Memorabilia*, I, 2, 12 ff.[ドイツ語訳、*Erinnerungen an Sokrates*, 1987, S. 21 f.])

(18)『法律』909c. クリティアスの見解はのちにプラトン学派の伝統の一部にさえなったと思われる。これはアリストテレスの『形而上学』第一二巻第八章からのつぎの箇所(1074b 3)でもほのめかされている(これは〈プロパガンダ〉の意味での〈説得〉という語の用例でさえある。参照、本章注(5)と(10))。「残りは、……神話のかたちで追加されたのであり、これは大衆を説得するために、ならびに、法的かつ一般的(政治的)な合目的性のために、追加された……。」参照、『政治家』におけるプラトンの試み(271a f.)も。そこでかれは神話が真であること――かれは、『国家』から知られているように、信じてなどいなかったわけだが――を弁じたてた。(参照、本章注(9)と(15)。)

(19)『法律』908b.

(20)『法律』909a.

(21) 善と悪の闘争については *op.cit.* 904-906 を見よ。とりわけ、906a/b を見よ。(不正に対する正義。ここで〈正義〉とは依然として『国家』の集団主義的な正義を意味している。)直前には 903c がある。それは、上述で引用しておいた。(第五章における注(35)と第六章の注(27)の本文。また本章注(32)も見よ。)

(22)『法律』905d-907b.

(23) 本注が付加されているパラグラフは、わたくしが、文は、それが記述する事実と一致する時にのみそしてその時にのみ真であるという一般的な考えに同意する〈絶対主義的な〉真理論にしたがっていることを示している。この〈絶対的な〉あるいは〈真理の対応説は〉(アリストテレスにさかのぼるが)、アルフレッド・タルスキ(Alfred Tarski, *Der Wahrheitsbegriff in den formalisierten Sprachen*, ポーランド語版一九三三年、ドイツ語訳一九三五年［いまでは選集(*Collected Papers*), Bd. 2, 1986, S. 51-198 所収］)によってはじめて明確に展開され、かれが〈意味論〉と呼んだ論理的理論の基礎を形成している(参照、第三章注(29)および第五章注(5)(2))。R・カルナップの『意味論入門』(R. Carnap, *Introduction to Semantics* (1942/1968))も見よ。そこでは、タルスキの真理論が詳細に記述されている。S. 28 から引用しておきたい。「つぎの点がとくに強調されるべきである。真理の概念は、いま説明したように――真理の意味論的概念と呼べるわけだが――〈信じられた〉とか〈検証された〉とか〈高度に検証された〉といった概念とは根本的に異なるということである。」わたくしは、十分に展開されてはいないが、類似の見解を拙著『探求の論理』(邦訳『科学的発見の論理』)の〈真理〉と〈確証〉にかんする第八四節(第二版一九六六年以降、219 ff.)で述べておいた。この著は、わたくしがタルスキの意味論を知る前に書かれた。したがって、そこでのわたくしの理論はきわめて初歩的である。(ヘーゲル主義から導出される)真理の実用主義的理論は絶対主義的な真理論の観点からすでに一九〇七年にバートランド・ラッセルによって批判されていた。そしてつい最近、かれは相対主義的真理論とファシズムの信仰告白とのあいだの関連を指摘した。参照、B. Russell, *Let the*

People Think [1941/1961], S. 77 および S. 79.

(24) わたくしの念頭にあるのは、とりわけ、『国家』474c-502d である。つづく引用は『国家』475e からである。

(25) このパラグラフで触れた七つの引用については以下を見よ。(1)と(2)は『国家』476b, (3)、(4)と(5)は、同書 500d-e, (6)と(7)は同書 501a/b, (7)については、参照、同じことを語っている箇所、同書 484c. また『ソフィスト』253d/e,『法律』964a-966a(とくに 965b/c)を見よ。

(26)『国家』501c.

(27) 参照、とりわけ、『国家』509a f.——509b にはこうある。「太陽は事物を生成に向けて温める」(もっとも太陽自身は生成過程には関与しないけれども)。おなじように、「合理的知識の対象についていえば、諸対象は、その認識してもらう可能性のみならず、その現実性やその本質さえも、善に負うている。もっとも、善はそれ自体で本質ではなく、威厳と力においてもろもろの本質を凌駕する。」(509b については、参照、アリストテレス『生成消滅論』第二巻第一〇章 336a 15, 31 および『自然学』第二巻第二章 194b 13.)——510b で善は絶対的起源として記述されている(そして、要請されたり仮定されるだけではなく)、511b では「あらゆる事物の最初の起源」と言われている。

(28) とりわけ『国家』508b ff.——508b/c を見よ。つまり「善が自分自身の形象にしたがって生み出すもの」（すなわち、真理）「は、理性の世界においては理性とその諸対象とをつなぐ環」（すなわち、イデア）「であって、それは、視覚に映る世界においてかの映像」（つまり、太陽に発する光）「が、視覚とその諸対象」（つまり、感覚的に知覚対象物）「とをつなぐ環であるのとおなじである」。

(29) 参照、『国家』505a と 534b ff.

(30) 参照、『国家』505d.

(31) 参照、『ピレボス』66a.

(32) 『国家』506d ff. および 509–511.

善の定義は、ここでは「統一体として把握された、限界づけられたもの（確定されたもの、あるいは有限なもの）の集まりとして」引用されているが、思うに、理解するのにそうむずかしいものではないし、プラトンの他のコメントとも完全に符合する。〈限界づけられたものの集まり〉とは、限定されていないものとしての女性的なもの、すなわち、無限の空間とは対立するものとして、男性的原理、あるいは始祖として把握された形相とかイデアの集まりのことである（参照、第三章注（15）(2)）。こうした形相とか祖先は、それらが古く変わらない原型であるかぎりで、そしてそのおのおのはみずからが生成するところの感覚的に知覚されうる多くの事物と対立するかぎりで、言うまでもなく善である。こうした祖先の集まり、あるいは種族が多様として理解されるなら、それらは現実には善ではなくなる。統一体として、一者として、始祖として考えられるときにのみ、絶対的善についての像〔イメージ〕がつくられる。（参照、アリストテレス『形而上学』988a 10.）

善についてのプラトンの考えは、実践上は空虚である。それは、道徳的意味においてなにが善なのか、つまり、なにをなすべきなのかについていかなる指示も与えはしない。とりわけ、本章注(27)と(28)から見て取れるように、善は形相とかイデアの世界において至高の座を占めており、そこから他のもろもろのイデアが生じ存在するようになる、一種のイデアを傘下におくイデアなのである。こうした注記から引き出せる唯一のことと言えば、善は不変であること、それは始原的なものとして他のイデアに先行するがゆえに古く（参照、第四章注(3))全体であること、それゆえ変化しない事物があずかるものであること、つまり、善は保存するものであること（参照、第四章注(2)と(3)）、古いものであること、とりわけ古い法律であること（参照、第四章注(23)、第五章注(7)でのプラトン主義についてのパラグラフ、第七章注(18)）、そしてホーリズムは善であること（参照、本章注(21)）である。したがって、実践的にはふたたび全体主義的道徳に投げ返される（参照、第六章注(40)と(41)の本文）。

『第七書簡』が真正であるなら、善の教えは定式化できないという内容がさらに主張されていることになる。なぜなら、プラトンはこの教義について「それは他の研究対象のようにことばでは表現できない」と言っているからである。（参照、第一〇章注(57)も。）

善についてのプラトンのイデアとか形相の空虚さを明確に認識し批判したのは、再度のことながら、G・グロートであった。かれは最初にこうした善についてほんとうはなんなのかと問い、つぎのように断言する(*Plato*, Bd. III, S. 241 f.)。「このような問いが立てられるわけだが、……残念なことに答えはない……他者の意識状態――かれらはほんとうの善を予感しており……それを獲ようとしてなんでもするのだが、把握し特徴を規定しようとすると混乱し空転するという意識状態――を記述することで、かれ[プラトン]は無意識のうちに自分自身の精神状態を記述している。」驚くべきは、グロートの屹立するプラトン批判を承知している現代の著作家はいかに少ないかということだ。

つぎの本文パラグラフでの引用については、参照、(1)『国家』500b-c, (2) *op.cit.* 485a/b. この箇所はたいへんに興味深い。ここで〈生成〉と〈没落〉という表現は、(ジェームズ・アダム[James Adam, *The Republic of Plato*, Bd. II, 1902/1980, S. 3]が485b 9への自注で確認しているように)はじめてこうしたなかば専門的な意味で用いられている。この箇所は、この世界の事物の一般的な流動に、およびパルメニデスの不変の実体に関連している。この箇所はまた、哲学者が支配するための主要な論証を導入している。(参照、第三章注(26)(1)と第四章注(2)(2)。)プラトンは、『法律』の箇所(689c-d)で、ドーリア人の王国が(生まれつき支配者である者にどう服従すべきかを知らないという(参照、689b))〈最悪の無知〉によって、〈没落〉(688c)したさまを描いている。かれはこうした描写によって知恵ということでなにを理解しているのかを説明しているわけである。それは、最大の統一あるいは〈一致〉を目指し、ある者を権力の座につける知恵でしかない。そして、〈一致〉という表現(『国家』591b および d)は、正義(つまり、自分の持ち場に踏みとどまること)と自足(その持ち場に満足すること)との調和として説明されている。かくして、ふたたび出発点に立ち還る。

(33) 《この箇所についてある批判者は、プラトンのうちに独立した思考に対する恐れの痕跡はいささかも認められないとコメントした。しかしながら、プラトンは検閲を支持していたし(参照、第四章注(40)と(41))、『法律』(参照、第七章注(18)および他の多くの箇所)については言わずもがな、『国家』においては高次の弁証法研究は五〇歳以下の者にはことごとく禁じられていたこと(参照、第七章注(19)から(21))が想起されるべきである。》

(34) 司祭カーストの問題については、参照、『ティマイオス』24a. あきらかに『国家』において最良の、あるいは〈もっとも古い〉国家をほのめかしている箇所では、司祭カーストは『国家』の〈哲学者の種族〉の代わりとなっている。参照、司祭(エジプトの司祭に対してさえそうなのであるが)、魔術師、シャーマンに対する攻撃。(『政治家』290c f. 参照、さらに第八章注(57)(2)および第四章注(29)も。)

　このページの最後のパラグラフ本文で引用したJ・アダムのコメントは、『国家』547a 3へのかれの注[J. Adam, *The Republic of Plato*, Bd. II, S. 210](これについては第五章注

(43)の本文で言及しておいた)からである。

(35) 参照、たとえば、『国家』484c, 500e ff.

(36) 『国家』535a/b. わたくしが〈畏怖をひき起こす〉と訳した語に対してJ・アダムが述べた一切は、この語はとくに〈恐怖をひき起こすような〉という意味で、〈怒っている〉〈恐ろしい〉を意味するという通常の見解を支持する。J・アダムは、〈〉masculine〈あるいは〉virile〈に対して〉〈男らしい(männlich)〉あるいは〈強壮な(robust)〉という訳語を提案している。それは、プラトンの諸言明をトーンダウンさせるという一般的な傾向にしたがうものでしかない。A・D・リンゼイは、「たくましい道徳……の」(of … sturdy morals)と訳している。[A. D. Lindsay, *op.cit.,* S. 230.]

(37) 『国家』540c, また参照、500c–d, すなわち、「哲学者そのものが……神にひとしきものになるだろう」、および540c f.がより詳細に引用されている第九章注(12)も。――プラトンが議論の過程でパルメニデスの一者を貴族政的な位階秩序のためにどう変形したかを見ることはきわめて興味深い。一－多の対立は保存されておらず、段階的な等級になっている。すなわち、ひとつのイデア、それに近づく少数者、そして、かれらの補助者である若干のより多くの者、そして、群衆であるところの多数者、という段階的な等級になっている(この分割は『政治家』では根本的である)。これとは反対にアンティステネスの一神論は、一者(神)と多数者(かれは、これらの者が神から等距離にあるということで、兄弟と見なしたと思われる)というもともとのエレア学派的な対立を保存していた。――アンティステネスは、ゴルギアスに対するゼノンの影響という道筋でパルメニデスの影響を受けた。おそらくかれは、「賢者はあらゆる国に属する。なぜなら、偉大な魂にとって故郷とは世界全体であるからだ」と教えたデモクリトスからの影響も受けていただろうと思われる。

(38)『国家』500d.

(39) 引用は、『国家』459b ff. からである。参照、第四章注(34)以下、とりわけ第五章注(40)(2)も。参照、さらに『政治家』における三つの比喩も。そこでは支配者は、(1)牧者、(2)医者、最後に(3)職工に譬えられている。職工の役割は、巧みな血統保存によってもろもろの性格を混合し調整する人間の役割として説明されている(310b f.)。

(40)『国家』460a. プラトンはこの法律を非常に重要なものと見なしたというのがわたくしの主張である。この主張はかれが『ティマイオス』でおこなっている『国家』の要約においてそれに言及したという事実にもとづいている(『ティマイオス』18d/e)。

(41) 参照、『国家』460b. この提案は「すぐに取り上げられた」、つまり468cで取り上げられている。参照、次注の本文。

(42) 参照、『国家』468c. このように訳したためにわたくしは批判されてきたのだが、この訳はただしいと考えている。〈第二の利点〉についてもそうである。ポール・ショーリーは、この箇所を〈嘆かわしい〉と書いている。[Paul Shorey, *Plato's Republic*, Bd. I, 1930/1982. S. 489 の注では、「以下の嘆かわしいおふざけは、クセノポンの衛兵詰所での会話の下品さを思い起こさせる。それはプラトンにおいて塗りつぶしてもらいたい唯一の箇所である」と言われている。]

(43) プラトン数と堕落にかんする教義については、参照、本章注(13)と(52)、第五章注(39)と(40)ならびに本文。

(44) 『国家』473c-e. (神的な)静止と、腐敗とか衰微のかたちを取った変化としての悪との対立が注視されるべきである。〈寡頭政治家(Oligarchen)〉と訳した語については、参照、注(57)の末尾。この語は〈世襲貴族〉とおなじ意味である。

わたくしが文体上の理由から括弧に入れておいた言い回しは重要である。なぜなら、そこでプラトンはすべての〈純粋な〉哲学者(および哲学者ではない政治家)を抑圧すべきことを要求しているからである。より文字通りの翻訳はつぎのようになろう。〈その一方で、現在のところこれら二つの〉(仕事の)〈うちの一方にのみ心をひかれる〉(あるいは、傾注する)〈性質を〉(所有する)〈多数者は暴力をもって排除される〉。J・アダム(J. Adam, *The Republic of Plato*, Bd. I, S. 331)は、この言い回しの意味は「プラトンがもっぱら知識のみを追いかける態度の神聖化の拒否である」ことを承認している。とはいえ最後のことばの意味を「両者のうちのひとつにもっぱら献身することは暴力をもって妨げられる」(強調は

J・アダムによる。参照、S. 330での473d 24へのかれの注）と訳すことで、緩和しようとするかれの提案は、原典においてではなく、プラトンを理想化しようとするかれの傾向においてのみ支持されるものである。おなじことは、A・D・リンゼイの翻訳（「こうした行動は暴力をもって妨げられる」[*op.cit.*, S. 166]）についても言える。――プラトンが押しつぶそうとしているのは、いったい誰なのだろう。私の考えでは、プラトンがここで〈哲学者が論じられているかぎりにおいてだが〉その限定された、あるいは不完全な能力とか〈本性〈性格〉〉を弾劾している〈多数者〉とは、（『国家』495dで言及された）〈その性格が完全性に欠けている多数者〉とおなじであり、それからして〈腐敗を免れがたい〉〈多数者〉（つまり、ここでは職業的哲学者）とおなじなのである（これらの者は489eで言及されていた。参照、490e/491a）。参照、本章注（47）（56）（59）（また、第五章注（23））。したがって攻撃の鉾先は、一方で〈無教養な〉民主派の政治家に、他方で平等を語る哲学者で〈教養のない私生児〉であるなかばトラキア人のアンティステネスに向けられているのだ。参照、下記の注（47）。

（45）I・カント『永遠平和のために』第二補遺（I. Kant, *Zum ewigen Frieden*, zweiter Zusatz（1795/1992), B 69 f., S. 83）。強調はわたくしによる。（〈権力の所有〉とは、フリードリヒ大王をほのめかすものであろう。）

（46）参照、たとえば、Theodor Gomperz, *Griechische Denker*, II. Bd. [1902/1996], S. 372 f.,

あるいはA・D・リンゼイ訳の『国家』(この解釈についての批判は注(50)で述べておいた)。

(47) アンティステネスに対するプラトンの態度がきわめて思弁的な問題を表現していることは承認されねばならない。これは、もちろん、アンティステネスにかんする第一級の資料がきわめて乏しいという事情と結びついている。[参照、現在は Gabriele Giannantoni, *Socratis et Socraticorum Reliquiae*, Neapel 1990, Bd. II, S. 137 ff. これのドイツ語訳は Georg Luck, *Die Weisheit der Hunde*, Stuttgart 1997, S. 37 ff. に収録されている。] そのうえ、キニク派(あるいは、犬儒主義的運動)はアンティステネスにさかのぼるという古い伝承は、十分な理由にもとづくのではないにせよ(参照、*Mind*, Bd. 47 [1938], S. 390–392 でのいま言及したばかりの書物についての K. von Fritz の論評)、現代ではしばしば問題視されている(たとえば、G. C. Field, *Plato*, 1930/1974 あるいは Donald R. Dudley, *A History of Cynicism*, 1937/1998, S. 1 ff.)。アリストテレスをつうじてアンティステネスについて知られていることにかんして言えば、プラトンの著作においてしばしばかれが暗示されているのは大いにありそうなことだと思われる。アンティステネスは、プラトン自身をべつにすれば、ソクラテスの内部サークルでの討論に参加し、のちにアテネで哲学を教えたただ一人の者であった。この事実だけからしても、プラトンの作品のうちにアンティステネスへの言外の言及を探すことは十分に正当化されるだろう。プラトンの著作における一連の攻撃に最初に注目したのはデュムラー[Ferdinand Dümmler, *Kleine Schriften*. 1. Bd.: *Zur griechischen Philosophie*, 1901, S. 45 ff.]であった。この箇所が(とりわけ『国家』495d/e——この箇所は以下の本章注(56)でさらに言及しておいた。参照、『国家』535e f.『ソフィスト』251b-e)こうしたほのめかしであったことは、かなりたしかなことであると思われる。この箇所とアンティステネスに対するアリストテレスの侮蔑的な攻撃とのあいだには見間違えようもない類似性がある——少なくともわたくしにはそう見える。アリストテレスは、アンティステネスの名に言及しているが、愚か者のように描き、「アンティステネス派のような無教養な人びと」と語っている。(参照、第二巻第一一章注(54)。)プラトンは言及された箇所でおなじように、だがいっそうするどく表現している。わたくしが思い浮かべている最初の箇所は、『ソフィスト』251b f.であり、アリストテレスの最初の箇所と非常によく符合する。『国家』における二つの箇所を斟酌すると、アンティステネスは、伝承にしたがえば、〈私生児〉であったのであり(かれの母親は野蛮人としてのトラキア人であった)、アテネの〈私生児〉向けのギムナジウムで教えていたと考えざるをえない。」『国家』535e f.には(参照、本章注(52)の末尾)、個人に向けられたにちがいないと特定できるコメントが見出される。プラトンは、身の程も知らずに哲学に手を出す者について語り、「低い身分の者」はこうした活動から〈引き離されてあるべきだ〉と要求している。かれはこうした人たちは、労働への愛と気晴らしへの態度において〈均衡を失している〉〈あるいは、〈歪んでいる〉とか〈欠陥がある〉〉と呼んでいる。そしてさらに個人に対するあてつけであるかのように、〈ソクラテス派のように〉真理を愛するが、獲得することはできない――〈おそらくは、形相説を受け入れないので〉〈下劣な無知のなかをころげている〉ために――〈かたちの壊れた魂〉をもった人間をほのめかしている。そして都市に対して、こうした欠陥のある〈私生児〉とか類似の者を信頼しないようにと警告している。この疑いもなく当てつけ的な攻撃の対象はたぶんにアンティステネスであったと考えられる。敵も真理を愛していると承認することは、強烈な議論であるように思われる。なぜなら、そうした議論は最高度の鋭利さをもって登場してくるからである。だがこの箇所がアンティステネスにかかわるのであれば、非常によく似た箇所も同様にかれにかかわるものであるように思われる。わたくしの念頭にあるのは、『国家』495d/eである。そこでプラトンは、みずからの犠牲者をふたたび魂と身体を引き離されかたちの壊れた者として記述している。ここで、かれはこのような侮蔑すべき対象は、哲学者たらんとする努力にもかかわらず、あまりにも腐敗しているので、卑しい〈職工的な〉ということであるが、参照、第一一章注(4))手仕事を恥じることなくおこなうと力説している。ところで、アンティステネスについて言えば、手仕事を奨励し高く評価していたのみならず、〈ソクラテスの態度については、参照、[S. 145 の注(17)で触れた]クセノポン『ソクラテスの思い出』Xenophon, *Memorabilia*, II, 7, 10も〉、みずから自説を実践していたことも知られている。これは、かたちの壊れた魂をもった男がアンティステネスであったことを示すもうひとつの強固な論証であるといってよいだろう。[この点の詳細については、参照、A. Patzer, *Antisthenes der Sokratiker*, Diss. Heidelberg 1970]。

おなじ箇所（『国家』495d）には、「その本性が不完全である」にもかかわらず、哲学を求める「多数の人たち」についてのコメントもある。そのコメントは、『国家』473c–eで抑圧すべきことが要求されている〈多くの本性〉をもった（アリストテレスの言う〈アンティステネス派〉とおなじ）グループに関係しているように思われる。（この箇所については、本章注（44）で論じておいた）――参照、『国家』489eも。この箇所は本章注（59）と（56）でも言及する。

（48）キケロ『神々の本性について』（M. Tullius Cicero, *De natura deorum* [ドイツ語訳、*Vom Wesen der Götter*, 1990, 1, 32, そこでは「アンティステネスもまた〈フィジコス〉と題された巻で、多くの民族神が存在するが実際の神は唯一であると明言するとき、神々という概念や本性を破壊した」といわれている。]またフィロデムス『敬虔について』（Philodemus, *De pietate* [*On Piety*, 1996, S. 142 f.]）から知られるのだが、アンティステネスは唯一神論者であったのであり、かれが自分の唯一神論を表現する仕方（〈協定にしたがえば〉多数の神々が存在するが、〈自然にしたがえば〉、つまり、真実には、一柱の神が存在するのみである）は、自然－取り決めという対立――ゴルギアス学派の初期のメンバーとかアルキダマスやリュコフロンの同時代者の思考においては(参照、第五章注(13))、平等説と結びついていたにちがいない対立――が念頭におかれていたことを示している。

もちろん、これのみでは半野蛮人アンティステネスがギリシア人と野蛮人との友愛の教義を主張したという推測を正当化しはしない。だがわたくしには、そうであっただろうと強く思われる。

W・W・ターン「アレクサンダー大王と人類の統一」(参照、W.W. Tarn,〉Alexander the Great and the Unity of Mankind〈第五章注(13)(2)は――成功していると思うのだが――人類の統一という理念はアレクサンダー大王にまでさかのぼることを示そうとした。おなじような議論をすれば、それをさらにさかのぼらせる――ディオゲネス、アンティステネス、それどころかソクラテス、またペリクレス時代の〈偉大な世代〉にまでさかのぼらせることができるだろうと思われる(参照、第一〇章注(27)および本文)。これは細部を考えずとも十分にありうることである。なぜなら、コスモポリタン的理念の広がりは、ペリクレス時代の諸傾向がそうであったように、ひとつの大きな帝国(インペリウム)に向かう傾向から帰結した現象と見ることができるからである(参照、本章注(50)(5)で言及した『国家』494c/d および『アルキビアデスI』105b ff. また第一〇章注(9)~(22)と(36)および(47)の本文も見よ)。こうしたことは、人間の平等に向けての潮流が同時に他のところにもあったとするならば、とりわけありえたことであろう。わたくしは、アレクサンダー大王の功績の意義を低くしようとしているのではない。かれがもっていた諸観念は、ある意味では前五世紀のアテネ帝国主義の最良の理念のいくつかの再生であったと思われる。第二分冊二〇三ページ以下の付録Ⅲも見よ。

まず細かい点について通りすがり的にではあるが触れておこう。平等の問題は少なくともプラトン(やアリストテレス)の時代にはあきらかに二つの完全に類似した区別とのつながりにおいて見られていたと仮定することには十分な根拠がある。すなわち、一方においてギリシア人と野蛮人との区別、他方において主人(あるいは自由人)と奴隷との区別との関連において見られていたということだ。この点については、参照、第五章注(13)。前五世紀におけるアテネの奴隷制反対運動は少数の知識人、たとえば、エウリピデス、アルキダマス、リュコフロン、アンティポン、ヒッピアス等々に限定されていたのではなく、かなりの実践的成功を収めていたと仮定してもよい有力な証拠がある。こうした仮定の根拠はアテネ民主政への敵対者たちが口をそろえて報告していることのなかに見出される(とりわけ、〈老寡頭政治家〉、プラトン、アリストテレスにおいて。参照、第四章注(17)(18)(29)および第一〇章注(36)において)。

こうした展望のもとで、コスモポリタニズムの存在に対する——あきらかに乏しい——証拠を考察するならば、そうした証拠もわたくしの考えでは十分な証明力をもっているように思われる——この運動に対する敵の攻撃もまた証拠に含められると仮定しての話だが。

ことばを換えれば、人道主義的運動の実際の意義を評価しようと思うならば、この運動に対する、老寡頭政治家の攻撃、プラトンの攻撃、アリストテレスの攻撃を余すところなく考慮に入れねばならない。それで、老寡頭政治家(2, 7)は、折衷主義的でコスモポリタン的な生活をしているとしてアテネを攻撃するわけである。コスモポリタン的でまたそれに似たような傾向に対するプラトンの攻撃はそれほど数が多いわけではないが、特別な価値がある。(わたくしの念頭にあるのは、『国家』562e/563aの「古くから住み着いている市民、居住している外国人そして他国からやってきた外国人——こうした人たちがすべて同等なのである」という箇所、つまり、野蛮人に対するアテネの断固たる嫌悪をたっぷりの嘲笑で称賛している『メネクセノス』245c-dでの皮肉な記述と比較されるべき箇所である。『国家』494c-dと当然のことながら『国家』469b-471cは、この文脈においてはおなじく考慮に入れられるべきである。第六章注(19)末尾も見よ。)わたくしは、ターンの分析を素晴らしいと思うが、かれが、前五世紀のこうした運動について伝承されたさまざまな言明に対し、ただしく対応しているとは思えない。わたくしの念頭には、アンティポン(参照、W・W・ターンの論文S. 149, Anm. 6)、あるいはエウリピデス、ヒッピアスとかデモクリトス(参照、第一〇章注(29))、もしくはディオゲネス(S. 150, Anm. 12)やアンティステネスといった人びとが浮かんでくる。わたくしには、アンティポンは人間のあいだの生物学的類似性を強調しようとしただけだったとは思えない。なぜなら、かれは疑いもなく社会改革家であったのであり、そして〈自然から(von Natur aus)〉とは、かれにとっては〈真実には〉という意味であったからである。したがって、実際上、かれはギリシア人と野蛮人との区別を虚構として攻撃したのだと断言してもよいと思われる。W・W・ターンは、洗練された人間は鷲のごとくに空中を彷徨うことができると読めるエウリピデスの断片に対して、「鷲は山岳に持続的な安住地があることを知っていたわけだ」とコメントしている。だが、このコメントはこの断片に対してまったくもってただしくないだろう。なぜなら、世界市民であるためにはみずからの持続的な住処を放棄する必要はないからである。こうした証拠に照らしてみると、わたくしには、ディオゲネスが〈どこから来たのか〉という問いに答えて自分はコスモポリタン、世界全体の市民であると答えたこと、――とりわけ、ソクラテスにもおなじような答え(〈わたくしは世界の民である〉)が帰せられること、また、デモクリトスにもおなじような発言(「賢者はあらゆる国に属する。なぜなら、偉大な魂の故郷は世界全体であるからだ」)を読むことができることを考えるならば――どうして、それが純粋に〈否定的〉なことを意味していたはずだとされるのかがわからない。参照、『断片集』第二巻S. 194, 断片247. W・W・ターンとヘルマン・ディールスはこの断片の真正性を疑問視している。

アンティステネスの唯一神論もおなじくこの文脈で見なければならない。それはユダヤ的(つまり、氏族に束縛された排他的)なものではなかった。この点に疑いはない。ディオゲネス・ラエルティオス『哲学者列伝』(Diogenes Laertius［ドイツ語訳 *Leben und Meinungen berühmter Philosophen*, 1921/1998, S. 300], VI, 1, 13)が語ったこと、すなわち、アンティステネスはキュノサルゲス、つまり〈私生児〉や〈混血児〉のギムナジウムで教えていたことが真実であるならば、かれは自分の野蛮人の血筋を意図的に強調していたにちがいない。)W・W・ターンは、アレクサンダー大王の唯一神論は人類の統一という自身の理念と結びついていたと指摘するとき(S. 145)、たしかにただしい。だがおなじことは、アンティステネスやおなじくソクラテスによって影響されたと思われる(参照、注(47))キニク派の諸観念についても言える。(参照、とりわけ、キケロ『トゥスクルム論集』(Marcus T. Cicero, *Tusculum*［ドイツ語訳 *Gespräche im Tusculum*, 1992], V, 26, およびエピクテトスの語録 I, 9, 1 をディオゲネス・ラエルティオス[*op.cit.*, S. 326 ff.], VI, 2, 63-71 と、さらには、『ゴルギアス』492e をディオゲネス・ラエルティオス VI, 105 と比較せよ。また、エピクテトス III, 22 と 24 も見よ。)

　こうした類のことについては、(W・W・ターンが示唆しているように、師のアリストテレスから特別の影響を受けたわけではなかった)アレクサンダー大王が(伝承も報じているように)ディオゲネスの理念に強く影響され鼓吹されたこともありえないわけではないだろう。そしてかれに感銘を与えた理念とは、平等の精神と伝統に対応していたものであろう。

（49）参照、『国家』469b-471c, とりわけ 470b-d と 469b/c. ここには、じっさい、新しい倫理原則、すなわち、ギリシア優位の統一という、都市国家の倫理原則よりは包括的な原則を導入しようとした痕跡がある。予想されるように、この点にかんしてプラトンはある程度詳細に論じている。《（F・M・コーンフォードの要約によれば、プラトンは「ヘラスの限界を超え出るような人道主義的共感はなんら抱いていない」のだが、この箇所の意味を的確に再現している。参照、F. M. Cornford, *The Republic of Plato*, 1941/1961, S. 165）。》

（50）本注でさらに論じようと思うのは、『国家』473e の解釈と、プラトンの人道主義的態度の問題である。この点でわたくしは、同僚のＨ・Ｄ・ブロードヘッドに感謝したい。かれの批判は、わたくしの議論を完全かつ明瞭にするにあたって非常に役に立った。

（1）個人と〈全体〉との対照および比較は、プラトンがたえず論じている題材である。（参照、方法論にかかわるコメントである『国家』368e, 445c, 577c および第五章注（32）。）国家よりも包括的なある新しい全体——つまり、人類——を導入することは、ホーリストにとっては、きわめて重要な一歩であろう。こうした一歩は（a）準備と（b）詳論とを必要とするだろう。だが、（a）準備に代わって見出されるのは、ギリシア人と野蛮人との対立にかんする先に言及した箇所であり（『国家』469b-471c）、（b）詳論の代わりに見出されるのは、非常に多義的な〈人間種族〉という表現がきっぱりと撤回されているということである。第一に、ここで考察中の決定的箇所は王としてふるまう哲学者（『国家』473d/e）にかんする箇所なのだが、この箇所の直後に、話全体に対する要約あるいは結論的コメントのかたちを取った問題的な表現の言い換えが生じている。この言い換えのなかでプラトンの根本的対立軸——国家と個人との対立——が、国家と人間種族の対立にとって代わっている。その言い換えはつぎのようになっている。「他のどんな体制も、私的なことがらにおいてであれ国家のそれにおいてであれ、幸福な状態をもたらすことはできない。」第二に、この決定的箇所の六回のくり返しあるいは言い直し(つまり、487e, 499b, 500e, 501e, 536a-b——これらは、注(52)で詳細に論じておいた——および541bの補遺とともに540d/e)を分析してみると、似たような結果が見出される。それらのうちの二箇所(487e, 500e)で国家のみが言及されている。残りの箇所すべてにおいては、国家と個人との対立というプラトンの根本的対立軸が国家と人間種族の対立にとって代わっている。賢者の支配、すなわち、賢人支配〔ソフォクラシー〕のみが苦悩する国家を救い、さらには苦悩する人類全体を救うといういわゆるプラトン的理念をさらに示唆するものはどこにもない。——こうした点から、プラトンはこれらすべての言及された箇所において、自分の根本的対立軸のみを考えていたと明言できると思われる(だがかれは、この文脈においてそこになんらかの傑出した役割が割り当てられるべきだという望みは抱いていない)。そしてそれは、おそらく、賢人支配のみが堅実性と幸福をもたらしうるという意味においてであろう。あらゆる国家およびその個人としての市民とその子孫が神のごとく静止するために(そうでなければ、悪――退化という悪――が繁茂してくるだろう)ということなのだ。

(2) 〈人間的〉〈〉anthrōpinos〈〉という表現はプラトンによって原則として〈神的〉に対立する表現として、またそれに応じて、とりわけ、人間の知識とか技術には制約があるという点が強調されるとき(『ティマイオス』29c/d, 77a または『ソフィスト』266c, 268d あるいは『法律』691e f., 854a)のようにこき下ろす意味においてか、それとも動物学的意味において、つまり、動物、たとえば鶩を引き合いに出してといった意味において用いられている。初期のソクラテス的対話編をのぞいて、どこにもこうした表現あるいは〈人間〉という表現の人道主義的意味、つまり、民族、人種、階級間の区別を超えたものを示唆する意味を見出すことはできない。(さらなる例外にかんしては、参照、本注(6)。)〈人間〉という表現の〈精神的〉用法でさえ稀である。(ここでわたくしの念頭にあるのは、『法律』737b, つまり、「ほとんどありえないような人間的愚かさ」といった箇所である。)ゴットロープ・フィヒテやオスヴァルト・シュペングラーの極端に民族主義的で反人道主義的な見解(参照、第二巻第一二章注(79)の本文)は、〈人間的〉という語を動物のカテゴリーで用い、道徳のカテゴリーでは用いないというプラトン的言い回し方に基礎をおいている。ここでは、この語がこのように、あるいは似たような仕方で用いられている箇所をいくつか挙げておこう。『国家』365d, 486a, 459b/c, 514b, 522c, 606e f.(こうした箇所では、人間の運命の作り手としてのホメロスが、諸神賛美の歌手に対置されている)、さらに620b――『パイドン』82a──『クラテュロス』392b──『パルメニデス』134e,『テアイテトス』107b,『クリトン』46e,『プロタゴラス』344c,『政治家』274d(人間の群れの、神であって人間ではない牧者)、ならびに『法律』673d, 688d, 737b.(890は、おそらく、価値を貶める用法のもうひとつの例であろう。つまり、〈人間〉はここでは通常の〈多数者〉という表現とおなじ意味をもつように思われる。)

(3) もちろん、プラトンは人間の形相あるいはイデアを想定している。だが、そうしたイデアはあらゆる人間に共通なものを表わすと信じるなら、それは誤りである。それは、むしろ、誇り高い超ギリシア人とでもいうべき貴族主義的な理想なのである。そこに土台をおくのは、人類は兄弟であるという信仰ではなく、貴族的な〈本性〉と奴隷的〈本性〉との位階的秩序への信仰である。その位階は、オリジナルと、つまり、人間という種族の原父との類似性をより多くもつか、より少なくもつかによって規定される。(ギリシア人は、他のどんな種族よりも、原父に似ているのである。)それゆえ「ごく少数の人間のみが神々の知恵にあずかる」(『ティマイオス』51e, 参照、第二巻第一一章注(3)の本文におけるアリストテレス)。

(4) 〈天上の都市〉(『国家』592b)とそこの市民は、J・アダム(J. Adam, *The Republic of Plato*, Bd. I, S. 324)がただしくも確定したように、ギリシア人ではない。とはいえ、かれらはかれが考えるように(470e 30への注や他の箇所)、〈人間〉に属するわけでもない。

反対に、かれらは超排他的で超ギリシア的であり(かれらは、470e ff. のギリシア的国家の〈上に(über)〉たつ)、——野蛮人からはかつてなく離れているのである。(このコメントは、天上の都市というイデアが——天上の獅子とか他の星座のイデアのように——おそらくオリエント起源であることを排除しはしない。)

(5) 最後に言及しておいてもよいと思うのだが、499c/d の箇所は、ギリシア人と野蛮人との区別を廃絶するものではない。それは、過去、現在、未来の区別を廃絶するわけではないのとおなじである。プラトンはここでただ、時空間的一般化をドラスティックな仕方で表現しようとしているだけである。かれは、〈そうしたことが任意の時あるいは任意のところで(付けくわえて、野蛮人の国のようなまずありそうもないところでさえ、と言ってもよいだろうが)生じるとしたら、その時には……〉ということ以上を言おうとしているわけではない。『国家』494c/d の箇所でのコメントは、類似の、より強烈であるとも言える感情、つまり、不条理に近い思想に出会ったという感情、ことばを換えると、ギリシア人と外国人との普遍的な帝国をつくるというアルキビアデスの願望がひき起こした感情を表現している。(ここではわたくしは、G・C・フィールド(G. C. Field, *Plato and His Contemporaries* [1930/1974], S. 130 f., note 1)とW・W・ターンの見解に同意する。参照、第五章注(13)(2)。)

要約しておこう。わたくしには、人種や階級を超えた人類の統一という人道主義的理念への敵対しか見出せないということだ。これとは正反対の結果に至った解釈をする人たちは、プラトンを理想化し(参照、第六章注(3)とそれに対応する本文の箇所)、かれの貴族主義的で反人道主義的な排他性とイデア論とのつながりを見過ごしているのだと思う。参照、本章注(51)(52)および(57)。

《(6) わたくしの知るかぎりでは、ただひとつだけほんものの例外、つまり、これらすべての箇所に対してあからさまに対立する箇所(『テアイテトス』174e-175a)がある。そこは、哲学者の寛大さや普遍主義的な態度を説明する箇所なのだが、つぎのように書かれている。「どんな人間にも無数の先祖がいる。そのなかには、いずれにしても、金持ちや貧乏人、王や奴隷、ギリシア人や野蛮人がいる。」わたくしには、このまったくぽつんと存在する、だがきわめて興味深くあきらかに人道主義的な箇所がプラトンの他の見解とどのようにして統合されるのかがわからない。ここで、主人―奴隷、ギリシア人―野蛮人という平行関係の力説は、プラトンが通常戦っているあらゆる理論を思い起こさせる。おそらく、この箇所は『ゴルギアス』における多くの箇所がそうであるようにソクラテス的なのであろう。そしてそれは、おそらく、『テアイテトス』は通常の想定とは反対に、執筆は『国家』よりも早かったのであろう。――上記、本書〔第二分冊〕での一九七ページ以下の付録Ⅱも見よ。》

(51) 思うに、この示唆は数の神話にかかわる二つの箇所を指している。それは、プラトンが〈君たちの種族〉という表現を使って)人間種族に触れている「君たち自身の種族にかんして言えば」(参照、546a/b, 第五章注(39)および本文)という箇所と、「君たちの種族の金属をたしかめること」(参照、546d/e, 第五章注(39)と(40)およびつぎのパラグラフ)という箇所とである。本章注(52)における議論、すなわち、王としてふるまう哲学者にかかわる決定的箇所と数の神話にかかわる箇所との〈架橋〉となる議論も参照せよ。

(52)『国家』546d/e f. ここに引用した箇所は、数の神話と人間の堕罪にかかわる神話の一部である(参照、第五章注(39)と(40)の本文で引用されている546a-547a. また本章注(13)と(43)も)。わたくしの主張(参照、前注の本文)は、王としてふるまう哲学者についての決定的箇所、つまり『国家』473e(参照、本章注(44)と(50))のコメントにおいて数の神話が語られているというものだが、二つの箇所のあいだにはいわば橋渡しがあることが観察されるならば、強化されることになる。数の神話は『国家』536a/bに疑いもなくその影を落としている。他面でこの箇所は、ある程度まで王としてふるまう哲学者の箇所の裏返し(したがって、言い換え)である。なぜなら、根本においてここで主張されているのは、間違った者が支配者に選ばれるならば最悪のことが生じるにちがいないということだからである。そのうえ末尾には、「別種の者を選ぶならば、……哲学者はふたたび嘲笑の波にさらされるだろう」という〈大笑いの波〉についての直接的な回想もある。このような明確な回想は、思うに、プラトンがこの箇所の性格を意識していた(473c-eの終わりからその始まりの部分へ立ち還ること）ことを暗示している。それが示しているのは、プラトンが王としてふるまう哲学者にかんする決定的箇所で与えた忠告が無視されたときにはなにが起こらざるをえないかということである。さて、このような〈裏返し〉(536a/b)は〈決定的箇所〉(473e)と数にかんする箇所(546a ff.)との橋渡しとして記述されているのだ。というのも、それは人種理論に対する多数のあいまいさのない指摘を含んでおり、それによって本注が付されている数にかんする箇所でのあの転換を通告している。（これは、プラトンが王としてふるまう哲学者にかんして決定的箇所を書いていたときに人種理論を考えており、それを示唆していたのだという追加的な証明として理解されよう。）さて、〈裏返し〉(536a/b)の初めの部分を引用してみよう。「ただしい生まれの者と私生児とは注意深く区別されねばならない。なぜなら、個人とか国家が、こうしたことがらについてどうふるまうべきかを知らないとしたら、煮え切らずふらふらしている私生児の奉仕をなんであれまったく臆することなく受け入れ、おそらくは友人として、それどころか支配者として歓迎することになるだろうからである。」（参照、本章注(47)。）

なぜにプラトンが人種の堕落とか人種の血統保存の問題にかくも興味をもったのかという点を説明する試みは、第一〇章注(6)(7)(63)の本文で述べておいた。参照、第五章注(39)(3)と(40)(2)も。

《本文のつぎのパラグラフで引用した殉教者コドロスについては、参照、『饗宴』208d

(この箇所は、第三章注(4)においてくわしく引用しておいた)。——ロバート・アイスラーは(Robert Eisler, *Caucasica*, Fascikel 5, Leipzig 1928, S. 129, Anm. 237 での[〈海の民〉——これは古代オリエント資料における名称である]）、〈コドロス(Kodros)〉は王を表わす前ギリシア的用語だと考えている。これは、アテネ貴族層の土着民的性格についての伝承を支えるだろう。(参照、本章注(11)(2)と注(58))、ならびに『国家』368a および 580b/c.)》

(53) A. E. Taylor, *Plato* (1908, 1914), S. 122 f.　わたくしは、本文に引用しておいたかぎりで、この興味深い箇所に同意する。とはいえ、わたくしは〈アテネ人〉としたのみで、〈愛国者〉という語は落とした。なぜなら、テイラーが理解しているような意味でプラトンを特徴づけることはまったくただしくないと考えるからである。プラトンの〈愛国主義〉については、参照、第四章注(14)〜(18)。〈愛国主義〉と〈祖国〉という表現については、参照、第一〇章注(23)〜(26)と(45)。

(54)『国家』494b,「しかし、この種の人間はどんなことにおいても子供の時分から最善者ではないだろうか。」

(55)『国家』496c,「わたくし自身の心の鬼神がささやくところからして語りたくない。」

(56) 参照、J・アダムが『国家』についてのその校訂版[J. Adam, *The Republic of Plato*, Bd. II, S. 28 および S. 29](495d 23 および 495e 31 への注)で語っていること、またわたく

しの本章注(47)(参照、本章注(59)も)。

(57)『国家』496 c–d, 参照、『第七書簡』325d.(引用箇所についてE・バーカー(E. Barker, *Greek Political Theory* [1979], S. 123, Anm. 2)は、「プラトンはキニク派のことを考えていたのかもしれない」とコメントしている。わたくしはこうした推測を上首尾なものだとは思わない。たしかにこの箇所は、アンティステネスに言及していない。そしてバーカーが思い浮かべていただろうディオゲネスは、それが書かれた時代、ほとんど有名ではなかったのだ。もちろん、プラトンがこうした仕方でかれに言及することは皆無ではなかったであろうという点はわきにおくが。)

(1)『国家』のその箇所には、少し前の方の部分に、おそらくプラトン自身を指していると思われるべつなコメントがある。プラトンは、小さな威厳ある者たちの集団とそこに属する者たちについて語っている。かれは、「高貴の生まれであり、十分な教育を受けた人物が逃亡によって救われたこと」(あるいは〈追放によって〉救われたこと、すなわち、追従によって誘惑され、ソクラテスの哲学を裏切ったアルキビアデスの運命)について語っている。J・アダムは496b 9へのその注[Anm. 56, S. 30]で、「プラトンはまず追放されることはなかっただろう」と考えている。だが、師であるソクラテスの死後、その弟子たちがともにメガラに逃亡したことは、かれの人生における転換点のひとつとしてプラトンの記憶においてきわだった場所を占めたかもしれない。この箇所はディオンにはほとんどかかわっていない。なぜなら、かれは亡命生活に入ったときほぼ四〇歳であったのであり、批判的な青年時代はすでに大きく通り越していたからである。くわえて、かれのばあいには、プラトンのばあいのように、ソクラテスの仲間アルキビアデスに対して類似の関係をもっていたということもなかった(プラトンがディオンの追放に抵抗しその撤回に尽力していたことに完全に目をつぶるならば)。だが、この箇所ではプラトン自身が暗示されていると解釈するならば、502a, すなわち、「王や貴族たちも、生まれながらの哲学者を子孫にもつ可能性を誰が疑うであろうか」という箇所も受け入れなければならないだろう。なぜなら、その箇所のつづきは前の箇所によく似ているので、両者は同一の〈高貴な生まれの人物〉を指していると思われるからである。502a についてのこうした解釈はそれ自体でもたしからしさをもつであろう。なぜなら、プラトンは、父や兄弟を〈神聖〉と呼びつつ讃えるなかでみずからの家門をたえずあからさまに誇っていたからである。(『国家』368a. アダムはこれを皮肉なコメントと見なしている。だが、わたくしはそれに同意できない。参照、アッティカの氏族王についてかれが推測した血筋と一緒にプラトンのいわゆる先祖コドロスについての『饗宴』208d でのコメント。)こうした解釈が受け入れられるなら、「支配者、王あるいはその息子」の示唆(499b-c)——すぐれてプラトン自身にあてはまるわけだが——は、おなじ理解のもとで、すなわち、502a への準備として考察されねばならないだろう。(かれは、コドロスの血をひいたばかりでなく、〈支配者〉ドロピィデスの子孫でもあった。) こうした解釈が受け入れられるならば、まったくべつの謎も解けるだろう。それは、499b と 502a である。この箇所を小ディオニュシオスへのお世辞として解釈することも不可能ではないだろうが、きわめて困難である。なぜなら、そうした解釈は、プラトンの大ディオニュシオスへの隠しようもない攻撃の激しさ(572-580)と明白な個人的背景(576a)をほとんど結びつけないからである。プラトンが三箇所(473d, 499b, 502a)すべてにおいて(僭主に決定的に対置している)世襲の王国また〈王朝〉について語っていることを確認しておくのが大事である。しかし、アリストテレスの『政治学』第四巻(1292b 2)(参照、Eduard Meyer, *Geschichte des Altertums*, Bd. V, S. 56) および 1293a 11 から、〈王朝〉とは、世襲の寡頭政治家の家系であること、そしてたとえば、ディオニュシオスのような僭主の一門ではなくむしろ、こんにち言うところの、たとえばプラトン自身の家系のような貴族の家系であることがわかる。アリストテレスの叙述は、トゥキュディデス[Thucydides, *Geschichte des Peloponnesischen Krieges*, 1993, S. 595 f.](IV, 78)およびクセノポン『ギリシア史』(Xenophon, *Hellenika*, V, 4, 46 [1988, S. 424 f.])によっても確認される。(この議論が向けられるのは、『国家』499b 13 に対するJ・アダムの第二のコメント[*op.cit.*, S. 38]に対してである。参照、第三章注(4)も。)

(2) もうひとつの重要な箇所は、自分自身への言及を含んでいるので役立つのだが、『政治家』に見出される。ここでは、知識あるいは学問が王としての政治家の本質的な特徴であると見なされている（258b, 292c）。これはふたたび賢人支配の擁護をみちびく。「唯一の真なる統治とは、支配者がほんものの学者であるような統治のことである」（293c）。ついでプラトンは「王にふさわしい学問をもっている者は、支配していようがいまいが、そんなことにはまったく関係なく、われわれの論述が示すように、王にふさわしいとして承認されるべきである」（292e/293a）。だがプラトンはあきらかに自分こそ王にふさわしい学問をもつと主張したのだから、この箇所は、かれが疑いもなく、自分こそ〈王にふさわしい者として承認されるべきである〉と考えていたことをあきらかにする。この箇所の意味は大きいのであり、『国家』を解釈しようとするどんな試みにおいても無視されてはならない。もちろん、王にふさわしい学問とは、またしても支配者以外の階級――奴隷、労働者、官吏など（289c ff.）――を包み込む織物を制作しなければならない支配階級のロマンチックな教育者や育種家の学問である。したがって、王にふさわしい学問の課題とは、「思慮深い者や勇気ある者が、集結させられるや、王者の術によって結束し友愛を保つ仲間としての社会へとまとまっていくように、かれらの性格を織り込んでいくこと」にある。（参照、第五章注（40）(2)、第四章注（29）および本章注（34）も。）》

（58）『パイドン』の有名な箇所（89d）でソクラテスは、人間嫌いとか人間憎悪――かれはこれを論理嫌いとか合理的論証への憎悪と比較している――に警告を発している。参照、第一〇章注（28）と（56）および第七章注（9）も。

このパラグラフにおけるつぎの引用は『国家』489b/c からである。前の箇所との結びつきは、488 から 489 に至るすべての箇所が考慮されるならば、とりわけ、腐敗が避けられない〈多数の〉哲学者に対する、すなわち、〈多数の〉そして〈不完全な本性〉——これの抑圧については本章注(44)と(47)で論じておいた——に対する攻撃が考慮されるならば、いっそう明白である。

プラトンが一度は、王としてふるまう哲学者とかアテネの救済者になる夢を見たことは、『法律』704a-707c に明白に示唆されていると思われる。そこでプラトンは、海洋の、海上交通の、交易と帝国主義の道徳的脅威を述べようとしている。(参照、アリストテレス『政治学』1326b-1327a および第一〇章でのわたくしの注(9)〜(22)と(36)および本文。)

参照、とりわけ、『法律』704d「都市が海岸に位置し自然の港があるとしたら……変化や退廃を免れさせるためには、強力な救済者、じつに超人間的な立法者を必要とするだろう。」この箇所は、アテネにおけるプラトンの失敗は地勢からくる人間には抗しえない困難のためであるとしているかのように読めはしないだろうか。だが、そうしたいっさいの幻滅にもかかわらず(参照、第七章注(25))、プラトンは依然としてみずからの大義のために僭主を獲得する可能性を信じている。(参照、『法律』710c/d. この箇所は第四章注(24)の本文でも引用しておいた。)

(59) プラトンがみずからの希望を表明している箇所がある(『国家』498d/e から始まるとこ

ろ。参照、第九章注(12)。)その希望とは、〈多数者〉がほんものの王としてふるまう哲学者と偽のそれとを区別することを(たぶん『国家』から?·)学んだなら、心を替えて支配者としての哲学者を承認してくれるだろうというものである。

本文パラグラフの最後の二行については、参照、『国家』473e–474aと517a/b.

(60) そのうえこうした夢はしばしば公然と告白されてきた。フリードリヒ・ニーチェ『権力への意志』はつぎのように書いている(Friedrich Nietzsche, *Der Wille zur Macht* (1911), S. 340[*Werke*, Bd. 11. 1988, S. 50], アフォリズム958［一八八四年春、Aph. 137］この箇所は『テアゲス』125e/126aに言及している)。「プラトンのテアゲスにはこう書かれている。〈われわれの誰しもが、なりうるならば、すべての人間の主人に、もっともよいことには神になりたいと思っている〉。こうした心情がふたたび存在しなければならない。」——ニーチェの政治的見解についてはなにも言うつもりはない。だが、別種の哲学者——プラトン主義者——も存在するのであって、プラトン主義者は、幸せな偶然によって現代社会において権力を握ることがあったとしたら、プラトンの理想を追求し、ものごとを少なくとも理想の状態に近づけられるだろうと素朴にもほのめかすのである。「〈寡頭政〉ないしは〈民主政〉のもとに生まれてきた者は、プラトン哲学の諸理想に満たされ、幸せな偶然によって至高の政治権力を握るならば、間違いなくプラトン的国家の実現を試みるだろう。そして完全には成功しないとしても(ところで、なぜ成功しないのか?·)、かれらの国家を少なくともこの理想的なモデルに近づけようとするだろう――いずれにしても、いまあるよりもいっそう近づけようとするだろう。」(テイラーからの引用(A. E. Taylor, 〉The Decline and Fall of the State in *Republic*〈, VIII, in *Mind*, N. S. Bd. 48, 1939, S. 31))。わたくしは、ここでは一九三九年におけるイギリスが念頭におかれているのではという疑いをもつ。次章での議論は、一部には、こうしたロマンチックでファンタスティックな夢に向けられている。

〈プラトンの権力欲や権力への夢想についての詳細な分析は、ハンス・ケルゼンの優れた論考『プラトン的愛』(Hans Kelsen, 〉Platonic Love〈 *The American Imago*, Bd. 3, 1942, S. 3 ff.[ドイツ語訳、〉Die platonische Liebe〈, in *Aufsätze zur Ideologiekritik*, 1964/1989, S. 114 ff.]所収)に見出される。〉

(61)『国家』520a–521c. 引用は520dからである。

(62) 参照、G・B・スターン『醜いダックスフント』(G. B. Stern, *The Ugly Dachshund*, 1938)。

第九章　唯美主義、完全主義、ユートピア主義

モットーは、ロジェ・マルタン・デュ・ガールの『チボー家の人びと』からである。この

壮大な物語の最終巻は、ドイツ語訳では一九五一年に『一九一四年夏およびエピローグ』として二巻に分けて公刊された。［引用は第二巻、六〇七ページ、若干の変更。］

（1）わたくしがユートピア社会工学について書いたことは、マックス・イーストマン『マルクス主義、それは科学か』（Max Eastman, *Marxism: is it Science?* [1941]参照、とりわけS. 22 ff.）が勧めた類の社会工学と合致するように思われる。わたくしには、イーストマンが振り子をヒストリシズムからユートピア社会工学へ傾けているという印象がある。だが、わたくしの間違いで、イーストマンはじっさいには、わたくしがピースミール社会工学と呼ぶ手続きを念頭においている可能性はある。〈社会工学〉についてのロスコー・パウンドの見解は、もちろんのことながら、この後者の意味において解釈されるべきである。参照、第三章注（9）。第五章注（18）（3）も見よ。

（2）わたくしは、倫理的観点から考察するならば、よろこび（Freude）と苦患（Leid）、あるいは、快（Lust）と苦（Schmerz）とのあいだには対称性はないと思う。功利主義者が用いる幸福最大化の原則（Prinzip der maximalen Glückseligkeit）も、〈他者の幸福を促進せよ……〉というカントの原則も――少なくとも、こうした言い方では――対称性にかんして根本的に誤っていると思う。だが、これは合理的論証による決定をほとんど必要としないことがらである。（倫理的な信条の非合理な側面については、参照、本章注（11）。合理的側面については、参照、第二巻第二四章第二節およびとくに第三節。）わたくしの考え（参照、第五章注(6)(2)では、人間の苦患は直接的な道徳的訴え、つまり、助けてくださいという訴えを含んでいるのに対し、もともとうまくいっている人間について、その幸福あるいはよろこびを増大させよということにはおなじような緊急性はない。(〈可能なかぎり最大の幸福を作り出せ〉という功利主義の公式にさらに批判を加えておこう。この公式は、原理的に言って一種の連続的尺度を仮定しており、ネガティブな幸福(negative Glückseligkeit)としての苦は、ポジティブな幸福によって埋め合わせることができると前提しているのだ。しかしながら、道徳的観点から考察したとき、苦はよろこびによって埋め合わせられるものではない。とりわけ、人間の苦は他の者のよろこびによって埋め合わせられるものではない。最大多数の最大幸福の代わりに――つつましくはあるだろうが――万人に対する回避可能な苦患の最小化を要求すべきであり、さらに避けられない苦患――たとえば、不可避的な食糧欠乏の時代における飢え――は、可能なかぎり平等に分かたれるべきであると要求すべきである。)倫理学でのこうした考察方法と、拙著『探求の論理』〔邦訳『科学的発見の論理』〕で擁護した科学方法論的見解とのあいだにはある種の類似性があると考えられる。われわれの要求がネガティブなかたちで定式化されるならば、つまり、幸福の促進ではなく、苦患の除去が要求されるのであれば、倫理の分野における明晰化に貢献できるだろう。おなじように科学の方法の課題は、科学の目的は十全に基礎づけられた真理の提出ではなく、誤った理論(さまざまな試行的に提案された理論)の除去にあると定式化されるならば、そこには利点があるだろう。

（3）個別的事例に適用されたこの種の社会工学、あるいはそれに対応した技術の非常に優れた例は、*The Economic Record*（Bd. 17, 1941, S. 192 ff. および Bd. 18, 1942, S. 16 ff.）誌に掲載されたC・G・F・シムキンの〈予算改革〉と〈ニュージーランドにとっての予算改革〉（C. G. F. Simkin, "Budgetary Reform" および "Budgetary Reform for New Zealand"）という二つの論考に見出される。わたくしにとって、これら二つの論考を指摘できるのはうれしいことである。なぜなら、これらの論考はわたくしが擁護した方法論的諸原則を意識しているからである。それによって、これらの論考はこうした諸原則が技術的探求という実践においても有用であることを示している。

わたくしは、ピースミールな社会工学は大胆なものではありえないとか、〈けちくさい〉問題に限定されざるをえないと主張するつもりなどない。とはいえ、克服しうる複雑さの度合いは、個別的諸問題の意識的にして体系的な取り扱いによって獲得された経験の規模によって規定されると考える。

（4）こうした見解は、フリードリヒ・A・フォン・ハイエクによってそのさまざまな興味深い著述において強調されてきた（Friedrich A. von Hayek, *Freedom and the Economic System*, Public Policy Pamphlet Nr. 29, 1939/1980）。わたくしの〈ユートピア社会工学〉は、おおよそハイエクの〈中央集権化のもとでの〉あるいは〈集団主義的〉計画に対応する。ハイエク自身はみずからが〈自由のための計画〉と呼ぶ方法を勧めている。かれは、この〈自由のための計画〉がピースミールな社会工学のかたちをとることに同意するだろう。集団主義的計画に対するハイエクの反論は、たぶんつぎのように定式化できるだろう。社会を前もって計画された企てにしたがって建設しようとするならば、その企てにおいては個々人の自由を認めることはできない。認めるならば、企てを実現することはできない。それは、中央集権化された経済計画は経済生活から個人のもっとも重要な機能、すなわち、個人が自由に生産物を選んで消費するという機能を排除するからである。ことばを換えればこうなる。ハイエクの批判は社会工学の領域に属するということだ。かれはある一定の工学的不可能性、すなわち、経済が中央集権的であるとともに個人主義的でもあるような社会を企てることの不可能性を証明している。

《F・A・フォン・ハイエク『隷従への道』(*The Road to Serfdom*, 1944. ドイツ語訳 *Der Weg zur Knechtschaft*, 1945/1994)の読者は、このコメントをおそらく謎めいたものとみるだろう。なぜなら、その本におけるハイエクの態度はきわめて明瞭であり、わたくしの注でのいく分あいまいなコメントに対する説明はいらないだろうからである。だが、わたくしの注はその本が出版される以前に印刷された。また、ハイエクの初期著作においてかれの主要な考えの多数は述べられていたとはいえ、『隷従への道』におけるほどはっきりと定式化されていたわけでもなかった。他面で、いまやまったく明白なことながら、ハイエクの名前に結びついている考えの多くは、わたくしが自分の仕事をしているときには知らなかったのである。

ハイエクの立場にかんするわたくしの現在の知識に照らすと、たしかにわたくしの要約は間違ったものではないが、疑いもなく不出来なものであると思われる。つぎのように修正すれば、おそらくことがらをよりよく叙述することになるだろう。

(a) ハイエク自身は〈社会工学〉という語を、自身が擁護しようと思っている政治的活動には適用しないだろう。こうした表現に対して、かれは、みずからが〈科学主義〉(科学について幻想をもっている立場)と呼ぶ一般的な傾向――すなわち、自然科学の諸方法(あるいは、むしろ多数の人びとが自然科学の諸方法と考えているもの)は社会の領域においても類似の成果をみちびくにちがいないという素朴な信仰――に結合しているものだとして反論したからである。(参照、ハイエクの一連の論文二つ、すなわち、F. A. von Hayek, 〉Scientism and the Study of Society〈, in *Economica*, N.S., Bd. IX–XI, 1942–44. および、〉The Counter-revolution of Sciences〈, in *Economica*, N.S., Bd. VIII, 1941.)

(b) 〈科学主義〉ということで、社会科学の内部でもいわゆる自然科学の諸方法を模倣しようという傾向が理解されるのであれば、ヒストリシズムは科学主義の一形態ということになろう。ヒストリシズムを支える典型的にして影響力に富んだ議論は、簡単に言えば、つぎのようなものになる。〈日蝕を予言できるのであれば、革命の予言ができないという理由があるだろうか〉。あるいは、もう少し考えられたものであれば、〈科学の課題は予測にあるのだから、社会科学の課題は社会についての、つまり、歴史について予言をすることにあらねばならない〉。わたくしはこの種の議論を反駁する試みをしたことがある。(参照、拙著『ヒストリシズムの貧困』とりわけ第三部、ドイツ語訳[一九八七年]四五ページ以下。ならびに一九四八年にアムステルダムでおこなわれたわたくしの講演〈予測と予言ならびに社会科学におけるそれらの意義〉。ちなみに、これは拙著『推測と反駁』第一六章(*Vermutungen und Widerlegungen*, 2000, S. 487 ff.)に収められている。)こうした意味でわたくしは科学主義の敵対者である。

(c)〈科学主義〉ということで、社会科学の諸方法はかなりの程度まで自然科学のそれらと同一であるという見解が理解されるべきだとするなら、わたくしは〈科学主義〉の追随者という罪を犯していると告白しなければならないだろう。そのうえわたくしは、社会科学と自然科学との類似性を利用して、自然科学が一般に思われているよりもはるかに社会科学に類似していると指摘するなら、自然科学についての間違った考えを訂正できるであろうとさえ信じている。

こうした論拠からわたくしはロスコー・パウンドの〈社会工学〉〈〉social engineering〈〉という表現をひきつづきかれが用いた仕方で用いることにした。この表現は、わかるかぎりで言って、わたくしからすると拒否されるべきあの〈科学主義〉とは無縁である。

(d) 用語についての問題をわきにおくと、わたくしは依然として、ハイエクの考えは〈ピースミール社会工学〉と呼んでおいた手続きに好意的な態度をとるというように解釈できると考えている。他方でハイエクはその立場を、わたくしの古い素描が推測させるよりもはるかに明瞭に定式化した。かれが要請したもののうちには、わたくしの意味で（あるいは、パウンドの意味で）〈社会工学〉に属する部分がある。そこでのきわだったコメントは、かれの自由な社会においては〈法的枠組み〉（かれの表現では〉legal framework〈）と呼ぶものを緊急に再定式化する必要があるという主張である。》［参照、Friedrich A. von Hayek, *The Road to Serfdom*, S. 54, ドイツ語訳 S. 102.］

（5） 参照、第七章注(25)。

（6） 目的がよければ悪しき手段も正当化されうるかという問題はつぎのような状況に由来すると思われる。病気の人に対して安らぎを与えるためにウソをつくべきか。人びとを幸福にするために無知にとどめておくべきか。善にして美なる世界をもたらすために長く血なまぐさい戦争を始めるべきか。

これらすべてのばあいにおいて目指された行動は、最初に非常に直接的な結果（いわゆる〈手段〉）をもたらす。それは、善と見なされるところのより遠い結果（いわゆる〈目的〉）をもたらすために必要な悪と考えられている。

これらすべてのばあいにおいては、三つの異なった問いが生じてくると思われる。

(a) 手段は期待された目的をじっさいにもたらすという仮定は、どの程度まで正当だと言えるのだろうか。手段は〔目的から〕ただちに出てくるわけだから、そこで注視された行動はほとんどの場合において遠く離れた目的よりもより確実に生じてくるであろう。

　ここで提起された問いは事実にかんする問いであって、倫理的評価にかんする問いではない。それは、手段と目的とのあいだにあると想定された因果的つながりがじっさいに信頼できるかどうかにかんする問いである。もしそうした因果的つながりが存在しないのであれば、そこでの案件は目的と手段にかんするものではなく、したがってこの標題のもとで扱われるべきではないということになる。

　とはいえ、じっさいにはここにはもっとも重要な倫理的問題のひとつが伏在している。というのも、〔考慮に入れられた手段は意図された目的を実現するか否かという〕問題は事実にかんする問題であるとはいえ、それに対するわれわれの態度は、根本的な倫理的問題をみちびくからである。つまり、そうしたばあいに、この種の因果的つながりが存在するという〈知識〉を信頼すべきなのか、それとも、われわれの〈知識〉に対して懐疑的な態度を取った方がよいのか、という倫理的問題がみちびかれるからである――これは、とりわけ、われわれの行動から直接にもたらされた結果がそれ自体で悪と見なされるばあいに生じてくることである。

　おそらく、こうした問題は本注の冒頭で触れた三事例のうちの最初のものにおいては重要ではないであろうが、他の二つのばあいにはそうではない。多くの人びとは、おそらく、これら二つのばあいにも因果的つながりがあると確信しているだろう。しかし、そのつながりは非常に疑わしい。そして、かれらが情緒的にかたくそう信じているのは、あらゆる疑いを押しつぶす試みをした結果なのかもしれない。(したがってここでの問題は、狂信的な人間と、ソクラテス的意味での合理主義者――自己の知的限界を知ろうと努める人間――との対立である。)〈手段〉が悪であればあるほど、論点はそれだけ重要なものとなろう。ともあれ、もっとも重要な道徳的義務のひとつは、疑いもなく、因果のつながりにかんする自分自身の理論に対してみずから懐疑的な態度を取れるように、そしてまた知的謙虚さをもてるように自己教育することにある。

ところで、前提された因果のつながりがじっさいに存在すると、つまり、手段と目的について正当に語ることのできる状況が存在すると仮定してみよう。すると、以下の(b)と(c)というさらなる二つの問いを区別しなければならないだろう。

(b) 因果的つながりが成立し、それを周知のすべてのことがらに照らして、たしかであると仮定できるならば、問題は基本的に、帰結する二つの悪のうちで悪がより少ない方を選択する問題になるだろう。つまり、〔実行しようと〕考慮された措置から生じる悪と、その措置がなされなかったときに生じざるをえない悪という二つのあいだでの選択の問題になるだろう。ことばを換えればつぎのようになる。最良の目的とてそれ自体で悪しき手段を正当化するわけではないが、悪しき結果を回避しようとする試みは、それ自身として悪しき結果を生み出すある種の行動を正当化するだろう。（われわれのほとんどは、ある人間の命を救うためにその足を切り落とすことがただしいことを疑わないであろう。）

この文脈においては、しばしば当該の悪をただしく評価しえないという状況が生じてくるが、それには考えてみる価値が大いにある。たとえば、マルクス主義者（参照、第二巻、第一九章注（９））のうちには、暴力による社会革命は、かれらが〈資本主義〉と呼ぶものに付随する慢性的悪よりも、はるかに少ない苦患しかひき起こさないだろうと信じている者がいる。だが、そうした革命がよりよい状態をみちびくと仮定しても――かれらはどのようにして、あれこれの状態における苦患の程度を評価し比較することができるのだろうか。ふたたび事実問題が生じてくるのであり、そしてふたたび事実にかんする知識を過大評価しないことがわれわれの義務である。さらに、取り上げられた手段がだいたいにおいて状況を改善するであろうと認められたとしてさえ、他の手段の方がはるかに少ない犠牲でよりよい結果を達成しうると確信できるのではないか、と問われねばならない。

ところで、この例は他の非常に重要な問いをみちびく。ふたたび〈資本主義〉のもとでの苦患の総体は――何世代もつづくとき――内乱がひき起こす苦患よりも大きいと仮定してみよう。そのようなときに、あるひとつの世代に対して、以後の世代の苦患を引き受けるように宣告してよいものなのだろうか。（みずからを他者のために犠牲にするという問題と、他者を――おそらくは、自分自身と他者を含めてということであろうが――そうした目的のために犠牲にするという問題とには、大きな相違がある。)

(c) 第三の重要な点は、いわゆる〈最終目的〉は、最終結果であるのだから、中間の結果――いわゆる〈手段〉――よりも重要であるという想定には用心しなければならないということである。そうした考えは、〈終わりよければ、すべてよし〉といったことわざでも示されているわけだが、きわめて誤ったものである。なぜなら、第一にそうした〈最終目的〉なるものは、ほとんど事態の終点ではないからである。第二に手段は、目的が達成されれば解体処理されてしまうわけでもない。たとえば、戦争において勝利をもたらすために利用された新しい強力な〈悪しき〉武器は、その〈目的〉が達成されたあとでもひきつづき困難をもたらすかもしれない。つまり、なんらかのことがらがただしくもある目的にとっての手段であると言えるときでさえ、それははるかにそれ以上であることがごくふつうなのだ。それは、当該の目的にならんで他の帰結ももつのである。(過去の、あるいは現在の)手段を(将来の)目標とか目的と比較しても十分ではない。比較しなければならないのは、予見されるかぎりでだが、一連の行為過程の全結果と他のそのようなものとの比較である。そのような全結果は、長大な期間にわたるし多くの中間の結果を含むから、企図された〈目標〉とか〈目的〉は、もはやおおはばに尊重されるべき最終結果などではなくなる。

(7) (1) 国内の、あるいは〈市民間の〉平和にかんする制度的問題と国際平和の問題とのあいだの類似性には、最大級の重要性があると思う。立法、行政、司法のみならず、武装し出動の用意をととのえた執行機関を掌握している国際機関は、一国内の類似の機関とおなじように、成功裏に国際平和を維持しうるだろう。だが重要なのは、そうした機関に多くを期待してはならないことだと思う。一国内における犯罪は相対的にいって重大ではない水準にまで縮小できたわけだが、犯罪を完全に阻止しえているわけではない。したがってやはり、出動の用意をもち、またしばしば出動する警察機関が長期にわたって必要とされるだろう。同様に、国際的犯罪の完全な阻止はおぼつかないと覚悟する必要がある。戦争がもはやなしえなくなることを目標とするなら、それは進みすぎたことを企てているのだ。そんなことをしたら、そのようなわれわれの希望がいったん欺かれたとき、武力がないという致命的な結果がもたらされるにちがいない。（国際連盟は、侵略者に対して処置をとることを怠ったわけだが、これは、少なくとも満州国〔という地域への〕侵略のばあいにおいては、主として、連盟は、戦争をするためではなく、あらゆる戦争をやめさせるために作られたのだという一般的な感情にもとづいている。ここに示されているのは、あらゆる戦争をやめさせようというプロパガンダはその目的実現に失敗せざるをえないということだ。国際的なアナーキーを終了させようとしたら、国際的犯罪に対して戦争をもって臨む覚悟をもたねばならない。参照、とりわけ、Hermann Mannheim, *War and Crime*, 1941/1980, S. 147 ff. ならびに A. D. Lindsay, 〉War to End War〈 in *The Background and Issues of the War*, 1940.)

しかしまた、市民間の平和と国際間の平和とをアナロジーさせることにおける弱点——このアナロジーが崩壊する点——を探ることも大事である。国家によって維持される市民間の平和のばあいには、国家によって保護されるべきなのは個々の市民である。市民はいわば〈自然な〉単一体、アトムである。(国家の市民たることを定める条件には協定的な要素が隠されてはいる。)他面で、われわれの国際的な秩序における構成員、あるいは単一体、アトムは、国家である。しかし、国家は市民とは異なり〈自然な〉単一体ではありえない。国家は自然な境界をもちえない。国家の境界は変化するし、現状(*status quo*)原則を適用することによってしか定義できない。そしてあらゆる現状は、恣意的に選択されたデータに関連せざるをえないのだから、国家の境界を定めることは純粋に協定によることがらである。

国家にとっての〈自然な〉境界を見つけ出し、それに応じて国家を〈自然な〉単一体と見なそうとする試みは、国民国家の原則(Prinzip des Nationalstaates)を、また、ナショナリズム(Nationalismus)を、人種論を、氏族の神話というロマンチックな虚構をみちびいた。だが、国民国家の原則は〈自然〉ではないし、自然の境界が存在するという考えも完全に虚構である。ここで、そもそも歴史から学ぶべきものがあるとしたら、歴史が始まって以来、人間はたえず混じり合い、統合され、分離し、そしてまた混じり合ったということだ。そしてこれは、起こらなかったことにはできない――それが望ましいとしたところで。

だが、市民間の平和と国際間の平和とのアナロジーは第二の点で崩壊する。国家には、個々の市民、その単一体およびアトムとしての性格を保護するという課題がある。だが、国際機関は、最後にはおなじように個人としての人間を保護しなければならないのだが――その単一体、アトム、つまり、国家とか国民を保護するわけではない。（国民国家の原則に人気があるのは、主として部族本能に訴えかけてくるからであるし、よきものはなんら提供しえない政治家が、おのれの進路を切り開くにさいしてのもっとも安価にして確実な方法にしているからである。）この原則を完全に放棄し、あらゆる国家の境界は必然的に協定によることを洞察し、さらに、国際機関は国家とか国民ではなく、最後にはなにはともあれもふたたび人間個人を尊重しなければならないことを洞察するならば、それは、われわれの根本的アナロジーの崩壊からあきらかになる諸困難を認識し克服する助けとなろう。（参照、第二巻第一二章注（51）～（64）とその本文、および第一三章注（2）。）

（2）さらに重要な意義があると思えるのは、地域的な、また〈国民的な〉機関のみならず、国際機関は本来の目的として、どんな政治においても根本は個々の人間を目的としなければならないという点だ。そうした個人が帰属している国家や〈国民〉を粉砕すると決定したときでも個人そのものを正当に扱うことは可能である、という点を忘れてはならない。こうした要請は実行できないばかりでなく、国家とか〈国民〉の軍事的政治的力を破壊し管理することはそこでの個々の市民に対する抑圧と悲惨をもたらすにちがいないという偏見が広まっている。だが、こうした偏見はただしくないし危険でもある。

国際機関は、そのようにして弱体化された国家の市民が軍事的政治的弱さのゆえに搾取されるのを防ごうとするのだと想定してみるならば、いま述べた偏見に正当性はない。個々の市民がこうむるとともに回避できない喪失が唯一あるとすれば、それは国民としての誇りの喪失である。かれは侵略国の市民であったと見なされるのであるから、侵略が阻止されたならば、誇りの喪失はいずれにしても避けがたい。

国家の取り扱いとそこに属する個々の市民の取り扱いとでは区別が設けられないという偏見もある。だが、これもおなじく非常に危険な偏見である。侵略国の取り扱いが問題になるや、戦勝国においては必然的に二つの党派が形成されるだろう。厳格な処罰を要求する党派と、寛大な処置を擁護する党派とである。一般的にいってこれら二つの党派が見落としているのは、国家をきびしく扱うと同時にそこでの市民を寛大に扱う可能性である。

この可能性が見落とされるならば、間違いなく、戦勝直後にあっては、侵略国も、そしてまたその市民も比較的きびしく扱われることになるだろう。だが、軍事組織としての国家はそのような——おそらくは、当然と思われるほどの——苛烈な扱いを受けそうもない。なぜなら、罪のない個人を苛烈に扱うことにはためらいが生じるから、つまり、寛大派からの影響も目立ってくるからである。こうしたためらいにもかかわらず、個人はおそらく、本来受けるべきよりもより多くの苦しみを受けるだろう。それゆえ、ある一定期間が過ぎれば、戦勝国においても反作用が生じてくると予測される。政治的平等主義や人道主義の傾向は寛大派を強化し、最終的には苛烈な処置を求める政治を転換させるであろう。だが、こうした展開は侵略国に新しい侵略の機会を与えるだけではない。不当にも悪しく扱われた人びとの道徳的憤慨をひき起こし、侵略国にそれを武器とさせるだろう。他方で戦勝国の多くの者は、自分たちはおそらく不正なことをはじめてしまったのだという感情のうちに自分たち自身を疑い始めるだろう。

これは、きわめて望ましくない展開であり、最終的には新しい侵略をみちびくにちがいない。これを避けるには、はじめに一方における侵略国(これに責任のある者たちを含めて)と、他方におけるそこでの市民とを明確に区別しておく必要があるだろう。侵略国そのものに対して苛烈な処置をとり、その権力機構を徹底的に破壊したとしても、それが個々の市民を礼儀ただしく公平に扱う政治に結びついているならば、戦勝国における人道主義からくる道徳的反動を呼び起こさずに済むであろう。

しかし、市民に苦患を与えずに国家の政治的権力を破壊することは可能であろうか。この種の処置が可能であることを示すために、わたくしは、侵略国の政治的軍事的権力は破壊するが、個々の市民の利害を傷つけずに済むような政策の例を構成してみた。

侵略国の境界部分、海岸線やその国家の経済力を構成するもっとも重要な(すべてではないが)資源、石炭や鉄鋼は、国家から切り離され、二度とその国家に返却されることのない国際的管轄地(Territorium)として扱う。港湾や原料は、国家の市民が正統な経済活動をするために接近できるものとする。もちろん、そうした財をただしく利用させるための国際委員会を要請するならば、かれらに経済的不利益を負わせないで済むだろう。新たな戦争能力の構築に役立つような利用の仕方は何であれ禁じられる。国際的港湾、産業、原料ならびに他の経済上の重要施設がそのように使用されているかもしれないという嫌疑が生じれば、それらの利用はただちに停止される。そうしたとき、嫌疑をかけられた側は、根本的な査察を〔みずから〕求めるとともに、査察を可能にし、かれらの自由になる補助手段が適正に利用されていることの根本的な保証を提供する責任をもつ。

こうした処置は、新しい攻撃の可能性を排除しうるわけではないであろう——しかしそれは、侵略国に対し、新しい戦争能力を発展させる前に国際的管轄地への攻撃を強いるものとなるだろう。そうした攻撃は、他の国々が戦争能力を保持しさらに発展させていたなら、展望のないものとなるだろう。こうした状況に直面したなら、以前の侵略国はその態度を根本から変更し他の国家との協働を求める以外、他にできることはほとんどなくなる。こうした状況そのものによって、侵略国は、査察の困難化を図る代わりに、自国の産業そのものへの国際管理を願い出て、国際的管理当局による査察を受け入れるようになるだろう。なぜなら、そうした態度によってのみ、そうした国は自国の産業に必要な財を利用できるからである。そしてこうした展開は、たしかに国家の内政になんら干渉することなく生じることであろう。

敗戦国の消費財、港湾および産業を国際的管理のもとにおくことで、その国の住民を搾取し貶める危険はある。しかし、そうした危険に対しては、控訴審裁判所などを用いる国際的な立法措置によって阻止できるであろう。

こうした例は、国家を苛烈に、そしてその市民は寛大に扱うことが不可能ではないことを示している。

《（本注の⑴と⑵の部分については一九四二年に書かれたままにしておいた。⑶はアクチュアルではないので、最初の二つのパラグラフのあとに追加の文を加えた。）》

⑶　とはいえ、平和の問題に対するこうした社会工学的態度は〈科学的〉であるのだろうか。たしかに、戦争と平和の問題に対する実際の科学的な態度はべつなふうであるにちがいないと主張する人は多いだろう。かれらは、まず戦争の原因が研究されるべきであると言うだろう。戦争をみちびいた諸力を、そしてまた平和をみちびく諸力を研究しなければならないというわけである。だから、たとえば近年では、戦争とか平和をみちびく、社会の〈根底にあるダイナミックな諸力〉が根源から研究されてのみ、〈持続的平和〉の到来を確定しうると言われてきた。そうした諸力を発見するためには、当然のことながら、歴史が

研究されねばならないという。ことばを換えれば、平和の問題にとりかかるにはヒストリシズムの方法をもってしなければならないのであり、技術的方法をもってしてはならないというわけである。そして、これが唯一科学的に可能なやり方だと主張されるのである。

おそらくヒストリシストは、歴史上の出来事にもとづいて、戦争の原因は経済的利害の衝突にあることを、あるいは、階級、(たとえば、専制に対する自由といった)イデオロギー、民族、帝国主義、軍事システムの衝突にあることを示すだろう。あるいはかれは、憎悪、恐怖、ねたみ、復讐願望に、もしくは無数の他のものと結びついたこうしたことがらすべてのうちに戦争の原因を見るだろう。それによってかれは、こうした原因を取り除く課題が途方もなく困難であることを示すし、また、戦争の原因、たとえば、経済的原因を除去しないかぎり、国際機関を構築することには意味がないことを示すことだろう。

おなじように心理学主義者は、戦争の原因を〈人間本性〉に、より正確に言えば人間の攻撃性に移しかえるだろうし、おそらくは平和への道を、攻撃性に対してべつの活動を工夫することのうちに見るだろう。(犯罪小説を読むことが大真面目に推奨されてきたわけだ――最近の独裁者のうちにはそれに熱中した者が何人かいたという事実があるにもかかわらず。)

われわれの直面する重要問題の取り扱いにおいて、こうした方法に見込みがあるとは思えない。とりわけ、平和を実現するためには戦争の原因あるいは諸原因を確定しなければならないというもっともらしい議論を信じる気にはなれない。

悪の原因の探求とそれの除去が成功しうるばあいがあることは認めよう。わたくしは、足に痛みを感じるならば、そしてたとえば、それが小石によってひき起こされていることを知るならば、それを取り除くであろう。だが、一般化してはならない。小石の除去という方法は、足の痛みのすべての症例にあてはまるわけではない。多くの事例においては、おそらく〈原因〉を見つけ出すことは不可能であるだろうし、他のばあいには、おそらく取り出すことはできないだろう。

望ましくない出来事の原因を除去するという方法が一般的に使えるのは、必要条件についてのてみじかなリスト(すなわち、リストの諸条件のうちの少なくともひとつが充足されていないならば、当該の事象は発生しないという種類の諸条件のリスト)があり、またそうした条件のすべてを制圧しているか、正確に言って、阻止しうるときのみである。(気づいてほしいのだが、必要条件はほとんど〈原因〉という漠とした表現で述べることのできるものではない。必要条件は、通常、〈副次的原因〉といわれている。〈原因〉が語られるときに意味されているのは、一般にある種の十分条件である。)だがわたくしは、戦争の必要条件についてのそうしたリストが作れるとは思わない。戦争はさまざまな状況のもとで勃発するのであって、たとえば雷雨のような単純な現象ではない。一連のじつにさまざまな現象を〈戦争〉と言い表わすことで、そうした現象すべてがおなじ仕方で〈ひき起こされる〉と想定することにはなんの根拠もない。

このような考察が示しているのは、一見偏見がなく科学的と思われるアプローチ――〈戦争の原因〉の研究――も、じっさいには偏見に満ちているばかりでなく、理性的な解決に至る道を妨げているという事実である。こうしたアプローチは、じっさいにはエセ科学にすぎない。

法を立て、治安維持機関を立てることをせずに、犯罪の問題を〈科学的〉に扱おうとしても、つまり、犯罪の原因を発見しようと試みても、いったいどこまで進めるというのだろうか。わたくしは、多くの害悪を回避するために、犯罪あるいは戦争に拍車をかける重要な要素の発見とか、そのための手助けはできないと主張しているのではない。そうではない。そうしたことは、犯罪をわれわれの統制下に、つまり治安維持機関を導入したあとで、はじめてなしうることなのだ。他面で、犯罪の経済的、心理的、遺伝的、道徳的などの〈原因〉についての純粋な研究や、そうした〈原因〉を除去しようとする試みは、原因を取り除くわけではない治安維持機関を手段として犯罪を統制できるという洞察をもたらすことはほとんどなかった。〈戦争の原因〉といった表現のあいまいさから目を転じても、ここに述べたアプローチは科学的なものではない。それは、寒空のときにオーバーを着ることは非科学的であり、むしろ寒空の原因を研究しそれを除去すべきだという主張にしがみつくようなものである。あるいは、歯車に油をさすのは非科学的であって、むしろ摩耗の原因を探究し取り除くべきだと主張するようなものだろう。この最後の例は、みたところ科学的な批判がもつ愚かさを示していると思う。なぜなら、たしかに油をさすことが摩耗の〈原因〉を縮小するのとちょうどおなじように、国際的な治安維持機関(あるいは、この種の武装組織)は戦争の重要な〈原因〉を縮小する、すなわち、やすやすと〈逃れる〉望みを縮小するからである。

(8) この点は拙著『探求の論理』〔邦訳『科学的発見の論理』〕で示そうとした。そこで素描した方法論に合致して、ピースミールな方法をとる体系的な社会技術は、〈トライアル・アンド・エラー〉の方法にならって構築される経験的な社会工学の構築に寄与するだろうと思う。こうした仕方でのみ、経験的社会科学の構築を開始しうるというのが、わたくしの確信である。この種の社会科学はいままでのところほとんど存在しないし、またヒストリシズム的方法はそれを明確に要求することもできない。こうしたことは、普遍的なユートピア的社会工学の可能性に対する最強の反論のひとつである。参照、拙著『ヒストリシズムの貧困』〔ドイツ語版、一九八七年〕。

(9) 非常によく似た定式化は、ジョン・カラザースの講演「社会主義とラディカリズム」(John Carruthers, *Socialism and Radicalism* (Hammersmith Socialist Society によってロンドンで一八九四/一九九六年にパンフレットとして出版された))に見られる。ピースミールな改革に対して、かれは型どおりにつぎのように反論する。「どんな緩和措置もそれ自身の悪を伴う。そしてそのような悪は一般にそれが治癒すべき悪よりも大きい。まったく新しい服を着る決定をしないならば、ボロ服をまとうことを覚悟しなければならない。なぜなら、繕いは古いものをよりよいものにしえないだろうから」[S. 10]。(ここで注意しなければならないのは、カラザースがその講演の題目として用いている〈ラディカリズム〉という語は、本書で用いられてきた意味とはおおよそ反対の意味をもっていることである。カラザースは、画面のまっさら化のような妥協なきプログラムを考えているのであり、ラディカルなリベラリストが提案するような〈進歩的〉改革のプログラムを攻撃している。〈ラディカル〉という表現のこのような使い方は、イギリスにおいては、もちろんわたくしの使い方よりも一般的である。にもかかわらず、この表現はもともと〈根元〉――たとえば、悪の根元――とか〈根源に行く〉とか〈悪を根こそぎにする〉といったことを意味しているのであり、英語にはそれにあたるよりよい語は存在しない。)

本文中つぎのパラグラフでの〈政治的芸術家が〈模倣〉しなければならない〉〈神的な原像〉という引用については、参照、『国家』500e/501a. 参照、また第八章注(25)(26)。

わたくしは、プラトンのイデア説には芸術とその理論の理解にとって大きな意義をもつ要素があると考える。プラトン主義のこうした側面についてはジョン・A・スチュワートがその著で扱っている(John A. Stewart, *Plato's Doctrine of Ideas* (1909/1977), S. 128 ff.)。私見によれば、スチュワートは(芸術家がイメージするのみならず、画面の上に再現しようとする〈構造〉とは反対に)純粋瞑想の対象を強調しすぎている。

(10)『国家』520c.〈王者の芸術〉については、参照、とりわけ『政治家』と第八章注(57)(2)。

(11) しばしば、倫理的問題はつまるところ趣味の問題であると見なされて、倫理学は美学の一部であると考えられている。(参照、たとえば、George E. G. Catlin, *The Science and Method of Politics* (1927/1964), S. 315 ff.) それで、倫理的諸問題は科学の合理的な方法によっては解決されないということだけが意味されているのであれば、わたくしはそれに同意する。だが、道徳にかんする〈趣味の問題〉と美学における趣味の問題とのあいだの巨大な相違を看過してはならないだろう。ある小説とか、音楽とか絵画が〔鑑賞に〕耐えられないというのであれば、それを読んだり、聞いたり、見たりしなければいいだけだ。美的問題(おそらく建築は例外だろうが)は、おおはばに個人的性格のものだが、倫理的問題は人間とその生にかかわっている。こうした点からすれば、二つの領域のあいだには根本的な差異が存在する。

(12) これと前の引用については、参照、『国家』500d-501a(強調はわたくしによる)。参照、第四章注(29)(末尾)および第八章注(25)(26)(37)(38)(とくに(25)と(38))も。

つぎのパラグラフにおける二つの引用は、『国家』541a と『政治家』293c-e からである。興味深いことには、(神に似ているというのは、ロマンチックなラディカリズムとそのヒュブリス——神に似ているという傲慢な思いあがり——の特徴だと思われるからであるが、）『国家』の二つの箇所――画面のまっさら化 500d ff. および粛清 541a――には、哲学者は神に似ているというつぎのような指摘が先行している。参照、500c-d.「哲学者は……かれ自身神のごとくあるだろう」、および 500c-d（参照、第八章注(37)と本文）「そして国家は、かれの思い出を保存するために、公費で記念碑を立てるだろう。そしてかれらには、半神に対するように……あるいは少なくとも恩寵によって癒され神々に似た人間に対するように、生贄が捧げられるだろう。」

（おなじ論拠からして）つぎの点も興味深い。これらの箇所の最初のものには、プラトンが、哲学者は支配者として〈多数の者に〉受け止められるという自分の望みを表現している箇所が先行する（参照、498d/e f. 第八章注(59)）ということである。

《〈清算する〉という表現にかんしては、現代のラディカリズムからのつぎの箇所を抜粋しておこう。「社会主義――現実のそして持続する社会主義――が欲せられるならば、根本的な反対派のすべてが〈清算〉（すなわち、選挙権の剝奪や、必要とあれば投獄による政治的無力化）されねばならないことは明白ではないか。」この注目にあたいする修辞的問いがおかれているのは、ブラッドフォード英国国教会僧正の序文のついたギルバート・コープの『階級闘争におけるキリスト教徒』(Gilbert Cope, *Christians in the Class Struggle*) の一八ページである。（一九四二年。このパンフレットに見られるヒストリシズムについては、参照、第一章注(4)。）その序文で僧正アルフレッドは「われわれの現在の経済システムは非道徳的で非キリスト教的である」と弾劾し、「キリストの下僕は、かくも明白に悪魔の所業であるところの社会秩序を全力で破壊しないならば、言い訳がたたない」と言っている。そしてかれはパンフレットを「眩しいほどの、そして透徹した分析であるとして」推奨している。

ここではさらにこのパンフレットから二、三の文章を引用してもよいだろう。「二つの党派は部分的な民主主義を保証するだろうが、完全な民主主義は唯一の党によってのみ達成される……」(S. 17)。――「移行期には労働者は……唯一の党によって指導され組織されねばならない。その党は根本的に対立する他のいかなる党の存在も甘受しない……」(S. 19)。――「社会主義国家における自由とは、なんぴとにも共有財産制の原則を攻撃することは許されていないが、誰もが、その効果的な実現とそれのより大きな現実性に向けて尽力するように鼓舞されるということである……対立する党派をいかにして無化すべきかという重要な問いに対する返答は、そうした対立党派が用いる方法次第である」(S. 18)。

おそらくもっとも興味深いのは、注意深く読むにあたいするのだが、つぎのような(S. 18にもおなじように見出される)論証であろう。「社会主義国家において資本主義的政党の存在が不可能なときに、なぜに資本主義国家においては社会主義政党が存在しうるのか。答えは単純である。一方の党は、小さな少数派に抗して生産力のすべてを巨大な多数派に組み入れる運動であるのに対し、他方の党は、多数派からあらたに搾取することでその権力の座と特権を作り出そうとする試みであるということである」。換言すれば、〔社会主義国家の〕〈大きな多数派〉は〈小さな少数派〉を容認できないのに対し、〔資本主義国家の〕支配している〈小さな少数派〉は寛容でありうるということだ。この〈単純な答え〉は、じっさい、僭正が表現しているように、「眩しいほどの、そして透徹した分析」の例である。》

(13) この発展については、第二巻第一三章、参照、とりわけ注(7)と本文。

(14) ロマン主義は、文学においても哲学においてもプラトンにまでさかのぼるように思われる。ルソーがプラトンから直接に影響を受けたことはよく知られている(参照、第六章注(1))。ジャン＝ジャック・ルソーは、プラトンの『政治家』を知っており(『社会契約論』第二巻第七章、および第三巻第六章 Jean-Jacques Rousseau, *Du contrat social* [1762/1998]［ドイツ語訳、*Gesellschaftsvertrag*, 2000］)、原始的な山岳牧羊者を賛美していた。しかし、こうした直接の影響から目を転じても、ルソーはおそらくその田園的なロマン主義と原始への愛をプラトンから間接的に引き継いだのであろう。なぜなら、かれがイタリア・ルネサンスから影響を受けたことはたしかだからである。イタリア・ルネサンスは、プラトンを、なかんずくかれの自然主義や、完全な社会という夢を再発見していたからである。(参照、第四章注(11)(3)と(32)ならびに第六章注(1))――ヴォルテールがいかに素早くルソーのロマンチックな蒙昧主義の危うさを認識したかは興味深い。おなじようにカントもまたルソーを賛美していたが、ヘルダーの〈諸理念〉(『人類史の哲学によせる諸理念』」のうちでこの危うさに出会ったとき、それをなんなく認識した。(参照、第二巻第一二章注(56)および本文も。)

第一〇章　開かれた社会とその敵

本章のモットーは『饗宴』193d からとられた。

(1) 参照、『国家』419a ff, 421b, 465c ff. および 519e. また、第六章、とりわけ第二節と第四節も見よ。

(2) 中世には社会の変化を阻止しようとする試みがあった。それは、支配者は被支配者の魂や精神的安寧に責任があるというプラトンの理論(および、プラトンが『国家』や『法律』で展開した多くの実践上の指摘)にもとづく試みであった。わたくしはこうした理論ばかりでなく、その後の多くの展開のことも考えている。

(3) わたくしは、べつなことばで言えば、拙著『探求の論理』で述べた方法を可能なかぎり適用しようと努めてきた。

(4) 参照、とりわけ『国家』566e. 参照、本章注(63)も。

(5) わたくしの叙述には「悪役」はいてはならない。「犯罪は興味をひかない……人間が最良の感情からよい意図のもとで犯してしまうこと……それがわれわれの興味をひくことなのだ。」わたくしはプラトン解釈においてこの方法論的原則を可能なかぎり適用しようと努めた。(ここに引用したかたちでのこの原則をわたくしは『聖女ジャンヌ・ダルク』(G. B. Shaw, Vorrede zu *Saint Joan* (1924, ドイツ語訳、*Die heilige Johanna*, 1990, S. 72])からとっている。参照、〈悲劇であってメロドラマではない〉という節の最初の文章。

(6) ヘラクレイトスについては、参照、第二章。法のもとの平等(Isonomie)についてのアルクマイオンやヘロドトスの理論については、参照、第六章注(13)(14)(17)。カルケドンのファレアスの経済的平等論については、参照、アリストテレスの『政治学』1266a および『断片集』第一巻第三九章、S. 389 ff.(ヒッポダモスについても)。ミレトスのヒッポダモスについては、参照、アリストテレスの『政治学』1267b 22 および第三章注(9)。最初の政治理論家には、もちろん、ソフィストのプロタゴラス、アンティポン、ヒッピアス、アルキダマス、リュコフロンが数えあげられねばならないだろう。同様にクリティアス(参照、『断片集』第二巻 S. 388 f. クリティアス断片 25, 27–42 ならびに第八章注(17))も老寡頭政治家(ここでは二人の人物が重要になるが)もデモクリトスも。

〈閉じた社会〉および〈開かれた社会〉という表現は、アンリ・ベルグソンによってある程度まで似た意味で用いられた。この点については、参照、序論への注。わたくしは閉じた社会を魔術的な社会として、開かれた社会を合理的で批判的な社会として特徴づけている。とすれば、当然のことながら、当該の社会を理念化することなしには、これらの表現を適用することはできない。魔術的な態度がわれわれの生活から消滅したわけではない——いままで〈もっとも開かれた〉社会においてさえ。それが完全に消滅することはないだろう。だが、閉じた社会から開かれた社会への移行を測るための有益な規準を述べることは可能である。社会的諸制度が人間の作ったものとして意識され、認識され、それらが人間の目的や目標を達成するために適合しているかどうかを探究し、それらの意識的な変革が論じられるや、移行が生じてくる。あるいは、少しばかり抽象的になるが、超自然的なものに対するのとおなじ恐れをもって見られていた社会秩序が、個人的な利害とか集団利害の作用に、またそれらの意識的な追求に道を譲るとき、閉じた社会は崩壊する。明白なことながら、文明間の文化的接触もこうした崩壊をみちびくであろうし、類似の作用は支配階級内の貧困化した部分、すなわち、土地を失った部分が発生してくることによってももたらされるだろう。

ここで言っておくべきだと思うのだが、わたくしは〈社会崩壊〉一般について語ろうとは思っていない。ここで述べた閉じた社会の崩壊はかなり明白だと思う——しかし、一般的にいえば、〈社会崩壊〉という表現は、観察者がみずから記述した展開を好んでいないということ以上のことはほとんど含んでいないと思う。この表現は、わたくしの考えでは、あまりにもしばしば誤用されてきた。とはいえ、一定の社会の成員が——根拠のあるなしにかかわらず——〈すべてが瓦礫になっていく〉という感情をもつかもしれないということはあるだろう。アンシャンレジームの、あるいはロシア貴族の成員にとって、フランス革命やロシア革命はたしかに社会の完全な崩壊として現れたであろうが、新しい支配者たちにとってはそうした出来事がべつの光のもとで現れたであろうことはほとんど疑いえない。

アーノルド・トインビー(Arnold J. Toynbee, *A Study of History*, Bd. V [1939/1979], S. 23-25 および S. 338)にとっては、「社会という身体における分裂の出現」(S. 338)が崩壊した社会の認定規準である。ギリシア社会においては、階級分裂というかたちで疑いもなくペロポネソス戦争のはるか以前から分裂が存在したのだから、なぜにトインビーが(部族的生活様式の崩壊といったものではなく)この戦争を全ギリシア文明の崩壊と記述するのか、まったくわからない。(参照、第四章注(45)(2)ならびに本章注(8)。)

ギリシア人とマオリ人との類似性にかんしては、ジョン・バーネットの『初期ギリシア哲学』(John Burnet, *Early Greek Philosophy* [1892/1975, ドイツ語訳、*Die Anfänge der griechischen Philosophie*, 1913])、とくに S. 7 に若干の論評がある。

(7) 国家有機体説への批判、および他のもろもろの指摘をわたくしはヨーゼフ・ポパー＝リンコイスに負うている。かれはつぎのように書いている。(Josef Popper-Lynkeus, *Die allgemeine Nährpflicht als Lösung der sozialen Frage*, 1912/1923, S. 71 f.)。メネニウス・アグリッパは「周知のように、反乱者たちに対して[ローマへ]帰るように説得した。胃袋に仕えることを拒否した四肢のたとえ話をすることで……そのときどうしてかれらのうちの一人は機転を利かして、〈よろしい、アグリッパ。胃袋というものがあらねばならないというなら、われわれ平民がいまから胃袋になろう。そして君たち貴族が四肢の役目を引き受けるがいい〉と言わなかったのであろうか。(この比喩については、参照、リウィウス(Livius), II, 32[ドイツ語訳、*Römische Geschichte*, 1987, S. 232 ff.]およびシェイクスピア『コリオレイナス』第一幕第一場[ドイツ語訳、2001, S. 72 ff.])〈大衆による監視〉といった現代の、そして見たところ進歩的な運動さえ、社会有機体説の宣伝をしている(そのパンフレット *First Year's Work* 1937–38 [hrsg. von Charles Madge und Tom Harrisson, 1938]の表紙において)のは、おそらく興味をひくであろう。参照、第五章注(31)も。

　他面で、部族という〈閉じた社会〉がある程度まで〈有機体的〉性格をもっていること——それはまさに社会的緊張が欠けているからであること——も承認されねばならない。そうした社会は(ギリシアがそうであったように)奴隷制に立脚しているわけであるが、そこから社会的緊張が生じてくるわけではない。なぜなら、奴隷は多くのばあい、家畜がそうであるように社会に属することはほとんどなく、かれらの望みや願望は必ずしも社会の内部において支配者が問題とせざるをえない状況を生じさせるわけではないからである。だが、人口増大はそうした問題を生じさせる。それゆえ、植民地を建設しなかったスパルタは、領地を獲得するために最初は近隣部族を征服し、のちには嬰児殺し、出産制限そして同性愛といった手段で人口の増大を統制することで、あらゆる変化を停止させるという意識的な試みを強いられた。プラトンはこうしたことすべてを明瞭に見て取っていた。だからかれはたえず、（おそらく、ヒッポダモスの影響を受けてのことだろうが）、市民の最大数を固定する必要を指摘し、住民を一定に保つ手段として『法律』では植民と出産制限とを勧めていた。それは、かれが以前に同性愛を勧めていたことに類似している。アリストテレスの『政治学』(1272a 23)におけるのとおなじように、つまり、人口恒常化策として説明されていたのである。（『法律』740d-741a ならびに 838e を見よ。『国家』における嬰児殺しの勧めやおなじような問題については、参照、とりわけ第四章注(34)、さらには第一〇章注(22)と(63)また第五章注(39)(3)。）

もちろん、こうしたやり方すべてを合理的かつ完璧に説明することは不可能である。とりわけ、ドーリア人の同性愛は戦争の遂行と結びついていたし、また、部族生活の崩壊によって広く破壊されてしまった情緒面での充足を戦闘集団の生活のなかでえようとする試みにかたく結びついていた。（参照、『饗宴』178e でプラトンによって賛美されている「愛し合う者たちからなる戦闘集団」。『法律』636b f., 836b/c ではプラトンは同性愛に反対している。しかし、参照、838e.）

(8) わたくしが〈文明の重荷〉と呼ぶものは、ジグムント・フロイトがその著『文化における不快なもの』(Freud, *Das Unbehagen in der Kultur*, 1930, in *Gesammelte Werke*, 14. Bd., 1999, S. 419 ff.)〔邦訳『文化への不満』〕を著述したときに思い浮かべていたことに似ているだろう。A・J・トインビーは漂流感について語っているが（Arnold J. Toynbee, *A Study of History*, Bd. V, *op.cit.*, S. 412 ff.）、それを〈解体期〉に限定している。それに対してわたくしは、自分の考えていることはヘラクレイトスのうちに表現されていると信じる（痕跡はすでにヘシオドスのうちに見られる）。そして、これはトインビーが〈ヘラス社会〉と名づけたものの〈解体〉が始まるはるか以前に始まっていた。エドゥアルト・マイヤーは、「どんな人にも生きる場、市民的社会的権利と義務、そして相続される職業と同時にたしかな所得を割り振っていた出生上の地位」が消滅したことについて語っている（Eduard Meyer, *Geschichte des Altertums*, 1901, III. Bd., S. 542 [1980, IV. Bd., 1. Abt., S. 510]）。この箇所は、紀元前五世紀におけるギリシアの社会秩序内の緊張についての巧みな記述である。

（9）相対的にいって知的独立をみちびいたこの種のうちのべつな職業は、吟遊詩人のそれであった。この点で思い浮かぶのは、とりわけ進歩の代表者であったクセノファネスである。（参照、第五章注（7）での〈プロタゴラス主義〉にかんするパラグラフ。）おそらくホメロスもまたここに属していただろう。この職業がごく少数の人間にしか近づきえなかったことは理解のゆくところである。

わたくしは、たまたまということになるが、商品やお金を扱う商業に個人的な関心はないし、商業に向いた人をごく少数しか知らない。だが、商業上のイニシアティブが社会の変化におよぼす影響は圧倒的に重要であると思う。知られているかぎりで最古の文明であるシュメール文明は、わたくしの知るかぎり、民主的傾向を強くもった商業文明であり、書くことと算術の技、また科学の発端がそうした商業的生活とかたく結びついていたことはほとんど偶然ではないであろう。（参照、本章の注（24）の本文も。）

（10）トゥキュディデス［ドイツ語訳、*Geschichte des Peloponnesischen Krieges*, 1993, S. 119 f.］（I, 93）。トゥキュディデスの党派性については、参照、本章注（15）（1）。

（11）これとつぎの引用については、参照、*op.cit.*（I, 107）。トゥキュディデスが寡頭派の裏切りについて述べていることは、E・マイヤーの弁護的な上述のうちに再認識することはほとんどできない（*Geschichte des Altertums*, 1901, III. Bd., S. 594［1980, IV. Bd., 1. Abt., S. 559 f.］）。さらに悪いことには、マイヤーは、十分な資料を手もとにおいてそうしているわけではないということだ。ただそれと知られることのないように歪曲されているということだ。（マイヤーの党派性については、参照、本章注（15）（2）。）（紀元前四七九年のプラタイア会戦前夜における）類似の裏切りについては、プルタルコスの『アリスティデス』に描かれている（Plutarch, *Aristeides*, 13［参照、*Von großen Griechen und Römern*, 1991, S. 231 f.］）。

（12）トゥキュディデス、*op.cit.*［S. 445 ff.］（III, 82-84）。つづくこの箇所の結論は、トゥキュディデスの個人主義と人道主義的心情を特徴的に表現している。かれは偉大な世代の一員だった（さらに下記ならびに本章注（27）を見よ）のであり、すでに言及したように、穏健な貴族派であった。「復讐する人間には見境がない。先のことを考えず、自分が苦境に立ったらどんな人間でも助けを求めて頼らざるをえないという人間の定めを手あたりしだい壊してしまう。かれらは、自分たちが不幸になったときに人間性を望んでも叶わなくなることを忘れている。」トゥキュディデスの人間的な、だが党派的な態度についてのコメントはさらに本章注（15）（1）に見出されよう。

（13）アリストテレス『政治学』第五巻第九章（1310a）。アリストテレスはこの公然たる敵意には賛同しない。かれは「真の寡頭派が民族の大義を代表していると偽るならば」、それを賢明なことと見なし、かれらによき忠告を伝えようと熱心に努める。「かれらは逆に、あるいは少なくとも、まったくべつなふうに行動すると偽るべきであり、宣誓には自分は民族に害を加えないという誓約を含めるべきである。」

（14）トゥキュディデス、*op.cit.*（II, 9）。

（15）エドゥアルト・マイヤー『古代史』（Eduard Meyer, *Geschichte des Altertums*（1901），IV. Bd., S. 368 [1980, IV. Bd., 2. Abt.]）。

（1）トゥキュディデスのいわゆる公平性、あるいはむしろかれの無意識の、みずから欲したわけではない党派性をただしく評価するためには、一方において、ペロポネソス戦争第一期（マイヤーはリシュアスにしたがってこの期をアルキダモス戦争と呼んでいる。参照、E・マイヤー『古代史』Bd. IV, S. 307 および Bd. V [1902/1980], S. X)の勃発をみちびいたプラタイアでのきわめて重要な出来事にかんするかれの叙述方法と、他方において、第二期、つまり、アルキビアデスの戦争をひき起こしたアテネの最初の侵略行為であるメロス島事件にかんする叙述とを比較しなければならない。アルキダモス戦争は、民主派であったプラタイアへの襲撃——全体主義国家スパルタの盟友であるテーベが電撃的攻撃をもって、突然に宣戦布告もなしに攻撃した——をもって始まった。スパルタの友、寡頭派からなる第五列〔内応部隊〕は夜陰に紛れて門を敵のために開けておいたのであった。この襲撃は戦争の直接的原因として大きな意味をもつが、これについてのトゥキュディデスの報告(II, 1-7)はどちらかと言うとおおまかである。かれは、「プラタイアでの出来事は三〇年間の停戦に対するあからさまな侵害」であったとコメントしたことを除けば、道徳的側面にかんしてはおよそなにも述べていない。だがかれは、プラタイアの民主派に対して、侵略者を苛酷に扱ったとして批判し(II, 5)、さらに宣誓を破らなかったかと疑義を呈するのである。この種の叙述は、アテネを帝国主義者であると刻みつけようとした、かの有名な、そして入念に仕上げられた(もちろん、フィクションであるが)メロス島対話(トゥキュディデス、V, 85-113)とはもっともはげしく対立する。メロス島事件がどれほど非難にあたいするものであったとしたところで(この事件は、アルキビアデスが責任を取るべきものであっただろう。参照、Plutarch, *Alkibiades*, 16[Anm. 11, S. 447 f. で触れたように])、アテネは、前もって警告することなしには攻撃しなかったし、暴力行使の前に交渉しようとした。

《トゥキュディデスの態度をまさに特徴づけるのは、寡頭派の指導者でアッティカのラムヌース区出身の演説家アンティポンへの賛辞である(VIII, 68)。(伝承によれば、アンティポンはトゥキュディデスに修辞学を教えたという。アンティポンの教授活動についてはプラトンの『メネクセノス』236a を参照せよ。)》

(2) E・マイヤーがこの時期にかんする現代最高の権威の一人であることに異論の余地はない。だが、かれの立場をただしく評価するためには、民主派の統治に対するつぎのような侮蔑的なコメントを読まなければならない(このような箇所が数多く存在する)。「派閥の争いという愉快なゲームをつづけ、各人がその利害にしたがって理解するがままに、好き勝手のできる自由を確保することがはるかに重要であった」(Bd. V, *op.cit.*, S. 58)。しかし、わたくしは問いたい。E・マイヤーが「……民主主義の輝かしい自由、またその指導者たちは無能をさらけ出した」と書くとき(*ibid.*, S. 66)、それは〈各人がその利害にしたがって理解するがままに〉なされた解釈以上のものであるのだろうか、と。アテネ民主派の指導者たちは、紀元前四〇三年にスパルタに降伏することを拒んだが(そしてこの拒絶はのちには成功によって正当化された——こう正当化する必要はまったくないのだが)、こうした指導者たちについてE・マイヤーはつぎのように言うのだ。「多くは……ほんものの狂信者であったかもしれない。かれらにあっては、ペルシア戦争での諸行為や党派的決まり文句が健全な判断を完全に窒息させていたので、じっさいにアテネは決して降伏してはならないと信じられていた」（IV. Bd., S. 659［1980, IV. Bd., 2. Abt., S. 359］）。E・マイヤーは他の歴史家たちをその党派性のゆえにてきびしく批判する。（たとえば、Bd. V, S. 84 および S. 95 での諸注、Anm. 2 では老いた僭主ディオニュシオスをいわゆる偏向攻撃から擁護している。ならびに S. 107 f. では、オウム返しに口真似し無思慮なおしゃべりを繰り返す歴史家と名づけるディオニュシオス敵視者に対しておなじように憤激して論争を挑んでいる。）だからかれはたとえば、グロートを「英国過激派の指導者」の一人と呼び、その作品を「歴史ではなく、アテネ弁護」と呼び、みずからは誇らしく、「……われわれは政治的問題において非党派的となり、それによってただしく包括的な歴史判断に達する。これは否定されるものではないだろう」と書いて、そうした人たちに対立する。（これらすべては III. Bd., S. 293［1980, IV. Bd., 1. Abt., S. 275］に見出される。）

マイヤーの立場の背後に立っているのは――ヘーゲルである。そこからすべてがあきらかになる（この点は、思うに、第二巻第一二章の読者にとって明白になるであろう）。マイヤーのヘーゲル主義は、以下のコメントであきらかになるであろうが、ヘーゲルを無意識的に、だがほとんどことば通りに繰り返すものなのだ。III. Bd., S. 256［1980, IV. Bd., 1. Abt., S. 238］においてE・マイヤーは「偉大な政治的行為に、市民道徳という不十分な尺度をあてがう、平凡かつ道学者的判断」の結合された批判について、「国家とその歴史的責任のより深く真実に道徳的な要素を無視している」とコメントしているのだ。(これは、正確に第一二章で引用されるヘーゲルの箇所に対応している。参照、第二巻第一二章注(75)。) わたくしはこの機会にもう一度、非党派的な歴史判断を下すつもりはないことを明確にしておきたい。もちろん、わたくしは努めて関連のある事実を客観的に確定したいと思っている。だが、わたくしの評価が(他のすべての人の評価がそうであるように)おおばにわたくしの道徳的立場に依拠せざるをえないことを自覚している。その点は承認するとはいいえ、依然として自分の立場(それゆえまた自分の評価)のただしさを確信している。

(16) E・マイヤー、*op.cit.*, IV. Bd., S. 367 [1980, IV. Bd., 2. Abt., S. 88].

(17) E・マイヤー、*op.cit.*, IV. Bd., S. 464 [1980, IV. Bd./2, S. 177 f.].

(18) もちろん、アテネにおいて奴隷制は――反動家たちが嘆いていたように――解体の瀬戸際にあったことが思い出されねばならない。参照、第四章注(17)(18)(29)で言及した証拠、さらに第五章注(13)、第八章注(48)ならびに本章注(27)~(37)。

(19) E・マイヤー、*op.cit.*, IV. Bd., S. 659 [1980, IV. Bd./2, S. 360].

E・マイヤーは、アテネ民主派のこのような重要な政治的発展についてこうコメントしている。「さて、遅きに失したが、のちにローマがその偉大さの基礎とした政治秩序の形成へと向かう発端を取り上げてみよう。」換言すれば、アテネ人に国政上第一級の価値をもつ発明を帰す代わりに、マイヤーはかれらを非難し、発明の手柄はローマにあるとするのである。マイヤーの趣味からすると、ローマの保守主義のほうが価値が高いわけである。

マイヤーがほのめかしているローマ史上の出来事は、ローマとガビイの同盟もしくは連合である。だが、マイヤーがこの連合を記述しているページ(Bd. V, S. 128)とその直前にはつぎのように書かれている。「これらの場所はローマのなかに編入され……アッティカ区のような政治組織を授けられることさえなく消滅した。」少しあとBd. V, S. 138 f. では、ふたたびガビイが取り上げられ、ローマおよびその政治の寛大な〈リベラルさ〉がアテネの政治と対比される。だが、この箇所の最後およびつぎの箇所の冒頭においてマイヤーは、ローマによる大都市ウェイイの破壊と全面的な瓦礫化についてはなにひとつ批判の声をあげずに報告している。

カルタゴの破壊は、おそらく、ローマのこうした破壊行為すべてのなかでも最悪なものであろう。それは、カルタゴがもはやローマにとって脅威ではなくなったときに生じたのであり、ローマ――そしてわれわれ――から、カルタゴが西洋の文化になしえたであろう重要な貢献の一切を奪い取ったのである。破壊され尽くしたわけだが、地理学的情報の大きな宝にのみ触れておきたい。(カルタゴ没落の物語は、紀元前四〇四年におけるアテネの没落の物語と似ていなくもない。この物語についてはのちに本章で論じる。参照、注

(48)。カルタゴの寡頭派は、民主主義の勝利よりも自分たちの都市の没落を選んだ。)
のちに、間接的にはアンティステネス(したがってまたソクラテス)に由来する影響のもとでローマにおいてはリベラルで人道主義的な見解が発展し始めた。この発展はアウグストゥスの平和(参照、A. J. Toynbee, *A Study of History*, Bd. V, S. 343-346)がつづく世紀にその頂点に達するが、まさにこの時期にロマン主義的歴史家の多くはローマの没落を見るのである。

この没落についていえば、長い平和によってひき起こされた腐敗とか風俗紊乱に、あるいは〈より若い〉野蛮な民族の優勢に——簡単に言えば、うまいものを食べすぎたことに——原因があるとするのは、子供じみているし、ロマン主義的すぎる(参照、第四章注(45)(3))。だが、こうした思い込みが多くの者によって主張されているのだ。激烈な疫病の壊滅的な結果(Hans Zinsser, *Rats, Lice, and History*, 1935/2000, S. 131 ff.[ドイツ語訳、*Ratten, Läuse und die Weltgeschichte*, 1949, S. 148 ff.]〔邦訳、ジンサー『ネズミ・シラミ・文明——伝染病の歴史的伝記』みすず書房、一九六六年〕)とか、統制のきかないそして急速な土地の疲弊、したがってまたローマ経済体制の農業経済的基盤の崩壊(参照、Vladimir G. Simkhovitch, *Toward the Understanding of Jesus* [1921/1925, S. 140 ff. および S. 84 ff.]における〉Hay and History〈および〉Rome's Fall Reconsidered〈)などが主要な原因であったように思われる。参照、Werner Hegemann, *Entlarvte Geschichte* (1933/1979)

も。

(20) 参照、トゥキュディデス *op.cit.* (VII, 28)。E. Meyer, *op.cit.*, IV. Bd., S. 535 (1980, IV. Bd., 2. Abt., S. 242]。「それによってより多くのものがえられる」というコメントは、もちろん、以前に課されていた税と貿易額との比率のおおよその上限を確定させるであろう。

(21) これはP・ミルフォードに負うているのだが、「金持ちの支配(Plutocracy)は泥棒の支配(Lootocracy)よりはましである」という辛らつなジョークをほのめかしている。

(22) 参照、プラトン『国家』423b. 人口を一定に保つ問題については上記の注(7)。

(23) 参照、E・マイヤー『古代史』IV. Bd., S. 577 [1980, IV. Bd., 2. Abt., S. 282].

(24) *Op.cit.*, V. Bd., S. 23 f. 参照、本章注(9)および第四章注(30)の本文。《『法律』からの箇所については742a-cを見よ。ここでプラトンはスパルタの立場に連なり、それをさらに発展させている。かれはつぎのように要求している。「法が、私人としての市民に金銀の所有を禁じること、……支払い手段として法的に認められているが、それ以外においては無価値であるような貨幣の使用のみがわれわれの市民のもとでは許されること」(したがってプラトンは紙幣の実質的な発明者であった)。「だが、国家は遠征軍ために、公式の外国訪問のために、また、外交使節とかその他の使命のために……ギリシアの金」(つまり、金貨)「をもつことが必要である。私人がやむなく外国に行くときには、所定の仕方で当局の許可を求めてはじめて許可される。帰国にさいして外国通貨を所有しているばあいには、国家にそれを引き渡し、同等額の自国通貨と交換しなければならない。もし所有していることがあきらかになったら、それは国家によって没収されるべきである。そして金貨のもちこみを知っていたり、それを告発しなかった者は罵られ恥辱を受けるべきであり、不法にもちこまれた通貨額を下回ってはならない罰金を科せられるべきである。」こうした箇所を読むと、プラトンを、スパルタという全体主義的都市国家の法を模倣しているだけの反動家と呼ぶことは、かれを不当に取り扱うものだと思われるだろう。なぜならかれは、二〇〇〇年以上にわたる原則と実践を先取りしているからである。そうした原則や実践は、こんにちでもほとんど至る所で、そしてほとんどの〈進歩した〉西ヨーロッパの民主主義的政府——プラトンのように、ほかの政府も〈ギリシア全域での金本位制〉へ配慮することを望んでいる——のもとで、合理的な政策と見なされているのだから。

だが、もう少し後の箇所(『法律』950d)は、西欧的でもないしリベラルでもないように響く。「第一に、四〇歳以下の者は誰であれ、どの地にとどまろうとするかには関係なく、外国滞在の許可をえてはならない。第二に、そうした許可を個人的目的のためにえてはならない。さらに公の目的のために赴く軍使、大使、研究のために派遣される使節にだけは許可が与えられてよい……そしてこれらの人びとは帰国したあと若者たちに、あらゆる外国の政治的諸制度は自国のものよりもはるかに劣っていると教えるべきである。」

おなじように厳格な法律は異国人の受け入れに対しても設定されている。なぜなら、

「国家間の相互交流は、結果として必然的に諸性格の混合……ならびに、新しい風習の流入をもたらすからである。そうしたことは、国家がただしい法をよしとしているときに、重大な損害を与えざるをえない。」》

(25) この点は、E・マイヤーによって承認されていた(E. Meyer *op.cit.,* IV. Bd., S. 433 f. [1980, IV. Bd., 2. Abt., S. 149])。かれはたいへん興味深い箇所で、両党派はともに自分たちは「……〈父祖から受け継いだ国家秩序〉を代表しているが、敵方は身勝手と革命という現代精神に毒されている」と言っている。「だがじっさいには、両党派とも毒されているのだ……受け継がれた型や宗教は民主主義の党派のほうによりかたく根を張っているし、敵方の貴族的党派も古代の復興ということをその旗に大書しているとはいえ、……すでに完全に現代化されている。」参照、*op.cit.,* V. Bd., S. 2 f., 10 f. ならびに次注も。

(26) アリストテレスの『アテネの国制』第三四章第三節から推し量るに、三〇人の僭主は当初——アリストテレスが考えたように——〈穏健な〉綱領、つまり、〈父祖の国〉の綱領を語っていたのだろう。クリティアスのニヒリズムと現代的立場については、参照、第八章で論じたかれの宗教論。(参照、とくにその章の注(17)および本章注(48)。)

(27) この新しい信仰に対するソフォクレスの態度とエウリピデスのそれとを比較するのがもっとも興味深い。ソフォクレスはつぎのように言っている(参照、E. Meyer, *op.cit.,* IV. Bd., S. 111 [1980, IV. Bd., 1. Abt., S. 758])。「勇敢な者、高貴な生まれの者が不幸な人生を送るのに対し、神を見失った者や悪しき家系に生まれた者が栄えるのは……ひどい話だ。」これに対してエウリピデスは(アンティポンと同様に――参照、第五章注(13))、高貴な生まれの者と卑しき生まれの者(とりわけ、奴隷)とを区別することはただことば上のことにすぎない。〈奴隷〉という)「名前のみが奴隷に恥辱を与えるにすぎない。」――トゥキュディデスにおける人道主義的要素については、参照、本章注(12)における引用。偉大な世代がコスモポリタン的傾向とどの程度結びついていたかという問いにかんしては、第八章注(48)に取りまとめておいた論拠と、なかんずく敵対者に由来する証言――たとえば、老寡頭政治家、プラトン、アリストテレスの証言――とを対照されたい。

(28)〈論理嫌い〉とか〈合理的論証への憎悪〉はソクラテスによって〈人間嫌い〉とか〈人間憎悪者〉になぞらえられている。参照、『パイドン』89d. これについては、参照、対照的な『国家』496c-d の人間嫌いのコメント。(参照、第八章注(57)と(58)。)

(29) このパラグラフにおける引用は、デモクリトス断片(『断片集』第二巻 B 41, B 179, B 34, B 261, B 62, B 55, B 251, B 247(これは Hermann Diels と W. W. Tarn によって真正性が疑われた――参照、第八章注(48)), B 118)からである。

(30) 参照、第六章注(16)の本文。

(31) 参照、トゥキュディデス、*op.cit.* (II, 37-41)。第六章注(16)でのコメントも。

(32) テオドール・ゴンペルツ『ギリシアの思想家たち』(Theodor Gomperz, *Griechische*

Denker, II. Bd. [1902/1996], S. 398)。

(33) 民主主義的傾向との親和性を示すヘロドトスの作品(たとえば、『歴史』[*Historien*], III, 80)は、ペリクレスの演説のほぼ一、二年後に現れた。(E. Meyer, *Geschichte des Altertums*, IV. Bd., S. 369 [1980, IV. Bd., 2. Abt., S. 89].)

(34) この点はT・ゴンペルツ *op.cit.*, S. 397 が指摘している。かれが述べた『国家』の箇所は、557d, 561c ff. である。類似性は疑いもなく意図されていた。参照、J・アダム版の『国家』([*The Republic of Plato*), Bd. II, S. 235, Anm. zu 557d 26)も。『法律』699d/e ff. と704d-707d も見よ。ヘロドトス『歴史』(III, 80)にかんする類似の所見については第六章注(17)で述べておいた。

(35)『メネクセノス』を真正なものではないと見る者は多い。だが、私見では、かれらはプラトンを理想化する意図を証言しているにすぎない。『メネクセノス』についてはアリストテレスの保証がある。かれは、この対話編からコメントをひき、それを「追悼対話編でのソクラテス」に帰しているのだ(『修辞学』I, 9, 30＝1367b 8 および III, 14, 11＝1415b 30)。参照、とりわけ、第六章注(19)末尾、第八章注(48)、本章注(15)(1)、(61)も。

(36) 老寡頭政治家(あるいは、偽クセノポン)の『アテネの国制』は、紀元前四二四年に出版された(この点はキルヒホフにしたがう。A. Kirchhoff, 〉Über die Abfassungszeit der Schrift vom Staate der Athener〈, in *Philologische und historische Abhandlungen der*

Königlichen Akademie der Wissenschaften zu Berlin, Berlin 1879, S. 1-25], 引用はテオドール・ゴンペルツにしたがう。Theodor Gomperz, *Griechische Denker*, I. Bd. [1896/1996], S. 499)。これをクリティアスに帰すことにかんしては、参照、ジョン・E・サンズ『アリストテレスのアテネの国制』(John E. Sandys, *Aristotle's Constitution of Athens* [1893/2000], 序論 S. XVII, とりわけ Anm. 3)。参照、また、本章注(18)と(48)も。この著作がトゥキュディデスにおよぼした影響は、本章注(10)と(11)で引用した箇所から読み取れよう。プラトンへの影響については、参照、とりわけ第八章注(59)ならびに『法律』704a-707d.(参照、アリストテレス『政治学』1326b-1327a, キケロ『国家について』(M. T. Cicero, *De Republica*[ドイツ語訳、*Der Staat*, 1993], II, 3 と 4.)

(37) これは、メルヴィン・レーダーの書物のタイトル『妥協なし。二つの世界間の闘争』(Melvin Rader, *No Compromise. The Conflict Between Two Worlds* (1939))をほのめかしている。——これはファシズムのイデオロギーに対する素晴らしい批判である。

(このパラグラフにおける後半の箇所での)人間嫌い、そして論理嫌いに対するソクラテスの警告を示唆している。参照、上記注(28)。

(38) 《(1)〈批判的思考の創出〉とでも呼べる発展は、新しい伝統、つまり受け継いできた神話や伝統を批判的に論じるという新しい伝統の確立にあるというのが、わたくしの理論だが、これについては、参照、わたくしの講演〈合理的な伝統論に向けて〉(*Towards a Ra-*

tional Theory of Traditions)(初出 *Rationalist Annual* 1949, 現在は拙著『推測と反駁』第四章 2000, S. 175 ff. 所収)。(このような新しい伝統のみがイオニア学派の最初の三世代が三つの異なった哲学を生んだことを説明するであろう。)》

(2) 学校(とりわけ、大学)〔原語は Schule で学派の意味ももつ〕は、昔から氏族生活のある面を保存してきた。大学は、縁故関係とかタブーの存在を示す記章などに結びついているし、とりわけ、あらゆる社会的含意(階級、人種、カーストなど)を含めて、多くの学校のもつ家父長的あるいは権威主義的性格が考えられねばならない。プラトンは、氏族の生活、ホルデ〔「群れ」や「部族」〕を再建しようとして失敗したが、そのときかれが氏族の代わりに学校を建てようとしたのも偶然ではないし、学校がしばしば反動の要塞であること、学校教師や教授が小型の独裁者であることも偶然ではない。

こうした初期の学校の性格およびそれがタブーに満ちた氏族制度との類似性をもっていることを絵解きするために、ここでは初期ピタゴラス派のタブーについて若干のリストを掲げておこう。(リストはバーネットの『初期ギリシア哲学』からである。J. Burnet, *Early Greek Philosophy*, 2. Aufl., S. 106[ドイツ語訳、*Die Anfänge der griechischen Philosophie*, たとえば、Anm. 6, S. 84]。バーネットはこのリストをH・ディールスから継承している。参照、『断片集』第一巻 S. 97 ff. しかし、参照、*op.cit.*, S. 101 におけるアリストクセノスの証言も。) バーネットは〈まったく原始的なタイプの真正のタブー〉について語っている。それらのタブーをここにリストアップしておこう。豆を食べるな――大地に落ちたものを拾うな――白い雄鶏に触れるな――パンをちぎるな――横向きの棒をまたぐな――火をたがねでかき混ぜるな――パンを丸ごと食べるな――花輪を引きちぎるな――四分の一《クオート》容器の上に座るな――心臓を食べるな――街道をうろつくな――燕に屋根を貸すな――火からおろした鍋の跡を灰に残さず、かき混ぜよ――光とならんで鏡を見るな――起床したら敷布をまるめ、体の跡を伸ばせ。

(39) 興味深いことながらこの発展には、ペルシアによる征服をつうじての氏族生活の崩壊が平行して生じている。この社会革命が、E・マイヤーが示唆しているように(*op.cit.*, III. Bd., S. 167 ff. [1980, IV. Bd., 1. Abt., S. 157 ff.])、一連の予言者的な、つまり、本書での用語で言えば、運命、没落そして救済を語るヒストリシズム的宗教――このもとには、ユダヤの〈選民〉の宗教も含まれるが――を出現させたのである(参照、第一章)。

こうした宗教のいくつかには、世界の創造はまだ完了しておらず、さらに引きつづくという教えが含まれていた。これは、世界は建造物であるという初期ギリシアの考えと、また第二章で述べておいたが、ヘラクレイトスによるこの考えの破壊と照合される必要がある(参照、第二章の注(1))。この建造物にはアナクシマンドロスでさえ不安を感じたことを述べておきたい。かれは、この建造物の素材が限界のない、定まった形をもたない、規定しようのない性格のものであることを強調した。これは、〈建造物〉がもしかすると堅い枠組みをもたず流動しているという感情の表現であったかもしれない(参照、次注)。

ギリシア本土でのディオニュソス的、あるいはオルフェウス的秘儀の発展は、おそらく、東方における宗教の発展と密接な関連をもっているだろう(参照、ヘロドトス『歴史』II, 81)。ピタゴラス主義は、よく知られているように、オルフェウス教の教えと多くのものを共有している――とりわけ、魂の理論にかんして(参照、下記の注(44)も)。しかしピタゴラス主義は、あきらかに〈貴族主義〉を混合させていたが、対するにオルフェウスの教えはこの運動のいわば〈プロレタリア〉版であった。E・マイヤー(*op.cit.*, III. Bd., S. 428 [1980, IV. Bd./1, S. 405])は、哲学の発端をこの秘儀に対する合理的な対抗潮流であると記述したとき、おそらくただしかった。こうしたことがらについては、参照、ヘラクレイトスの態度(『断片集』第一巻断片B 5, B 14, B 15およびH・ディールスにしたがえばB 40, B 129, ならびにI・バイウォーターにしたがえば124–129そして16–17)。[参照、I. Bywater (Hg.), *Heracliti Ephesii Reliquiae*, 1877, S. 6 f.] ヘラクレイトスは秘儀およびピタゴラスを憎悪した。ピタゴラス主義の影響を受けたプラトンは秘儀を軽蔑した。(参照、『国家』364e f. だが、『国家』第九巻へのJ・アダムの付録IV、かれの校訂版[*The Republic of Plato*]での第II巻378–380.)

(40) アナクシマンドロス(参照、前注)については、つぎの有名かつ奇妙な断片(いまは『断片集』第一巻S. 89, B 1所収)を見よ。「あらゆる事物の発端と起源はアペイロン(限界をもたず、形もなく、規定しえないもの)である。事物が発生してくるところに、そこにふたたび事物は消滅していく、運命的な必然性をもって。なぜなら、それらは、時の掟にしたがって、(相互の侵入によって)加え合った不正に対して、相互に改悛と贖罪をしなければならないからである。」(とりわけ、Charles H. Kahn, *Anaximander and the Origins of Greek Cosmology*, 1960/1994, S. 166 ff. も見よ。) T・ゴンペルツは、アナクシマンドロスにとって個別的存在は不正と思われたのだと見なしている((注(36)で触れた) *Griechische Denker*, S. 47. プラトンの正義論との類似性は注目にあたいする)。だが、この解釈はきびしく批判されてきた。

(41) パルメニデスは、この重荷から自己救済を図った最初の者であった。かれは、静止状態にある世界という自分の夢こそ、真の現実をあらわすものだとし、自分が生きており流転している世界をむしろ夢と解釈することでそうしようとした。「現実に存在するものは分割しえない。それはいつでも完全な全体であって、その秩序から離れることはないのであり、決して分散されることはなく、したがって再結集されることもない」(『断片集』第一巻 S. 232, B 4)。パルメニデスについては、参照、第三章注(22)ならびに本文。

(42) 参照、本章注(9)(および第五章注(7))。

(43) 参照、E・マイヤー『古代史』III. Bd., S. 443 [1980, IV. Bd., 1 Abt, S. 418] およびIV. Bd., S. 120 f.

（44）Ｊ・バーネット「魂についてのソクラテスの教え」（J. Burnet, 〉The Socratic Doctrine of the Soul〈, in *Proceedings of the British Academy*, Bd. VIII (1915/16), S. 235-259）。わたくしは、バーネットの他の理論の多くには、とりわけ、ソクラテスとプラトンの関係にかんするかれの論には同意できないだけに、この部分的な一致は強調しておかねばならない。バーネットによれば二人のうちソクラテスの方が政治的観点からするとより大きな反動家なのである（*Greek Philosophy* [1914/1981], S. 170 f.）。――これは、わたくしには支持できないと思われる見解である。参照、本章注（56）。

ソクラテスの魂の教えにかんして言えば、バーネットが〈汝の魂を配慮せよ〉という要求のもつソクラテス的な性格にこだわるとき、かれはただしいと思う。なぜなら、この要求はソクラテスの道徳的関心の現れであるからである。だが、わたくしはソクラテスがなんらかの形而上学的な魂の説をもっていたことはまずないだろうと考える。『パイドン』『国家』などの理論はわたくしには疑いの余地もなくピタゴラス的であると思われる。（身体は魂の墓であるというオルフェウス的‐ピタゴラス的教えについては、参照、『国家』へのＪ・アダムの付録Ⅳ［*The Republic of Plato*, Bd. II, S. 378 ff.］および本章注（39）。）『弁明』19c におけるソクラテスの明確な主張にかんして言えば、かれは「この種のことにはいささかもかかわりをもってこなかった」わけだから（つまり、魂の本性〔Natur〕を含めて、自然〔Natur〕についての思弁にはかかわりをもってこなかった。参照、本章注（56）(5)、ソクラテスはピタゴラス主義者であったというバーネットの見解に対しては断固として反論せざるをえない。そして、魂の〈本性〉についてソクラテスは形而上学的な教えを主張したというバーネットの仮定にも反論せざるをえない。

わたくしは、〈汝の魂を配慮せよ〉というソクラテスの要求は、かれの道徳的(そして知的)個人主義の表われであると考える。かれの教えのうち、有徳な人間は自足的であるという個人主義的教えほど十分に表明されているものはまずない。(第五章注(25)および第六章注(36)で言及した証拠を見よ。)だが、この教えは〈君の魂を配慮せよ〉という文に表現された考えともっとも固く結びついている。ソクラテスが、自足性をこれほど強く力説したとき、君の肉体は破壊されるとはいえ、君の倫理的統合性はそうではないと言いたかったのだ。君の配慮するものが自身の倫理的統合性であるならば、なにものも君を害することはできない。

プラトンは、魂についてのピタゴラス主義者の形而上学的な議論を知ったとき、ソクラテスの道徳的態度には形而上学的な基礎が必要であると、とりわけ、死後の生についての理論が必要であると感じたのであろう。それゆえかれは、〈なんぴとも君の倫理的統合性を破壊することはできない〉という教えを、魂は破壊されえないという考えでとりかえたのだ(参照、第七章注(9)以下も。)

形而上学者のみならず実証主義者も、わたくしの解釈、つまり、わたくしがソクラテスに帰している道徳的ではあるが形而上学的ではない魂の理論に対しては、そもそも魂について語ることが形而上学的であるのだから、不可能であると言って反対するであろう。わたくしは、プラトン主義的な形而上学者を説得する希望はないと思うが、実証主義者あるいは唯物論者に対しては、かれらもまたわたくしがソクラテスに帰したのと非常によく似た意味において魂の存在を信じているのであり、しかもかれらの多くはそうした魂を肉体よりも高く評価していると示してみたい。

第一に実証主義者でさえ、〈身体的な〉病と〈精神的な〉病とのあいだに完全に経験的な、そしてたとえ不正確であったとしても、〈有意味な〉区別を設定できることを認めるであろう。この区別は、病院組織などにとってかなり実践的な意味をもつ。(それがいつの日にかより正確なものによっておき換えられることも十分ありうるであろう——しかし、それはまたべつの問題である。) さてわれわれの多くは、実証主義者でさえそうだと思うのだが、選べと言われたならば、軽い精神の病よりも軽い身体の病の方を選ぶであろう。さらに実証主義者でさえも、おそらく、長期にわたる治療不可能な精神の病、したがって魂の病気よりも、おなじように長くあっても治療不可能な身体の病の方を(苦痛でないならば)選ぶであろう。このようにして、形而上学的な表現を用いずとも、かれらは肉体よりも魂の方に重きをおいていると言えるだろう。(参照、『パイドン』82dでの言明「かれらは魂を配慮するのであり、みずからの肉体の奴隷ではない」。また参照、『弁明』29d-30b.) そしてこうした話し方は、かれらが魂について想定するどんな理論ともまったく無関係であろう。そしてわれわれの推論は、魂が最終的に体の一部であると、そしてあらゆる精神的な病は身体的な病と見なされたことがあきらかになったときでさえ、妥当なものであろう。そうしたばあいには、かれらはおそらく自分たちの脳を他の肉体的部分よりも高く評価しているということがあきらかになるだろう。

さて、同様にして、魂についてのソクラテスの考えにより近い見解に移っていくことができる。われわれの多くは、知的な目的のために、かなりの身体的過酷さに耐える覚悟をもっている。われわれは、科学上の認識を促進するために耐える覚悟をもっているし、また知恵を獲得するために、つまり、自分たち自身の知的な発展を促進するために、耐える覚悟をもっている。(ソクラテスの主知主義については、参照、たとえば『クリトン』44d/eや47b.) 似たようなことは、道徳上の目的、たとえば平等主義の意味での正義とか平和などの促進についても言えるであろう。(参照、『クリトン』47e/48a. そこで、ソクラテスは〈魂〉ということで「正義によって改善され、不正によって腐敗させられる」部分を理解すると説明している。) そしてわれわれの多くは、ソクラテスと一緒に、健康を楽しむとはいえ、こうしたものこそわれわれにとっては健康よりも重要であると言うであろう。そして多くの人は、ソクラテスに同意して、こうした態度の可能性があるからこそ、われわれは動物ではなく人間であることを誇りにするのだと言うであろう。

こうしたことは、〈魂の本性〉についての形而上学的理論をなんら引き合いに出すことなく、言えることだと思う。ソクラテスはこの種の思弁にはなんらかかわりをもたないと十分すぎるくらい十分に言っているのに、なぜかれにこのような理論が帰属させられるのか、わたくしにはまったくその理由がわからない。

(45)『ゴルギアス』は、私のみるところ、部分的にはソクラテス的である。（もっとも、すでにゴンペルツが気づいていたのだが、ピタゴラス的な要素は、大部分プラトン的であることを示していると言わねばならない。参照、本章注(56)。）この著において、プラトンはソクラテスに、アテネの〈港、造船所、壁〉への、そしてまた同盟国に課せられた年貢や税への攻撃を語らせている。こうした攻撃は、そこに述べられたままでは、たしかにプラトン的である——その点から、なぜそれらが寡頭政治家による攻撃と酷似しているのかも説明されるであろう。だがわたくしはソクラテスが、かれの考えからすれば最大の重要性をもったことがらを熱烈に強調するあまり、似たようなコメントを加えることになった可能性も十分にありうると考える。だが、ソクラテスは、開かれた社会、とりわけその代表格であるアテネに対する寡頭派の背信的なプロパガンダを道徳的に批判したわけであるが、それが歪曲されてはならないと考えたのであろう。（ソクラテスの忠誠心の問題については、参照、とりわけ、本章の注(53)およびその本文。）

(46) プラトンの作品においてはカリクレスとトラシュマコスは典型的な人物である。歴史的に見たばあい、おそらくかれらにもっとも近いのはテラメネスとクリティアスであろう。またアルキビアデスもそうであろうが、この者の性格と行為は判断するのがきわめてむずかしい。

(47) 以下のコメントは、きわめて思弁的であり、わたくしの論証とはかかわりをもたない。わたくしの考えでは、ソクラテスをつうじてのプラトン自身の転向が『アルキビアデスI』の基礎であるだろうと思う。おそらくプラトンはこの対話編において自分自身を隠すためにアルキビアデスの仮面をかぶったのだ。かれには自分の転向の物語を語る十分な理由があっただろう。なぜなら、ソクラテスが、アルキビアデス、クリティアスまたカルミデス(下記を見よ)の悪行の責任を問われて告発されたとき、法廷での自己弁護において、生きた実例として、そしてかれの真実の教育的影響の証人としてプラトンに言及していたからである。プラトンは、文学のかたちで証言しようという衝動をもっていたのであり、自分とソクラテスの関係について裁判では話せなかったことを報告しなければならないと感じていたのかもしれない。(参照、Alfred E. Taylor, *Socrates* [1932/1979], Anm. 1 zu S. 104 f.) かれは、アルキビアデスの名前やその周りの特殊な環境(たとえば、政治的功名心に駆られた夢――これは転向以前のプラトンのそれに似ていたであろう――)に言及することで、ソクラテスの倫理的影響一般、そして特殊的にはアルキビアデスへの影響は、告発者たちが主張するものとは根本的に異なっていたと指摘すれば、弁護の目的は達成されるだろうと望んだのであった(参照、注(49)〜(50)の本文)。わたくしは『カルミデス』もまた大部分自画像でないこともないだろうと考える。(プラトン自身は他の者を転向させようと企てたのだが、しかしわれわれに判断しうるかぎりでは、まったくべつな手段によって、つまり直接の個人的な道徳的訴えによってではなく、むしろ、かれが善の弁証法的直感の前提条件と考えたピタゴラス派の数学についての制度をつうじた教育によって、転向させようとしたのだと断定しても、あながち関心をひかないわけではないだろう。)参照、第六章注(9)およびかれが小ディオニュシオスを転向させることに失敗した物語。『アルキビアデスⅠ』とそれに結びついた諸問題については、参照、George Grote, *Plato, and the Other Companions of Sokrates* [1875/1998]第一巻、とりわけS. 351-355.

(48) エドゥアルト・マイヤー『古代史』(Eduard Meyer, *Geschichte des Altertums*, V. Bd. [1902/1980], S. 34(ならびにクセノポン『ギリシア史』(Xenophon, *Hellenica*, II, 4, 22)))。同巻のS. 16-21とS. 32-40(参照、とくにS. 32 f.)には、本文中の解釈の正当化に必要な一切の証明材料がある。『ケンブリッジ版古代史』(*Cambridge Ancient History* (1927, Bd. V, 参照、とくにS. 369 ff.)もこの出来事をよく似た仕方で解釈している。

さらに言及しておくべき事実がある。三〇人僭主政がその恐怖政治をつづけた八カ月のあいだに殺害した自由市民(Vollbürger)の数はおおよそ一五〇〇名にのぼる——これは、知られているかぎりで、戦後に生き残った自由市民全体の一割(おそらく、おおよそ八パーセント)を下らない。換言すれば、ひと月当たり一パーセントであり、われわれの時代における恐怖政治でさえほとんど凌駕しえない仕事ぶりなのだ。

A・E・テイラーは三〇人僭主政についてつぎのように書いている(A. E. Taylor, *Socrates*, Anm. 47, S. 100, Anm. 1で)。「これらの人びとは状況の誘惑に駆られておそらく〈冷静さを失った〉のだということを思い出すのが正当というものだろう。クリティアスは以前には詩人として、高い教養をもった人物として知られていたのであり、その政治的傾向は決定的に民主派寄りであった。」わたくしは、傀儡政権、とりわけプラトンの愛する叔父の責任を小さく見積もろうとする試みは失敗せざるをえないと思う。この当時、青年貴族たちが適切な機会に明言した民主派的心情は長続きしなかったのであり、その心情をどう考えるべきかについては十分なことが知られている。くわえて、クリティアスの父親(E. Meyer, IV. Bd., S. 579 [1980, IV. Bd., 2. Abt. S. 283]およびプルタルコス「リュサンドロス」(『英雄伝』所収)Plutarch, *Lysandros* [in *Große Griechen und Römer*, 1955, S. 31 ff.])や、おそらくクリティアス自身も寡頭派四〇〇人衆に属していたのだ。さらに、現存するクリティアス文書は、背信的な親スパルタ的傾向、寡頭派的立場(参照、たとえば、『断片集』第二巻S. 396 f., B 45)、公然たるニヒリズム(第八章注(17))、および野心(『断片集』第二巻S. 381 f., B 15, またクセノポンの『ソクラテスの思い出』*Memorabilia*, I, 2, 24ならびにかれの『ギリシア史』*Hellenika*, II, 3, 36および47[1988, S. 114 f.およびS.

118 f.])を示している。だが、決定的な点は、かれが文字通り〈アテネ寡頭派〉の政治綱領、偽クセノポンの『アテネの国制』の著者(本章注(36))が示したそれを首尾一貫して行動に移そうとしていたこと、つまり、アテネの民主政をスパルタの力を借りて根絶し、アテネを敗北させ転落させようとしていたことである。使用された暴力の規模は、この状況の論理的帰結である。そこに示されているのは、クリティアスが冷静さを失っていたということではなく、かれが諸困難と対抗勢力、つまり、民主派の侮りがたい抵抗力をよく知っていたということである。

E・マイヤーは、大ディオニュシオスに大いに同情しており、そのことで少なくとも僭主に対して偏見をもっていないことを証明しているわけだが、クリティアスについて(*op. cit.*, V. Bd., S. 15)その驚くべき日和見主義的な政治経歴を素描したあとで、かれはスパルタの征服者である「リュサンドロスのように……支配者の役割を演じようとした」と言っている。だから、かれはリュサンドロスの傀儡政権の首領たるにふさわしかったわけだ。

わたくしには、クリティアスの性格と、プロイセンの「大王」と呼ばれたフリードリヒ二世の性格とには瞠目すべき類似性があるように思われる。前者は、軍人、唯美主義者、そしてソクラテスの懐疑的な同伴者であったし、後者もまた、軍人、唯美主義者、音楽家、詩人、ヴォルテールの懐疑的な弟子、そして同時に近代史における最悪の僭主にして仮借なき抑圧者の一人であった。(フリードリヒについては、(本章注(19)でも触れた)W. Hegemann, *Entlarvte Geschichte.* とりわけS. 90では、クリティアスとよく似た宗教観が描かれている。)

(49) この点は、(本章注(47)でも触れた)テイラーがよく説明している(A. E. Taylor, *Socrates*, S. 103)。ここでテイラーはバーネット[本章注(44)でも触れたJ. Burnet, *Greek Philosophy*, S. 149]がプラトン『エウテュプロン』4c, 4へ加えた注にしたがっている。——テイラーがソクラテス裁判に与えた素晴らしい叙述から少しばかり距離を取りたくなる唯一の点(*op.cit.*, S. 103およびS. 119 f.)は、告発、とりわけ〈新しい宗教的慣習〉を導入したという告発の意図についての解釈である(*op.cit.*, S. 109とS. 111 f.)。

(50) この点を証明する材料はテイラー(A. E. Taylor, *Socrates*, S. 112-114)に見出される。参照、とりわけ、S. 114, Anm. 1. そこでは*Aeschines* I, 173, すなわち、「あなた方は、ソクラテスがクリティアスを教育したことが示されたからと言って、ソクラテスに死刑判決を下した」が引用されている。

(51) 可能なかぎり多くの者を自分たちのテロ行為に巻き込むというのが三〇人僭主政の政策であった。参照、テイラーの的確なコメント(A. E. Taylor, *Socrates*, S. 101 f.(とくにS. 101への注3))。カイレポンについては、本章注(56)(5)(e6)を見よ。

(52) クロスマンや他の多くの者はこれを信じている(参照、Richard H. S. Crossman, *Plato Today* (1937/1971), S. 58 f.)この点でわたくしはテイラー(A. E. Taylor, *Socrates*, S. 115

f.)に同意する。参照、そのページでのかれの注1と2。

ソクラテスを殉教者にしてしまうことは告発の意図するところではなかったし、またソクラテスが妥協する、つまりアテネを去るとか沈黙を約束しさえすれば、公判は回避されたか、あるいはべつなふうに処理されていたことであろう。——こうしたことはすべて、『弁明』や『クリトン』でのプラトンの(あるいはソクラテスの)示唆に照らしてみると、かなり明確であると思われる。(参照、『クリトン』45eとりわけ52b/c. そこでソクラテスは、公判で国外移住を申し出ていたならば、許されていただろうと述べている。)

(53) 参照、とりわけ『クリトン』53b/c. ここでソクラテスは、与えられた逃亡の機会を受け入れるなら、裁判官の心証を強化するだろうと説明している。というのも、法を犯す者は、おそらく、青年を堕落させるであろうから。

『弁明』と『クリトン』はソクラテスの死後、ほどなくして書かれたものであろう。(おそらく、二つのうちでもより以前に書かれたものと思われる)『クリトン』は、おそらくソクラテスの望みにそくして、なぜ逃亡しなかったのかを説明するために書かれたのであろう。おそらくは、こうした願望が、ソクラテス対話編を執筆する誘因であり、インスピレーションであったのだろう。注(32)で言及したゴンペルツ(T. Gomperz, *Griechische Denker.* S. 349)は、あとに書かれたのは『クリトン』であると考え、ここで忠誠心を示そうとしているのはプラトンであると仮定することで、その趣旨を説明している。ゴンペルツは、

「この小さな対話編に見合った誘因であったかどうかはわからない。だが、プラトンは自身や仲間が革命を志向しているという嫌疑を防止しようとして躍起になっているという印象を拭い去ろうとしているのだが、ほとんどそれをなしえていない」と書いている。ゴンペルツの仮定は、プラトンの意図についてのわたくしの一般的な解釈とよく合致するとはいえ、『クリトン』はプラトンよりもソクラテスの弁護を狙っていると言った方がはるかにたしからしいという感じがある。とはいえわたくしは、ゴンペルツがこの作品の内容や趣旨に与えている解釈には同意する。たしかにソクラテスは自分の生涯の仕事を脅かすことになる嫌疑から身を守ることに最大の関心をもっていた。——『クリトン』の内容についてのこうした解釈についていえば、わたくしはふたたび注(47)で触れたようにテイラー(A. E. Taylor, *Socrates*, S. 123 f.)に完全に同意する。だが、『クリトン』には忠誠心あふれる心情があり、そしてこれはあからさまにアテネに反対しスパルタの側に立つ『国家』の明々白々たる背信的内容とは目がくらむほどの矛盾をなすわけであるから、バーネットやテイラーの見解、すなわち『国家』はソクラテス的であるとともに、ソクラテスはプラトンにまさって民主主義への敵対者であるという見解を反駁する。(参照、本章注(56)。)

ソクラテスは民主主義に対する自分の忠誠心をくり返し強調した。この点については、参照、とりわけ、以下の『クリトン』からの箇所。51d/eでは、法のもつ民主主義的な性格、つまり、市民は法を暴力に訴えることなく合理的な議論をつうじて変革できる(あるいは、ソクラテスが述べているように、法を納得できるように試みる)可能性が強調されている。52b f. では、ソクラテスはアテネの国制に対してなんら異議をもっていないことを強調している。53c/d では、徳や正義のみならず、とりわけアテネの制度や法律を地上における最良のものと呼んでいる。54c では、自分は人類のための生贄であるかもしれないが、断じて法のための生贄ではないと主張している。

　これらすべての箇所(そして、とりわけ『弁明』32c の箇所。参照、第七章注(8))を念頭におくと、まったく異なった趣をもっている箇所(ソクラテスが間接的にスパルタとクレタの国制を称賛している 52e)は注意深く取り上げねばならないだろう。とりわけ、ソクラテスが他の国々やそこでの法律を知りたいとは思っていないという 52b/c を勘案すると、52e でのスパルタやクレタについてのコメントは『クリトン』を後期の諸著作、とりわけ『国家』との整合をとるための挿入箇所であると想定したくなる。これがただしいのであれ、あるいは、それがプラトンの補筆になるのであれ、——それが、ソクラテス自身にもとづくことはまずありえないであろう。ソクラテスは親スパルタ的ととられかねない一切のもの言いとか行為を細心の注意をもって避けていたことを思い出しさえすればよい——この点についてはクセノポンの『アナバシス』(Xenophon, *Anabasis*, III, 1, 5 [1990, S. 139])から知られるのだが。そこではこう述べられている。「ソクラテスは、かれ(つまり、友人である青年クセノポン——もう一人の若い面汚し)が背信を咎められるのではないかと恐れていた。なぜなら、キュロスは、周知のように、対アテネ戦争でスパルタに助力していたからである。」(この箇所は、『ソクラテスの思い出』にくらべれば、たしかに嫌疑をかける余地はほとんどない。ここにはプラトンの影響は認められないし、クセノポンは、事実上間接的に、祖国に対する義務をあまりにも軽く受け止めたので、追放されるにあたいするとみずからを責めているのである。(*Anabasis, op.cit.,* V, 3, 7 [S. 277] および VII, 7, 57 [S. 465]).)

(54)『弁明』30e/31a.

(55)「ソクラテスはただ一人の〈後継者〉をもった——プラトンである」とその著『ソクラテス』(*Socrates* [*op.cit.,* S. 173])を締めくくったテイラーにプラトン主義者はすべて同意するであろう。グロートのみは、本文のここで述べたことと類似の見解をしばしば主張したと思われる。したがって、たとえば、第七章注(21)で引用したかれの意見(第八章注(15))は、少なくとも、プラトンはソクラテスを裏切らなかったと言えるのかという点についての疑念の表明と解することができよう。グロートは、余すところなく明確に、(『法律』のみならず)『国家』には、『弁明』におけるようなソクラテスに対しては有罪判決を下し、そしてプラトンの最善国家ではそのようなソクラテスは決して目こぼしされないだろうと示すに足る十分な理論的基礎が含まれている、と述べた。そのうえかれは、ソクラテスが三〇人僭主政下でこうむった実際の取り扱いと、プラトンの理論とのあいだに一致があることを指摘している。【「プラトンは、師のソクラテスが異端審問の犠牲になったことをすっかり忘れてしまったように見える」と書く新しい著述家もいる。かれ、A・フェルドロース＝ドロスベルク(A. Verdross-Drossberg, *Grundlinien der antiken Rechts-und Staatsphilosophie* [1946], S. 114)の見方はさらにここに述べた捉え方とよく似ている。「新しい国家論の積極的な構築には……ソクラテスはほとんど貢献しなかった。それにもっとも強い影響を与えたのは、おそらくピタゴラスであっただろう」(*op.cit.*, S. 112)。そして『法律』にかんして言えば、フェルドロース＝ドロスベルクは、いままさに言及した自分のコメントにヴラディーミル・ソロヴィヨフの見解(Wladimir Solowjew, *Das Lebensdrama Platons*, 1926, S. 90 [*Erkenntnislehre, Ästhetik, Philosophie der Liebe*, 1953にも収められている、S. 332])、つまり、それは「ソクラテス、そして哲学に対する、まさに拒絶を」かいま見せるものであると付記している。】(弟子が師の教えを捻じ曲げ、しかも師は存命であり、著名であり、公に抗議しているにもかかわらず、それに成功しうることを示す例はある。——そのような例は第二巻〔第三分冊〕第一一章注(58)で述べた。)

本注の後段で加えるつもりの『法律』にかんするコメントについては、参照、とくに第八章注(19)〜(23)で言及した『法律』からの箇所。この問題にかんしてここで述べられた考えとは正反対の見解をもっているテイラーでさえ(参照、次注も)、「神学において誤った見解をもつことは国家に対して無礼を働くことであるとするように提案した最初の者は、

『法律』第一〇巻でのプラトンその人であった」と認めている(A. E. Taylor, *op.cit.*, S. 107, Anm. 1)。

本文では、とくにプラトンの『弁明』と『クリトン』を『法律』と比較している。こうした選択をしたのは、バーネットとテイラーを含めて(次注を見よ)ほとんどの人が、『弁明』と『クリトン』はソクラテスの教えを語っているのに対し、『法律』はプラトン的と言えるという点を承認するであろう、という理由からである。したがって、バーネットとテイラーは、ソクラテスは民主主義に対してはプラトンよりも大きな敵であったという自己の見解をどのようにして擁護するのか、はなはだ理解しがたい。(それらの見解は、注(44)でも触れたが、J. Burnet, *Greek Philosophy*, S. 170 f. ならびに A. E. Taylor, *Socrates*, S. 149 f. や S. 169 f. に見られる。) 自由のために戦い(とくに本章注(53))、そしてそれゆえに死んだソクラテスの諸行為についての既述の解釈と、そして『法律』を執筆したプラトンの諸行為とを弁護するという試みはおよそどこにも見出せない。

だが、バーネットやテイラーはそうした類まれな見解を主張しているのだ。というのも、かれらは、『国家』はソクラテス的であってプラトン的ではないし、『国家』はある意味では『政治家』や『法律』よりも反民主主義的であることが少ないと言えると考えているからである。しかし、『国家』と、『政治家』いわんや『法律』との相違はじっさいにはごくわずかである。とりわけ、『法律』の最初の数巻のみならず最後の巻を手にするならば、少なくとも一〇年、おそらくは三〇年からそれ以上の隔たりがあり、文体や漂う気分からしても相互にきわめて異なるこれら二つの巻は、教義において事実として予想されるよりもはるかに大きく一致している(参照、第四章注(6)および、『法律』での教義と『政治家』でのそれと同一ではないにしても類似性を示す他の多くの箇所)。『国家』と『法律』がともにプラトン的であると仮定することにはいかほどの困難もない。それに対して、ソクラテスは民主主義の敵であるどころかプラトンがそうであるよりも一段と巨大な敵であるというバーネットやテイラーの理論は、『弁明』や『クリトン』のみならず、『国家』もまたソクラテス的であるという、不条理とは言わないが、結びつけることのできない困難に陥る。(これらすべての問題については、参照、次注も。)

(56) ほとんど言う必要はないであろうが、この文は、プラトンの正義論、またとりわけ『国家』の最重要な政治論が果たした歴史的役割についての、またとりわけ、『国家』の最重要な政治論についてのわたくしの解釈——言い換えれば、初期対話編(なかんずく『ゴルギアス』)と『国家』との矛盾の原因を、ソクラテスの教えと後期プラトンの教えとの根本的な相違に見る解釈——を要約する試みである(三〇人僭主政の道徳的失敗については、参照、クセノポン『ギリシア史』(Xenophon, *Hellenika*, II, 4, 40–42 [1988, S. 146–149]))。ふつうソクラテス問題と呼ばれているこの問題のもつ大きな意義からすれば、ここでかなり長く、そして部分的には方法論的でもある解明に立ち入ることも正当化されるだろう。

(1) ソクラテス問題の古い解決策は、プラトン対話編のうち、ソクラテスが主要な対話者として出現する大部分(たとえば、『パイドン』や『国家』)はプラトン的であるが、ある作品群、とりわけ、『弁明』や『クリトン』はソクラテス的である(つまり、大筋において、また意図において、歴史的にただしい)と仮定するものであった。古い権威者たちはこうした意図をしばしばつぎのような仕方で正当化した。つまり、かれらは、クセノポンを〈独立した証人〉として了承し、一方でクセノポンのソクラテスと〈ソクラテス的〉対話編群のなかのソクラテスとの類似性を指摘し、他方でクセノポンのソクラテスと〈プラトン的〉作品群中の〈ソクラテス〉との相違を指摘したのである。とりわけ、形相とかイデアについての形而上学的理論はふつうプラトン的と考えられていた。

(2) バーネットはこうした見解を攻撃し、A・E・テイラーによって支持された。バーネットは、(わたくしが言うところの)古い解決策が依拠している議論は循環していると言い、それには説得力がないとして否定した。かれの見解からすると、形相の議論が現れることが少ないと言って一群の対話編を選択したうえで、それらをソクラテス的と名づけ、そのうえで形相の議論はソクラテスの工夫ではなくプラトンの工夫であると言うことは支持できないし、さらに、クセノポンを独立の証人として導入することも支持しがたい。なぜなら、第一にかれの独立性を信じるべき根拠が存在しないからであり、第二にかれは『ソクラテスの思い出』[ドイツ語訳 *Erinnerungen an Sokrates*, 1987]を執筆し始めたときには一連のプラトン的対話編を知っていたと仮定すべきよい理由が存在するからである。そこでバーネットはつぎのような仮定から出発すべきであるという方法論的要請を立てた。すなわち、プラトンはソクラテスに一定の学説を語らせたとき、それを自分でもほんとうに言おうとしていたのだという仮定であり、そうした教義はソクラテスに特徴的なものであり、そして読者もおなじことを信じることを望んだという仮定である。

(3)　わたくしにはソクラテス問題についてもバーネットの捉え方は支持しがたいと思われるのだが、きわめて価値があり刺激的であるとも考える。大胆な理論は、それが誤りであるときにもいつでも進歩を意味しており、そしてバーネットの書物はこのテーマにかんして大胆で伝承されてきた見解とは異なる見解に満ちている。歴史的なテーマは、容易に色あせ見捨てられていくだけに、これは高く評価すべきである。とはいえ、わたくしはバーネットのブリリアントで大胆な理論を高く評価すればこそ、そしてまたかれの救世主的な効果を高く評価するだけに、手もとの証拠に照らして、それを支持する可能性はほとんどないと認めざるをえないのである。バーネットは自分自身の着想に言いようもないほど無我夢中になってしまい、批判的になりえなかったのだと思われる。だからこそ、他の人間はこうした着想を批判しなければならない。

さてソクラテス問題について言えば、わたくしは、他の多くの人もそうであろうと思うが、〈古い解決策〉と名づけたものは根本においてただしいと考えている。この解決策はバーネットやテイラーに対するよき反論にもとづいて擁護されてきた――とりわけ、フィールド(G. C. Field, *Plato and His Contemporaries*, 1930/1974)やロジャーズ(Arthur K. Rogers, *The Socratic Problem*, 1933/1971)によって――また他の多くの学者がかれらの追随者に数え上げられるだろう。わたくしには、これまでに提示された論証には説得力があると思うのだが、本書でのいくつかの成果を利用して若干の補足的なコメントをくわえておきたい。バーネットに対する批判を開始するまえに、以下の方法論的原則への洞察をかれに負うていることをお断りしておきたい。プラトンの証言はわれわれのもとにある唯一の第一級の証言であり、他の証言は二次的である。バーネットはこの原則をクセノポンに適用したが、われわれはそれを、その証言がソクラテス自身によって拒否されているアリストファネスにも適用しなければならないだろう(『弁明』において、参照、さらに以下の(5)も)。

(4) バーネットの方法は、「プラトンは〔ソクラテスに一定の学説を語らせたとき〕それを自分でもほんとうに言おうとしていたのだ」という仮定に立脚している。この方法論的原則にしたがえば、プラトンのソクラテスは歴史上のソクラテスの肖像と見なされるべきだということになろう(参照、*Greek Philosophy*, *op.cit.*, S. 104, 173 f. および auf Seite 284 での注、また注(47)で触れた A. E. Taylor, *Socrates*, S. 16 f., 34 f., 152)。わたくしはバーネットの方法論的原則は有効な出発点であると認めるが、(本注のパラグラフ(5)で)事実はバーネットとテイラーを含めてほとんどすべての人にその放棄を迫るという点を示すつもりである。他の人たちとおなじようにかれらもまた、プラトンの叙述をそのまま受け入れるのでなく、解釈することを強いられるであろう。だが、この事情を意識している他の学者は、それゆえ自分たちの解釈に対して注意深く批判的になれるのに対し、プラトンを解釈しておらずただ単純にかれが言ったことを受け入れているだけだと信じている著者たちは、必然的に、自分自身の解釈に対して批判的に立ち向かえなくなるだろう。

(5) プラトンの描くソクラテスの肖像には内部矛盾が含まれている。それは、バーネットの方法論の適用を挫折させ、そしてかれや他の人びとに対して、プラトンが述べたことに解釈を強いるであろう。われわれのもとにはプラトンの証言よりもよりよい証言はないという原則を受け入れるときでさえ、かれの著作中に内部矛盾があるならば、それを文字通りに受け入れるべきではないと強いられるだろうし、かれは、ソクラテスに語らせたことをじっさいに考えていたのだという仮定の放棄も強いられるだろう。証人が矛盾をきたすならば、それを解釈せずに受け入れることはできない——その証言が手もとの最良の証言であろうとも。わたくしはさしあたり、そうした内部矛盾の例を三つのみだが、挙げておきたい。

(a)『弁明』のソクラテスはたいへん印象深いことに、自分は〈自然〉の哲学には関心をもっていない(したがってピタゴラス主義者ではない)と三度(18b-c, 19c-d, 23d)もくり返している。「わたしは、こうしたことがらについてはなにも——多くも少なくも——知らない」(19c)とかれは言っている。「アテネの諸君よ、わたしはそもそもそうしたことがら」(つまり、自然についての思弁)「とはかかわりをもたない。」ソクラテスは、裁判に出席している者のうちには、この断言の真なることを裏づけることのできる者が多数いるだろうし、多くの者が自分の話を聞いただろうが、自然哲学的なことを話すのを多少なりとも聞いた者はいないだろう、と主張する(『弁明』19c–d)。他方でわれわれのもとには、(a′)『パイドン』(参照、とりわけ、『弁明』で言及された箇所をともなう108d f.)と、『国家』がある。これらの対話編ではソクラテスはピタゴラス派の〈自然〉哲学者として出現しており、しかも、バーネットやテイラーにとっては、かれはじっさいピタゴラス教団の中心メンバーだったと言えるほどなのである。(アリストテレスは、ピタゴラス主義者について「かれらの議論は、……すべて自然にかんするものである」と言っている。『形而上学』第三巻第三章989b末尾。)

さてわたくしは、(a)と(a′)とははっきり矛盾するのであり、この状況は、『国家』でなされたという対話の時点は、『弁明』のそれ以前であり、『パイドン』のそれは『弁明』のあとであるという事実によって悪化すると主張したい。そこからして、(a)と(a′)とをつぎのような仮定によって、すなわち、ソクラテスは晩年に(『国家』と『弁明』のあいだで)ピタゴラス主義を放棄したか、生涯が尽きる最後の月に(『弁明』と『パイドン』のあいだで)ピタゴラス主義に転向したという仮定で調停することはできない。

わたくしは、この矛盾をなんらかの仮定とか解釈によって解消する可能性はないとまで主張するつもりはない。おそらくバーネットとテイラーは、『弁明』よりも『パイドン』や『国家』を信頼すべきだとする理由(おそらくよい理由であるもの)をもっているのだろう。(プラトンの描く肖像画の正確さを仮定するならば、『弁明』におけるソクラテスの誠実さを少しでも疑うことは、ソクラテスを、わが身を救うためにはウソもつく人間にしてしまうことを悟るべきであろう。) 目下のところわたくしはこの問題にかかわるつもりはない。ここでわたくしにとって重要なのはつぎのことでしかない。もしバーネットとテイラーが(a′)を受け入れ(a)を拒否するならば、かれらはその根本的な方法論的仮定、すなわちプラトンはソクラテスに語らせたことをじっさいに考えていたのだという仮定を放棄しなければならないのであり、かれらは理屈を通し解釈しなければならないであろう。

だが、意識せずになされる解釈は必然的に批判的ではないものとなる。この点をあらわにするのは、バーネットとテイラーがアリストファネスの証言に適用したやり方であろう。かれらは、ソクラテスが自然哲学者でなかったとしたならば、アリストファネスの冗談は意味をなさなかっただろうと主張する。だが、たまたまソクラテスはまさにこの議論を予見していたのだ(わたくしは、バーネットやディーラーとおなじく、いつでも『弁明』は歴史にそくしたものであると仮定している)。かれは、自分自身を弁護しながら裁判官に対してまさにアリストファネスのこうした解釈に対する警告を発したのだ。そして心の底から自分は自然哲学にはごくわずかであれ、また多くであれまったくかかわってこなかったと主張したのである(参照、『弁明』19c ff. 20c–eも)。ソクラテスはここで影との戦いに巻き込まれていると――過去の影との戦いに巻き込まれていると感じていた。だがわれわれは、かれは未来の影とも戦っていたのだと言えよう。なぜなら、かれが同僚たる市民にアリストファネスを信じあえてソクラテスをウソつきと呼ぶ者は前に歩み出るようと求めたとき――誰も立ち上がらなかったからである。二三〇〇年もたってから、プラトン主義者のバーネットとテイラーが、この求めにしたがう決心をしたわけだ。

　この文脈では、穏健な反民主主義者であるアリストファネスがソクラテスのことをソフィストであるとして攻撃したこと、そしてほとんどのソフィストは民主主義者であったことに言及しておいてよいだろう。

(b)『弁明』(40c ff.)ではソクラテスは不死の問題に対して不可知論的態度をとっている。

(b′)『パイドン』では大略、魂の不死にかんする入念な証明を主張している。バーネットはこの難点を論じているが(かれの校訂版である *Plato's Phaedo*, 1911/1998, S.XLVIII ff.)、その論じ方は決して納得のゆくものではない。(参照、第七章注(9)および本章注(44)。)かれがただしいのであれ、そうでないのであれ――論じているということは、かれが自分の方法論的原則の放棄を強いられており、プラトンの諸言明の解釈を強いられているということである。

(c)『弁明』のソクラテスは、もっとも賢い者の賢さは自分がほとんどなにも知らないことを知っているという洞察にあり、そしてそれゆえに「汝自身を知れ」というデルフォイのことばは「汝の限界を知れ」として解釈されねばならないこと、そしてこのことばからは、支配者こそが他の人間にもましてみずからの限界を知るべきだということが帰結してくるという見解を主張している。おなじような見解は他の初期対話編にも見出される。だが、『政治家』や『法律』の主要な話し手が披露する教義は、権力をもつ者は賢くあるべきであり、そしてその賢さとは自分自身の限界の洞察ではなく、むしろ弁証法哲学のより深遠な神秘を授かること——形相とかイデアの世界の本質直感、また政治についての王にふさわしい学問を授かることなのだ。おなじ教義は『ピレボス』においても出現しており、そこではじつにデルフォイのことばについての議論の一部として出現している(第七章注(26))。

(d)これら三つの明白な矛盾から目を転じて、わたくしはさらに二つの矛盾に言及しておきたい。それらは、『第七書簡』の真正性を信じない人にとってはやり過ごすことができるだろうが、『第七書簡』を真正と考えているバーネットにとっては命取りとなりかねない重要性をもつと思われる。バーネットの見解は(この書簡を無視するときでさえ、支持しえないものである。この問題については、参照、第三章注(26)(5)、プラトン、ではなくソクラテスこそが形相論を主張したというものであるが、この書簡の342a ff. に矛盾するし、またわけても『国家』はソクラテス的であるというかれの見解は326a(参照、第七章注(14))にも矛盾する。もちろん、これらの難点のすべては除去されるであろうが、しかし解釈をつうじてのみである。

(e) 類似の、そして同時に非常に繊細にして重要な一連の矛盾が存在する。それらは先行する諸章、とりわけ第六、七、八章においてある程度まで詳細に論じておいた。ここではそれらのうちでももっとも重要なものをいくつか要約しておこう。

(e1)人間、とりわけ青年に対する態度は、プラトンの描く肖像画においては、ソクラテスの成長発展にそくしているとは言えないような仕方で変化している。ソクラテスは自分の愛した青年たちに向けて自由に語る権利のために死んだ。しかし、『国家』におけるかれの振る舞いは、慇懃無礼であるとともに人間への不信を表わしているし、かれの態度は『法律』における(あきらかにプラトン自身である)アテネの異邦人の不平をこぼす行状に、またこの著にあきらかな人間への一般的な不信に類似している。(第四章注(17)～(18)の、第七章注(18)～(21)の、第八章注(57)～(58)の各本文。)

(e2)おなじことは真理と正直さに対するソクラテスの態度についても言えるであろう。かれはそれらのために死んだのであったというのに。しかし、『国家』においては〈ソクラテス〉はウソを奨励するのだ。あきらかにプラトン的な『政治家』においては『国家』においてウソとされたものが真理であるとされている。『法律』においては異端審問の設立によって自由な思考は抑圧される。(以前に第八章注(1)〜(23)や(40)〜(41)で指摘した箇所、また本章注(55)。)

(e3) 『弁明』や他のいくつかの対話編におけるソクラテスは知的に謙虚であるのに対し、『パイドン』ではみずからの形而上学的思弁の真なることを確信する人間に変わっている。『国家』ではかれは独断者であり、そこでは『政治家』や『法律』の石のごとく硬化した権威主義的姿勢とあまり変わらない態度をとっている。(第七章注(8)〜(14)と(26)の本文、第八章注(15)と(33)ならびに本注の(c)。)

(e4) 『弁明』のソクラテスは個人主義者である。かれは人間各人の自足性を信じている。『ゴルギアス』においてもかれは依然として個人主義者である。『国家』ではかれはラディカルな集団主義者である(国家は自足的なものであるのだから)、そしてかれの態度は『法律』におけるプラトンの態度に非常によく類似している。(第五章注(25)と(35)、第六章注(26)(32)(36)、(48)〜(54)の本文、および本章注(45)。)

(e5) おなじことは平等論に対するソクラテスの態度についても言えるであろう。『メノン』では、奴隷もすべての人間存在がもつ一般的な知性を有し、そのうえ純粋数学を理解できることを承認している。『ゴルギアス』では、かれは正義の平等主義的理論を擁護している。しかし『国家』では、かれは労働と奴隷を軽蔑し、『ティマイオス』や『法律』

のプラトンとおなじように、平等論に対しても敵対的である。（e4）で言及した箇所、ならびに第四章注（18）と（29）、第七章注（10）、また『ティマイオス』51eが引用されている第八章注（50）（3）。）

（e6）『弁明』と『クリトン』のソクラテスはアテネの民主主義に忠誠を尽くしている。『メノン』と『ゴルギアス』では敵意ある批判が示唆されている（本章注（45））。『国家』においては（わたくしは『メネクセノス』においてもそうではないかと思うのだが）、かれは民主主義の公然たる敵である。プラトンは『国家』や『政治家』の冒頭では注意深く表現しているが、やはり『法律』の後半の部分（第六章注（32）の本文）におけるかれの政治的傾向は『国家』の〈ソクラテス〉とあきらかに同一である。（本章注（53）と（55）ならびに第四章注（7）と（14）〜（18）。）

この最後の点はおそらく以下のように考えてみるときさらに支持されるであろう。『弁明』のソクラテスは、アテネ民主主義に忠実であったばかりでなく、自分のもっとも熱烈な弟子の一人カイレポンがかれの隊列に所属していたことを指摘したわけだから民主派に直接貢献していたとも思われる。カイレポンは『弁明』では決定的な役割を演じている。神託を伺いソクラテスに生涯の使命を認識させたのはかれである。それによってかれは、最終的にはソクラテスに民衆〔デモス〕との妥協を断念するように力を尽くしたのだ。ソクラテスは、この重要な人物の紹介にあたって、カイレポンがみずからの友人であったばかかりでなく、ともに追放を受けともに帰還した民衆の友でもあったことを強調した。（カイレポンは、おそらくは三〇人僭主政に対する戦いに参加しそしてピレウスの戦いで斃れた。）つまり、ソクラテスはみずからを弁護する主要な証人としてこの熱烈な民主主義者を選んだのであった。（カイレポンの共感については、たとえば、アリストファネスの『雲』[2001]に独立の証言がある（104, 501 ff.）。『カルミデス』におけるカイレポンの登場はおそらく一種の均衡を取るためのものであろう。そうでないとしたらクリティアスやカルミデスの圧倒的な存在は三〇人僭主政の支持宣言という印象を与えてしまうであろうから。）なぜソクラテスは民主派のメンバーとの結びつきを強調したのか。それは、みずからの信条を守るための闘争においてなされたのであり、告発された者が裁判官をより寛大にさせようとした試みとみることはできない。ソクラテスの自己弁護全体を貫く精神は、こうした仮定を不可能にする。おそらく立てられるべき仮説はつぎのようなものであろう。ソクラテスは自分の弟子は民主派の陣営に属したと指摘することで、貴族派の追随者であり僭主の教師でもあったという（間接的になされた）告発を言外に退けようとしたのであろう。『弁明』の精神は、ソクラテスがじっさいには民主派の大義に共感していなかったにもかかわらず、自己弁護のために民主派の指導者との友誼に触れたのだという考えを排除する。またおなじ結論は、かれが民主派の合法性を信じて、それを強調し、三〇人僭主政に一片のあいまいさもなく悪の烙印を押した箇所からも引き出されねばならない。

(6) プラトンの対話編内の証拠に照らしてみるだけで、対話編は完全に歴史にそくしているわけではないと仮定せざるをえなくなる。したがって、そうした証拠と批判的に照合できる理論を立て、試行錯誤の方法を適用して、それらの証拠を解釈する試みをしなければならないだろう。『弁明』はその大筋において歴史的である——なぜなら、この対話編は、かなりの意味をもつ公的な出来事を、つまり多くの人びとによく知られた出来事を記述している唯一の対話編であると仮定することには適切な理由があるからである。他方で『法律』は(疑わしい『エピノミス』から目を転じるならば)プラトンの最後の作品であり、はっきり〈プラトン的〉であることがわかっている。したがって、立てるべきもっとも単純な仮定は、各対話編は『弁明』の傾向と合致するかぎりで、歴史的にただしい、もしくは〈ソクラテス的〉であり、こうした傾向と矛盾するものはプラトン的である、ということになる。(こうした仮定は、実際上、以前にソクラテス問題の〈古い解決策〉と呼んだ立場にわれわれをつれ戻すであろう。)

上述で(e1)から(e6)のもとで言及した傾向を考慮に入れるならば、こうした傾向のひとつひとつがソクラテス的な『弁明』との類似性から離れ——そしてプラトンの『法律』との類似性を増していくように、もっとも重要な対話編を容易に配列することができるだろう。そのようにして得た系列はつぎのようになる。

『弁明』と『クリトン』——『メノン』——『ゴルギアス』——『パイドン』——『国家』

──『政治家』──『ティマイオス』──『法律』

さて、(e1)から(e6)のもとで言及したすべての傾向にしたがって最重要な対話編を並べると このような系列になるという事実は、ここにはプラトンの思想発展があるという理論をある程度まで裏づけるものである。ところで、これらとは独立の証拠もある。「文体統計学的」研究は、われわれの系列がプラトンによる対話編執筆の年代的順序に合致することを示している。最後にこの系列は、少なくとも『ティマイオス』に至るまでは、ピタゴラス主義に（そして、エレア学派の説に）プラトンの関心が次第に高まっていくことを示している。したがって、これはプラトンの思想発展におけるさらなる傾向であるにちがいない。

これとはまったくべつに以下のような議論も成立するだろう。『パイドン』でのプラトン自身の証言からわかるように、アンティステネスはソクラテスの親友の一人だったのであり、またアンティステネスがソクラテスの真正の理論を保持していると主張していたこともわかっている。アンティステネスが『国家』におけるような思想を教えたソクラテスの友人であったと信じることは困難である。それゆえ、プラトンの説とアンティステネスの説とに共通する出発点を見つけなければならない。そうした共通の出発点はまさに『弁明』や『クリトン』および『メノン』、『ゴルギアス』そして『パイドン』のソクラテスの発言のうちに見出されよう。

この議論は、真正性にかんして疑いが抱かれているプラトンの著作（『アルキビアデス

I』、『テアゲス』、『書簡』についても言えるわけであるが)とは完全に無関係である。それはまたクセノポンの証言とも独立である。依拠しているのは、いくつかのもっとも著名なプラトン対話編の内的証拠のみである。だが、それはこうした二次的な論証の素材、とりわけ『第七書簡』とも合致する。その書簡でプラトンはみずからの精神的発展を素描しつつ(325 f.)、『国家』の決定的箇所を自分自身の中心的な発見であると言っており、それは誤認のしようもない。こう言われているのだ。「真正で真実の哲学者の種族が政治権力を握るか、国家において支配する人間たちが神の恩寵によって真の哲学者になるかしないかぎり、人類は決してその困窮から救われないであろう……とわたくしは断言せざるをえなかった」(326a, 参照、第七章注(14)ならびに本注の前半で述べた(d))。誰であれ、バーネットと一緒に、『国家』における中心的教義はソクラテス的ではなくプラトン的であることを否認して、換言すれば、プラトンが『国家』において描いたソクラテス像は歴史にそくしているというフィクションを放棄せずに、この書簡の真正性を承認できるのか、わたくしには理解できない。(さらなる二次的証拠については、参照、アリストテレス『ソフィスト論駁』[第三四章]183b 7. そこではつぎのように言われている。「ソクラテスは問いを立てたが、答えは与えなかった。なぜなら、かれは自分がなにも知らないと告白したからである。」これは『弁明』とは合致するが、『ゴルギアス』とはほとんど合致しないし、また当然のことながら『パイドン』や『国家』とは合致することもない。さらに、アリストテレスがイデア説の歴史について述べた有名な報告を見よ。それは、フィールドによって(G. C. Field, *op.cit.*)みごとなまでに論じられている。参照、第三章注(26)も。)

(7)ガーネットとテイラーが用いたこの種の論証の根拠にはまず重みはない。以下はその一例である。バーネットの見るところ、プラトンは政治的にソクラテスよりも穏健であったし、プラトンの家族はかなり〈ホイッグ的〉であった(つまり、かれらはリベラルであり、保守派の近くにはいなかった)ということなのだが、かれはこの見解を証明するものとして、プラトンの家族の一員がデモス(民衆)と称していたと論じるのだ(『ゴルギアス』481d, 513b)。――だが、ここで言及されたデモスであるという父親のピュリランペスが、『カルミデス』158aや『パルメニデス』126bで言及されたプラトンの叔父や継父と同一である、つまり、デモスはプラトンの縁者であったということは(ありえたにしても)断じて確実ではない。このような議論は、以下の歴史的事実とくらべたとき、どれほどの重みをもつのかと問わざるをえない。(1)プラトンの二人の叔父は三〇人僭主政に属していた。(2)クリティアスの父親は四〇〇人寡頭政に所属した(『リュシス』12, 66)。(3)われわれの手もとにあるクリティアスの政治的文書の断片は、かりにそれらがクリティアスの祖父に帰せられると主張するバーネットがただしいとしたところで、依然として家族にかんするものである。(参照、*Greek Philosophy, op.cit.*, S. 275, Anm. 1および僭主クリティアスの詩才がほのめかされている『カルミデス』157eと162dとを比較せよ。)(4)プラトン自身の著作は、つまるところ、みずからの家族的誇りを反民主主義的傾向にばかりでなくアテネに敵対する傾向とも結合させるものである。(参照、『ティマイオス』20aでの、大ディオニュシオスの舅にあたるシチリアのヘルモクラテスのようなアテネの敵に対する賛辞。)こうした議論の背後には、もちろん、『国家』はソクラテス的性格をもったものであるという理論を支えようとする意図が隠されている。方法論が誤っていることを示すもうひとつの例はテイラーに見られる。かれは、『パイドン』はソクラテス的である(第七章注(9))という見解のための論証をもち出そうとしている(A. E. Taylor, *Socrates*, S. 148, Anm. 2. 参照、S. 161も)。「『パイドン』で……シミアスは」(話し手はケーベスなのだから、これは、テイラーの書き間違いにちがいない)「〈学ぶとは、想起することに他ならない〉という説についてソクラテスに向かってはっきりと、それは〈あなたがたえずくり返してきた説である〉と言っている。『パイドン』を巨大なそして許しがたい詐欺とでも見なさないかぎり、これは、わたくしには、この説がじっさいにソクラテスに帰属することの証明であるように思われる。」(類似の議論はバーネット版『パイドン』の第一二節、第二パラグラフ末尾にも見られる。)これについてわたくしはつぎのようなコメントを付けておきたい。(a)ここでは、プラトンがこの箇所を書いたときみずからを歴史家と見なしていたと仮定されているのであろう。そうでなければ、かれの断言が巨大な許しがたい詐欺と見なされることはないであろうから。ことばを換えれば、議論のもっとも疑わしくそしてもっとも重要な点が真であると仮定されているということだ。(b)しかし、プラトンがみずからを歴史家と見なしたときでさえ(わたくしはかれがそのようにしたとは思わないが)、〈巨大な……等々〉といった表現は強すぎると思われる。「あなた」ということばを強調しているのは、プラトンではなくテイラーである。プラトンはただ、この対話編の読者にはこの説は熟知のはずだと示唆しようとしただけである。あるいは、かれは『メノン』を、したがって自分自身を示そうとしたのであったろう。(図形を示唆している『パイドン』73a f. を斟酌すると、)わたくしにはこうした説明がもっとも受け入れやすいと思われる。あるいは、あれこれの理由からかれは書き損じたのかもしれない。その種のことは最良の歴史家にとってさえ起こることだ。たとえばバーネットは、ソクラテスのピタゴラス的傾向を説明しなければならないのだが、そのためにかれはパルメニデスを、クセノファネスの弟子というよりはピタゴラス派の者のようにしているのだ。バーネットは『ギリシアの哲学』(J. Burnet, *Greek Philosophy, op.cit.,* S. 50 f.)で、クセノファネスについて「かれがエレア派を打ち立てたというお話は、ホメロスがヘラクレイトス派であったと証明するようなプラトンのふざけたコメントに由来していると思われる」と書いたとき、たしかに自分自身を歴史家と考えていたのだ。バーネットはこれに「プラトン『ソフィスト』242d, *E. Gr. Ph.* 2, S. 140 を見よ」と脚注をくわえている。ところで、歴史家のこの主張はわたくしにはつぎの三点を含意しているように見える。(1)プラトンがクセノファネスについて語っている箇所は冗談であって決して真面目な話ではないということ、(2)この冗談はホメロスを指して言われているということ、つまり、(3)ホメロスはヘラクレイトス派であったというこのコメントにおいては、ホメロスはヘラクレイトスよりもずっと以前に生きた人物なのだから、この点は当然のことながら非常な冗談であっただろうということ。だが、これら三つの含意は維持されるものではない。なぜなら、つぎのようなことが言えるからである。(1)『ソフィスト』242dの箇所はクセノファネスを指しているが、冗談ではないのであり、それは、むしろ、バーネット自身が自分の『初期ギリシア哲学』の方法論的付録において、重要なそして貴重な歴史的情報として受け入れるように勧めたものであること。(2)そこではそもそもホメロスについては語られていないこと。そして、(3)このほのめかし(『テアイテトス』179d/e)を含み、そしてバーネットがその『ギリシア哲学』において誤って『ソフィスト』242dと同一視しているべつな箇所は、クセノファネスについてはまったくなにも語っていないということ。こうした誤りは、かれの『初期ギリシア哲学』第二版[ドイツ語訳、*Die Anfänge der griechischen Philosophie*, 1913, S. 113 ff.]には見られないし、ホメロスはそこではヘラクレイトス派とは呼ばれておらず、むしろ正確にその反対のこと、つまり、ヘラクレイトスの考えのいくつかはホメロスとおなじくらい古い(もちろん、これは冗談からは程遠い)ことが語られている。こうした誤解、解釈の誤り、誤引用がたっぷり、バーネットのような卓越した職業的歴史家の歴史的注釈ひとつを取り上げても生じているのだ。ここから学ばなければならないのは、こうしたことは起こりうるのであり、しかも最良の歴史家においてさえ生じるということである。誤ることは人間的である。（この種の人間的誤りを示す生真面目な例は第三章注(26)(5)で論じておいた。）だが、そうだとすれば、問いたい。プラトンの主張のうちに、比較的些細な誤りを犯した可能性を指摘することは、あるいは、こうした誤りを〈巨大な許しがたい冗談〉と名づけることはただしいのか、と。（プラトンは、自分のドラマ的対話編がおよそ歴史上の証拠として引き合いに出されるかもしれないなどとは、予感さえしていなかっただろう。この点は明白である。）

(8) ここまでの議論においては、プラトン対話編の年代順がひとつの役割を演じている。その年代順は、ほとんど、ルトスワフスキー(Wincenty Lutosławski, *The Origin and Growth of Plato's Logic*, 1897/1983, S. 162 ff.)の文体統計学的リストにおける順序とおなじであるとも仮定されている。本書本文でより大きな役割を果たしている対話編すべてについては、おそらく歴史的な順序はつぎのごとくであろう。『クリトン』／『弁明』／『エウテュプロン』『プロタゴラス』／『メノン』／『ゴルギアス』『クラテュロス』／『メネクセノス』／『パイドン』『国家』『パルメニデス』／『テアイテトス』『ソフィスト』／『政治家』／『ピレボス』『ティマイオス』／『クリティアス』『法律』。これらは、グループ内での日付の差が、グループ間よりも大きくなるように配列されている。『エウテュプロン』の位置は文体統計学にもとづくリストからわずかにずれている。内容上の理由からして、それは『クリトン』のあとに書かれたものであろう。だが、この点には重要性はない。（理由は、本章注（60）の本文で論じておいた。参照、本章注（47）も。）

（57）『第二書簡』には有名であるとともにかなり謎めいた箇所が存在する。こうである。「プラトンの著作というものは存在しないし、また存在することもないだろう。この名前のもとで流通しているものは、じっさいにはソクラテスに、だが若く美しくなったソクラテスに帰属する」。おそらくこの謎を解く解決策は、書簡全体ではないにしても、この箇所を不正なものと見なすことであろう。（G. C. Field, *Plato and His Contemporaries*, S. 200 f. は、書簡を、とりわけ「312d から 313c とおそらくは 314c」［S. 201］にいたる箇所を、疑わしくさせる理由をみごとに要約している。314c にかんして言えば、おそらく理由を追加してこう言えるであろう、偽作者は『第七書簡』におけるある程度類似したコメント（第八章注（32）で引用した 341b/c）をほのめかすか、自分流の解釈を意図していた、と。）だが、バーネット（J. Burnet, *Greek Philosophy, op.cit.*, S. 173）とともに暫時、この箇所は真正であると見なすならば、〈若く美しくなった〉というコメントは、とりわけ文字通りには受け取れないのだから、たしかに問題をみちびくであろう。というのも、ソクラテスはプラトンの対話編のすべてにおいて老いた醜い姿に描かれているからである（唯一の例外は、まだ若いがしかしほとんど美しいとは言えない姿で現れてくる『パルメニデス』であろう）。この謎めいた箇所が真正であるとしたならば、プラトンにはソクラテスの歴史的な姿ではなく、理想化された姿を描くという紛れもない意図があったことになろう。またこれは、ソクラテスを若く美しい貴族（もちろん、プラトン以外のなんぴとでもない）に変容させたという点で、かれの意図は明白であったことになろう。そしてこれはここでの解釈とよく合致する。（第四章注（11）（2）、第六章注（20）（1）、第八章注（50）（3）。）

（58）わたくしは、デイヴィスとヴォーンによる『国家』翻訳のまえがきの第一パラグラフから引用している［John L. Davies und David J. Vaughan, *The Republic of Plato*, 1852/1935, S. V］。参照、（注（52）で触れた）R. H. S. Crossman, *Plato Today*, S. 61 f.

（59）（1）プラトンの魂内部における〈分割〉あるいは〈分裂〉は、かれの作品、とりわけ『国家』のきわだった特徴のひとつである。自己を統制しようとして、あるいはみずからの衝動に対する知性の支配を維持しようとして懸命に戦わねばならなかった者のみが、プラトンとおなじようにこの点を強調できるだろう。参照、第五章注（34）で言及した箇所、とりわけ『国家』588c での人間の内部に住む野獣の物語（おそらくオルフェウス教起源の説）ならびに第三章注（15）（1）〜（4）、（17）と（19）。本注で指摘した箇所は、精神分析学的学説との驚くべき類似性を示すのみならず、まさに強い抑圧があることの表現であると言えよう。エディプス・コンプレックス説の講義でもあるかのように聞こえる第九巻の冒頭571d と 575a を見よ。『国家』548e–549d は、プラトンの母親に対する関係、とりわけ、

548eで兄のグラウコンがかの息子〔母親の夫に対する愚痴のはけ口とされる息子〕と同一視されているという事実にいくばかりかの光を投げかけるだろう。《プラトンにおける葛藤についての卓越した叙述、またかれの権力欲の心理学的分析の試みをハンス・ケルゼンは、*The American Imago*, Bd. 3 (1942), S. 3-110〔ドイツ語訳〉Die platonische Liebes〈, in *Aufsätze zur Ideologiekritik*, 1964/1989, S. 114-197〕において与えているし、またワーナー・ファイトが『プラトン伝説』で与えている(Warner Fite, *The Platonic Legend* (1934), S. 41 ff.)。》

プラトンが統一、調和、一致を要求したことからかれ自身には統一がなく均衡が欠けていたと推論できることを認めようとしないプラトン主義者たちは、こうした推論の仕方を案出したのはプラトン自身であったことを思い出すのがよい。参照、『饗宴』200a f. そこでソクラテスは、愛したり欲したりしている者は、愛したり欲しているところの対象を所有していないのだということ、これは必然的な推論であってたんに蓋然的な推論ではないと説明している。

魂にかんするプラトンの政治的な理論(参照、第五章注(32)の本文)、すなわち、魂の分裂は、階級に分裂した社会に類似しているという理論は、長いあいだ精神分析を含めて心理学の基礎でありつづけた。フロイトの理論によれば、プラトンが支配的な部分と呼んだ魂の部分は、その支配を〈検閲〉によって維持しようとするのに対し、下層世界に対応するとされる反乱的なプロレタリア的衝動が、じっさいには隠れた独裁をおこなうのである。なぜなら、それが表面の支配者たちの政治を規定しているからである。〈流転〉とか〈戦争〉といったヘラクレイトスの比喩以来、われわれの社会的経験は、われわれを取り巻く物理的世界やわれわれ自身を理解するための理論とか比喩やシンボルにもっとも強い影響をおよぼしてきた。ここでは、チャールズ・ダーウィンは社会的競争の理論をトマス・R・マルサスの影響のもとで受け入れたとのみ言っておきたい。

(2) ここからは、閉じた社会や開かれた社会に対する神秘主義の関係についての、ならびに、〈文明の重荷〉〈内的緊張〉についてのコメントを述べておきたい。

マクタガートがその卓越した研究『神秘主義』[John McTaggart, *Mysticism*]において示したように（参照、かれの著 *Philosophical Studies*, hrsg. von Stanley V. Keeling, 1934/1996, とくにS. 47 ff.）、神秘主義にとってはつぎの二つの考えが基本的である。(a) 神秘的統一の説、すなわち、実際の事物からなるこの世界には、日常的な経験の世界で認識されるよりも大きな統一が存在するという主張。(b) 神秘的直感の説、すなわち、「認識する者と、認識されるものとの関係においては」、通常の経験において認識する主観と認識される客体とのあいだに成立する関係よりも「より密接で直接的な関係に引き入れる」[S. 47]認識様式、つまり直感的把握が存在するという主張。マクタガートは、「これら二つの特徴のうちでは、神秘的統一がより基本的である」、なぜなら神秘的直感は「神秘的統一の一例」だからである、と主張しているが、これはただしい(S. 48)。第三の、だがそれほど基本的でない特徴は(c)神秘的愛である、とつけ加えることもできよう。これは神秘的統一と神秘的直感の例である。

注目にあたいするのだが(そしてこれはマクタガートが見落とした点でもあるのだが)、神秘的統一の説はギリシア哲学史においては一者という全体論的理論を説いたパルメニデスによって最初に主張された(本章注(41))。その後、プラトンによって神秘的直感と神的なものとの交わりというよく考え抜かれた説が追加された(参照、第八章、この説について言えば、パルメニデスにあるのはまったくの萌芽である)。ついで、たとえばアリストテレスの『デ・アニマ』([ドイツ語訳 *Über die Seele,* III, 1] 425b 30 f.)によって、「現実に聞くことと現実の音とが合一する」と主張された。参照、『国家』430a 20 と 431a 1 も。そこでは、「現実の知識はその対象と合体する」と言われている。(参照、『デ・アニマ』第一巻第二章 404b 16 および『形而上学』1072b 20, 1075a 2 ならびにプラトンの『ティマイオス』45b-c, 47a-d,『メノン』81a ff.『パイドン』79d も。)かれにつづいて新プラトン主義者たちは、プラトンにおいてはまったくの萌芽状態にあり、そして『国家』475 ff. での、哲学者は真理を愛するというかれの説にあった神秘的愛の説(たとえば、『饗宴』において)を仕上げたのであった。この説は全体論の説と、したがって哲学者は神的な真理と直接的にまじりあうという説と緊密に結びついている。

こうした事実に照らすと、またわれわれの歴史的分析にもとづくと、神秘主義は閉じた社会が崩壊したことへの典型的な反応——発端からして開かれた社会に敵対し、失われた部族の統一が変わらない現実としてあらわれ出るユートピア的パラダイスという夢への逃亡——であるという解釈がみちびかれるだろう。

こうした解釈はベルグソンの『道徳と宗教の二源泉』(Henri Bergson, *Les deux sources, etc.*[ドイツ語訳 *Die beiden Quellen der Moral und der Religion*, 1992, S. 207 ff.])における解釈とは真っ向から対立する。なぜなら、ベルグソンは、閉じた社会から開かれた社会への跳躍を可能にするのが神秘主義であると考えているからである。《もちろん、(ヤコブ・ヴァイナーが親切にも手紙で知らせてくれたように、)神秘主義は十分に輪郭が定まっていないから、どんな政治的方向にも向かいうるし、それどころか開かれた社会の使徒のもとにさえ神秘家と神秘主義を代表する者はいた。疑いもなくプラトンのみならずソクラテスを鼓吹したのは、よりよく、より分裂の少ない世界についての神秘的な霊感であった。》

一九世紀には、とりわけヘーゲルやベルグソンは変化を讃え、プラトンやパルメニデスに見られる変化への嫌悪とは真っ向から対立していたと思われるのだから、かれらには進化論的神秘主義があったと言っておいてよいだろう。だが、これら二つの形態の神秘主義においてはおなじ経験が基礎になっているように思われる。この点は、両者においては変化が主題になっているという事実から推測されるだろう。両者とも社会変化という震え上がるような経験への反応なのだ。一方は、変化を静止させることができるだろうという希望に結びつき、他方は、変化は本質的であり歓迎すべきものであるというヒステリーじみた(そして疑いもなくあいまいな)肯定に結びついている。——参照、第一一章注(32)(33)、第一二章注(36)および第二四章注(4)(6)(29)(32)(58)(これらはすべて第二巻所収)。

(60) 初期の対話編である『エウテュプロン』は通常は敬虔を定義しようとして失敗したソクラテスの試みであると理解されている。エウテュプロン自身は、神が望むものを正確に知っているという庶民的な〈信心家〉である。「いかなることが敬虔であり、そしていかなることが敬虔でないのか」というソクラテスの問いかけに対して、かれは「敬虔であるとはわたくしのように振る舞うことです! つまり、殺人、聖なるものへの冒瀆、あるいは他の似たような犯罪を手掛けた者を、それが自分の父親であれ、母親であれ、起訴することであり、……なんといっても、起訴しないことは不敬虔なのです」と答えている(5d/e)。エウテュプロンは、この対話編が伝えているように、奴隷を殺したとして自分の父親を告発している。(グロートが引用する証拠——注(47)で触れたG. Grote, *Plato*, 第一巻三一二ページへの注によれば——すべての市民はアッティカの法律によって、こうしたばあいにはただしく連行することを義務づけられていた。)

(61) 『メネクセノス』235b. 参照、本章注(35)および第六章注(19)末尾。

(62)　安全を望む者は自由を放棄しなければならないという主張があり、これが自由に対する反抗の主たるよりどころとされてきた。だが、この主張は誤りである。もちろん、人生には絶対の安全はない。だが、どのような安全が達成されるかは、われわれ自身の監視に依存する——その監視は、助けになるような制度によって強化されるわけだが——すなわち、(プラトンのことばで言えば)家畜の群れが自分たちの番犬を監視し判断することを可能にする民主主義的諸制度に依存する。

(63)　〈変異〉と〈不規則性〉については、参照、第五章注(39)と(40)の本文で引用しておいた『国家』547a. プラトンは繁殖と出生コントロールの問題に魅了されていた。このことはかれが人口増加の帰結を明確に意識していたという事実によって、おそらく部分的にではあるにせよ、説明されるだろう。じっさい(参照、本章注(7))、〈堕罪〉、つまり氏族の楽園の喪失は、いわば、人間の〈自然な〉あるいは〈根源的な〉あやまちによってひき起こされるのである。(参照、第五章注(39)(3)ならびに第四章注(34)。このパラグラフでのつぎの引用については、『国家』566e および第四章注(20)の本文。)——クロスマンは、ギリシア史における僭主の時代を非常に巧みに描き出しているが(注(52)でも触れた、R. H. S. Crossman, *Plato Today*, Anm. 52, S. 18–21)、つぎのように書いている。「したがって、じっさいにギリシア国家を作り出したのは、僭主たちであった。かれらは、原始的な貴族政からなる古い氏族組織を破壊した」(*op.cit.*, S. 20)。ここから、プラトンがなぜ、自由というもの以上に僭主を憎んでいたのかも理解されるだろう。参照、『国家』577c. ——〔参照、本章注(69)も。〕僭主にかんする箇所、とくに565-568は、権力政治についての首尾一貫した、そして卓越した社会学的分析である。わたくしはそれを〈権力の論理〉へのはじめての試みと呼んでおきたい。(こうした呼び方を選んだのは、ハイエクが経済学で選択の論理という表現を用いたこととの類推による。)——権力の論理はかなり単純であり、しばしばみごとに適用されてきた。それに対抗する政治ははるかに困難である。というのは一部には、権力に向けられた政治の論理、つまり、自由の論理はまだほとんど理解されていないからである。

(64) 妻子の共有という提案を含めて、プラトンの政治的提案の多くがペリクレス時代には〈空中に〉あった〔関心事にとどまっていた〕ことはよく知られている。参照、アダム版の『国家』(J. Adam, *The Republic of Plato*, Bd. I, S. 354 f. での優れた要約)、《ならびに参照、Alban D. Winspear, *The Genesis of Plato's Thought* (1940/1974)も。》

(65) パレート『社会学大綱』(Vilfredo Pareto, *Trattato di Sociologia Generale*, S. 1843[1916/1988, Bd. 3, S. 1759 f.])。参照、第二巻〔第三分冊〕第一三章注(1)。そこにこの箇所をより詳細に引用しておいた。

(66) 参照、リュコフロンの理論についてのグラウコン流の提示の仕方が、カルネアデス(第六章注(54))や、のちにはトマス・ホッブズに与えた影響といったもの。非常に多くのマルクス主義者が強調した〈道徳との無関係性〉もここに属する。左翼急進派はしばしば自分たちの無道徳性を信じている。(これは、あまり関係ないこととはいえ、多くの反動的道徳家の独断的なおごりよりはしばしば謙虚で快いものである。)

(67) 貨幣は、開かれた社会のシンボルのひとつであるとともに重大な問題のひとつでもある。(参照、この章の注(24)。) 疑いもなく、われわれは貨幣の使用を合理的に支配する仕方をマスターしていない。最大の誤用は貨幣で政治的な力を購入しうるということである。(こうした誤用の直接的にして原始的な形態は、奴隷市場という制度である。だが、まさにこの制度が『国家』563bで擁護されているのだ。第四章注(17)。そして『法律』ではプラトンは富の政治的影響に反対していない。第六章注(20)(1)。) 個人主義的社会の観点からすれば、貨幣は非常に重要である。(部分的に)自由な市場は、消費者に生産物に対するある程度の統制力を与える。貨幣はそうした制度の一部である。こうした制度がなかったなら、生産者は市場を強力に支配し、消費に回す生産をやめることができるだろうし、消費者はもっぱら生産してもらうために消費するということになろう。――貨幣が時として邪悪な仕方で誤用されることは、こうした点についてわれわれを敏感にさせた。プラトンは貨幣と友情を対立させたが、それは、こうした感情を政治的プロパガンダ目的で利用するという多くの意識的、あるいは無意識的試みのうちの最初のひとつでしかない。

(68) もちろん、部族の集団主義的精神が完全に消失したわけではない。それは、たとえば、友情や仲間意識のきわめて価値の高い体験において、ボーイスカウトのような若者の運動において(あるいは、ドイツ青少年運動において)、また、たとえば、シンクレア・ルイスが『バビット』(Sinclair Lewis, *Babbitt*[1922, ドイツ語訳 *Babbitt — Aus dem Leben eines Spießers*, 1984])で描いたような大人のある種のクラブとか団体において姿を現している。こうしたものは、あらゆる情感的美的体験のうちでも、おそらくもっとも普遍的なものであろうが、それらがもつ意味を過小評価してはならない。全体主義的なものであれ、人道主義的なものであれ、ほとんどすべての社会的運動はそれから影響を受けている。それは戦争において最重要な役割を果たすし、また自由に対する反抗のもっとも強力な武器のひとつでもある。自由において、専制に対する戦いにおいて、そこには重要な役割が帰属するが、そうしたばあいにおいてさえ、それらの人道主義的性格がしばしばロマンチックな傾向によって脅かされていることは承認されなければならない。——社会の変化を阻止し、階級支配を存続させるために、それらを再生させようとする意識的な、そして成果がないわけではない試みがある。イギリスの〈パブリック・スクール制度〉がそうしたものであろう。(〈若い時期が高貴な遊びにささげられていないなら誰しもよき人間にはなれない〉というのがそのモットーである。——そしてこのモットーは『国家』558b からとられたものである。)

群れとか部族の集団的精神が失われると、別種のものが生み出され、当然のことながらプラトンが政治と医学との類似で強調した兆候が出現した(参照、第八章、とりわけ注(4))。そこには、社会という体は病んでいる、つまり、重荷を背負っているし、漂流しているという感情が表現されている。「プラトンの時代以来、政治哲学者の思想は医学と政治とのこのような比較にたち帰るように見える」とカトリンは言っている(G. E. G. Catlin, *A Study of the Principles of Politics*, 1930/1967, S. 458 への注1。そこでは、このような主張を支えるために、トマス・アクィナス、ジョージ・サンタヤーナ、インゲ司祭長が引用されている。参照、J・S・ミルからの引用も(J. S. Mill, *Logic*, *op.cit.*, S. 37 への注)。カトリンは、きわめて特徴的な仕方で(*op.cit.*, S. 459)、「調和」と「母による、あるいは社会による保護への願望」についても語っている。(第五章注(18)も。)

(69) 参照、第七章(注(25)と本文、アテナイオス第一一巻508[ドイツ語訳、*Das Gelehrtenmahl*, 2000, S. 94 f.])。そこでは、こうしたプラトンの弟子九名(小ディオニュシオスとディオンを含めて)の名前を挙げておいた。わたくしは、暴力ばかりでなく、説得と暴力を使用すべきだというプラトンのしばしば繰り返された指摘(『法律』722bと、第八章注(5)(10)(18))は、現実に原始的なプロパガンダをしていた三〇人僭主政の戦術を批判するものであったと見なしている。ここから読み解けるのは、プラトンはパレートの処方箋、すなわち、感情に対してはそれと戦おうなどとはせずに利用すべきである、を十分に理解していたということであろう。プラトンの友人ディオン(第七章注(25))がシラクサで僭主として統治したことは、マイヤーでさえ承認している。マイヤーは、政治家としてのプラトンを称賛していたにもかかわらず、(プラトンの)「理論と経験とのあいだの深淵」を指摘することでディオンの悲劇を説明(*op.cit.*, Bd. V, 1980, S. 509)し、ディオンを擁護しているのだ。マイヤーはディオンについて(*loc. cit.*)「理想の王とて、表面上は軽蔑すべき僭主からよりよく区別されるわけではない」と言っている。しかしかれは、ディオンは内面的には理想主義者でありつづけたのであり、政治的必然性によって死を、(とくに盟友ヘラクレイデスへの死を)命じざるをえなかったとき、また類似の処置を取らざるをえなかったとき、深く苦悩していたと信じている。しかしわたくしには、ディオンは正確にプラトンの理論にしたがって、すなわち、プラトンが権力の論理に強いられて『法律』においては僭主の善良性を承認するほどにまで進めた理論にしたがって行動しただけだと思われる(709e ff. このおなじ箇所には、三〇人僭主政の不運は、メンバーが多すぎたことによるという示唆も見られる。クリティアスだけだったら、うまくいったということなのだろう。)

(70) 部族のパラダイスというのは、もちろん、神話である(いくつかの原始的な民族、なかんずくエスキモーは十分幸せに暮らしているように思われるが)。閉じた社会には漂流感はないであろうが、自然の背後にひそむデモーニッシュな諸力への不安とか畏怖の念といったものについては数多くの論証がなされている。こうした不安にふたたび息を吹き込み、そして知識人とか科学者などに差し向けようとする試みが、最近の数多くの、自由に対する反抗現象を特徴づけている。みずからの敵を悪魔の申し子として描こうなどとは思いもしなかったこと、それがソクラテスの弟子、プラトンの功績であると言える。この点でプラトンは啓蒙されていた。かれには悪を観念化する傾向などほとんどなかった。かれにとって悪とは、単純に劣化し、退化し、貧窮化した善であるにすぎなかった。(『法律』のある箇所、896e と 898c においてのみ悪の抽象的観念化が認められるかもしれない。)

(71)　野獣への還帰についての論評には締めくくりとしての注が付けくわえられてよいだろう。人間の、そして社会の領域へダーウィニズムが入り込んできて以来(このことはダーウィンを非難すべき出来事ではないが)、多数の〈文化動物学者〉がくり返しつぎのように論証してきた。人間は身体的競争が不十分であり、弱い身体を精神的諸力によって自然淘汰から守る可能性があるので、競争や淘汰の身体への作用は阻止されざるをえないから、人間という種族が身体的に没落せざるをえないことは否定しえない、と。こうした考えの最初の定式者は、サミュエル・バトラーであった(バトラーはみずからこれを信じていたわけではなかった)。かれはつぎのように書いた。「こうした著述家」(エレホン人)「が予見していた唯一の重大な危険は、機械が」(また、文明一般と付け加えられてもよいだろうが)「人間の能力を均一化してしまい、自然選択のきびしさを弱めてしまうならば、身体的に劣った多数の者が選別をくぐりぬけ、生存上の不利な点をひきつづき継承してしまうだろうということである」(Samuel Butler, *Erewhon*, 1872, S. 161[ドイツ語訳、*Erewhon oder Jenseits der Berge*, 1994, S. 307])。わたくしの知るかぎりで最初にこのテーマについて分厚い書物を書いたのは、現代人種理論の定礎者、シャルマイヤー[Wilhelm Schallmayer, *Vererbung und Auslese. Grundriß der Gesellschaftsbiologie und der Lehre vom Rassedienst*, 1920](参照、第二巻第一二章注(65))である。事実、バトラーの理論は再発見されつづけてきた(とくに、第五章の意味での〈生物学版自然主義者〉によって)。ダーウィンやニーチェによって影響された現代の著者(George H. Estabrooks, *Man: The Mechanical Misfit*, 1941)の見解によれば、人間は、文明化したとき、またとりわけ、弱者を救済し始めたとき、決定的なあやまちを犯したとされる。そして、この誤り以前において、人間は〈ほとんど完全な人間野獣〉であったのだが、弱者を保護するという人為的方法をもったがために文明は衰退し、最後にはみずから破滅せざるをえないという。こうした議論に答えるにあたっては最初に、当然のことながら、人間はいつの日にか地上の表面から消滅するだろうし、くわえて、〈ほとんど完全な〉野獣については言わずもがな、もっとも完全な野獣についてさえそう言えるのだとつけ加えるべきだろう。人類は、かの宿命的な誤りを犯さず、弱者の救済を始めていなかったら、少しは長く生存するだろうという理論は疑わしいし、それが真であるときでさえ——生き延びるというたんなる長さだけが、そもそもわれわれの欲しているものなのだろうか、あるいは、この〈ほとんど完全な(おそらく、金髪の野獣〉)には驚くほどの価値があるので、その生存を長引かせることが、弱者の救済という実験よりも優先されるべきだということになるのだろうか。(どのみち人類はかなり長期にわたって生存してきたわけだが。)

現在までのところ、人類はそれほどひどいへまをしたわけではないと思われる。多くの愚か者の、また若干の知的指導者の犯した裏切りにもかかわらず、くわえて教育におけるプラトン的方法の愚民化作用にもかかわらず、さらにはプロパガンダのもたらした壊滅的な帰結にもかかわらず、いくつかの驚くべき成功が存在する。多くの弱者が救済され、奴隷はほとんど百年来じっさいには廃止された(少なくとも西洋においては)。奴隷制はまたふたたび導入されるのだろうか。この点にかんしてわたくしは楽観的である。つまるところ、それはわれわれ自身に、わたくしとあなたにかかっているのだろう。だが、これらすべてが失われたとしても、われわれが再度ほとんど完全な人間野獣になったとしても、そのときでさえ、ひとたびは――短期間であったとしても――地上から奴隷制がほとんど完全に消滅した事実は揺るがないであろう。かくも偉大なことが達成されたということやその思い出は、われわれのうちのある者にとり、その多くの欠陥(身体的、またその他の不適合)を埋め合わせてくれるものであろうし、またある者にとっては、われわれの祖先が、あらゆる変化を停止させ、閉じた社会の檻――おそらくはほとんど完全な人間‐猿からなる金髪の群れが棲みつく完全な動物園という永遠のパラダイス――のなかに帰るという絶好の機会をつかみ損ねたときに、多数の運命的な失策をやってしまったわけだが、それを多くの者につぐなうものであろう。

付録Ⅲ　ある批判者への返答(一九六一年)

(1)「A」はこの付録では一九五〇年および一九五六年のアメリカ版を、「E」は一九五二年以降の英国版および以後のアメリカ版を、「G」は現在のドイツ語版を表示する。

(2)一九六五年追記。当該の箇所(『国家』563d)における「douleia」という語が(レヴィンソン教授がただしくもこれに帰属させている比喩的意味に加えて)、文字通りの意味をもっていることは、偉大なプラトン主義者であるとともに民主主義の公然たる敵であり、そしてレヴィンソン教授がプラトンのテキストにかんする権威と見なしているショーリーによっても確証される。(私はショーリーのプラトン解釈にしばしば同意できる。というのも、かれはプラトンのテキストを人道主義化しようとかリベラル化しようなどとはまれにしかしていないからである。)というのも、ショーリーは『国家』563dを訳すにあたって「隷属」(douleia)に付与した脚注において、二つの類似する箇所、『ゴルギアス』491eと『法律』890aに言及しているからである。これらのうちの最初のものはW・R・M・ラムの翻訳(Loeb Edition)では、「というのも、そもそも誰かの奴隷であるとしたら、どうして幸せでありうるでしょうか」となっている。ここで「奴隷である」という句は、『国家』における句とおなじように、「自分自身に服する」という比喩的意味のみならず、文字通りの意味ももっている。じっさい、論点のすべては二つの意味の融合なのである。『法律』890aからの箇所(偉大な世代内のある一定のソフィストに対する念入りな攻撃)はベリーの翻訳(Loeb Edition)では次のようになっている。「[若者を腐敗させる]これらの教師たちはかれらを生に引き寄せる……法的協定によって他者の奴隷となる代わりに、実在[alētheia]〔真実〕において他者に対して「自然にしたがって」主人となることから成立する。」あきらかにプラトンは、とりわけ、人間は「自然によって〔生まれつき〕」あるいは「真実において」奴隷ではありえず、「法的協定によって」(法によって仮構されたものによって)奴隷にされたにすぎないと教えたソフィストたち(p. 70 E = 70 A = 84 G また第五章注(13))のことを示唆している。だからショーリーはこのような引証によって『国家』の決定的な箇所を少なくとも間接的に奴隷論(文字通りの意味における「奴隷」)という偉大な古典的議論に結びつけている。

(3)　これは、私の第八章から見て取れると思うのだが、決して唯一の事例ではない。注(2)の本文で引用した箇所(『国家』389b)は、レヴィンソン教授の念頭にある箇所(『国家』460a)とはべつの事例である。他の箇所もいくつか存在する。『国家』415dまたとりわけ『ティマイオス』18eも見よ。これらは、プラトンがウソについての自分の教訓を

『国家』のじつにてみじかな要約に含まれるべき十分な重要性があると見た証左である。(『法律』663d から 664b も見よ。)

本書が日の目を見るまで

ポパーは誇りをもって民主主義者の名を要求しうるであろう。かれの著作は民主主義の聖書である。

ヒュー・N・パートン、一九四六年

1　序

カール・R・ポパーの『開かれた社会とその敵』の成立史を一九三七年から一九四五年にかけての往復書簡にもとづいて描くことは、そこにごくわずかの人間しか知らない驚くべき出来事が含まれているだけに、きわめてスリリングである。(1) ポパーは、しばしばみずからの「戦争への奉仕」(*war effort*)について語った。というのも、みずからの思想は、民主主義的な、つまり開かれた社会を、とりわけ第二次世界大戦後において、政治的に再建するにあたって重要な貢献を果たしうると信じていたからである。その一方でかれは、みずからの書物が「あらゆる時代のもっとも偉大な権威者いく人かを」きびしく攻撃した「非常に個人的な本」であることも自覚していた。それゆえポパーは、ウィーンでの友人たちが合衆国で八カ月にわたっておこなってくれた、本書をアメリカのいずれかの出版社から出版するという試みが失敗に帰したあとで、一九四三年六月二九日にフリッツ・ヘリン〔中等学校で一緒に社会主義運動をした仲間〕宛に、書物での攻撃の仮借なさはただつぎのような事情によってのみ許されると認《したた》めていた。「わたくしは、偉大な名前、偉大な知的権威に対する畏敬の念を破壊することが人間性の回復にとっての必要条件のひとつであると見なしています。もちろんですが本書は、他の人物、それどころか自分自身をそうした偉大な名前の代わりに打ち立てようとする試みなどではありません。わたくしはむしろ、哲学という営みが褒めそやされるさいの大風呂敷と思い上がりこそが消滅しなければならないと主張しているのです……わたくしは、政治学は道を間違えており、新しい指針は驚くべき実践上の帰結をもつであろう、しかもかなり早く、と確信しています。(2)」ポパーの『開かれた社会とその敵』は、この著が出版された一九四五年以降、世界的規模で共感を獲得し、二三カ国語〔おそらく三〇カ国語を超えている であろう——訳者〕に翻訳され、そしてポパーを二〇世紀のもっとも重要な政治哲学者に押し上げたわけだが、三年もの長きにわたって合衆国でも英国においても出版されなかったのである。これはどのように説明されるのであろうか。ヘニー〔ポパー夫人の愛称〕とカール・ポパーは、「月面までの半分の道のりもある」(3)ニュージーランドのクライストチャーチでほとんど七年も過ごし、苦労を重ねた。その驚愕すべき物語のあらましを以下に描いておこう。

2　原稿の作成

ポパー夫妻は一九三七年初め、ロンドンからクライストチャーチに向かう船の上にいた。カールがその地カンタベリー大学付属カレッジに哲学講師の職をえたからである。(4)さらに一九三七年末にはルドルフ・カルナップ〔ドイツ生まれの哲学者。アメリカに移住・帰化〕と『論理学教程(*Textbook of Logic*)』執筆をめぐって文通していた。カルナップは、一二月二九日にポパーに宛てて「小生はこのような書物をおよそ知りません。それが著述されるなら、非常に望ましいことです」と書いていた。そしてポパーは一九三八年三月七日につぎのような返事を認めた。「わたくしの教科書の最初の約四〇ページはすでに書き上げました。(5)」その五日後にはドイツ軍がポパー夫妻の生まれ故郷に侵攻し、アドルフ・ヒトラーが一九三八年三月一五日にウィーンのホーフブルク宮殿のバルコニーから何十万人もの群衆に向かってつぎのように宣言したのであった。「わたくしは、この麗しきドイツに住む何百万もの人間の名において、シュタイアーマルク州、ニーダーエスターライヒ州、オーバーエスターライヒ州、ケルンテン州、ザルツブルク州、ティロル州の名において、また何よりもウィーン市の名において語っているのであり、われわれの広大な帝国にこの時点で居住する他の六千八百万のドイツ人同胞にこう断言する。この地はドイツであり、みずからの使命を理解しており、その使命を果たすであろうし、それは偉大なドイツ民族協同体への忠誠において打ち負かされることがあってはならない。[6]」この出来事がひき起こしたショックの大きさこそが、おそらく原稿執筆にあたってのカールの信じられないほどの緊迫した仕事ぶり——これは、のちに述べるように彼を身体的心理的崩壊の瀬戸際まで追いつめたのであるが——を説明するのであろう。一九四三年四月二八日、ポパーはエルンスト・ゴンブリッチ〔ウィーン生まれの高名な美術史家〕にこう認めた。「戦争が勃発するまでわれわれは亡命者〔オーストリアとドイツからの——本稿筆者(以下同)〕を可能なかぎり数多く援助しようとこころみた。……それがもはや不可能になったとき、わたくしは書物を書き始めた。その一方でいつもわたくしの念頭を離れなかったのは、〔国家社会主義者たちによって〕爆撃されたイギリスの人たちのことであった。わたくしになお果たすことができ、益のある唯一の行為は書くことであった。わたくしは昼夜を分かたず書物を書き上げようとして働いた(7)」

カール・ポパーの知的自伝『出発点』〔*Ausgangspunkte.* 森博訳『果てしなき探求』岩波書店〕を読むと、『開かれた社会とその敵』の執筆は困難な状況下でなされたという印象が生じるであろう。なぜなら、第一に「ニュージーランドにおいてその当時、図書館は十分ではなかったのであり、わたくしは手にはいる書物で間に合わせざるをえなかったからである(8)」。とはいえ、これは半面の真理でしかなかった。もうひとつの半面、感情的半面は親密な友にのみ伝えられていた。そうでない友への文通においては多くのばあい、自分の仕事についての冷静なほとんど感情抜きの報告のみがなされていた。著作の公刊に向けての戦いが始まったあとだが、一九四二年一〇月一五日にかれはカルナップに宛ててつぎのように書いていた。「お手紙のなかで、小生の目下の仕事についてお尋ねくださいました。授業と確率論の問題への従事から目を転じますと……小生は主として社会科学の方法論という実際的な問題に集中しています。それは、戦争への奉仕なのです。その成果は「ヒストリシズムの貧困」という論文であり、『マインド』誌に載ってほしいと思っているものです。もうひとつはかなり大きな本で、ちょうど完成したばかりです……ファシズムとその危険を理解することに寄与すると信じて書きましたが、現在の危機についても光を投げかけるでしょう。(9)」そしてフリードリヒ・A・フォン・ハイエク〔ウィーン生まれの経済学者〕宛にかれは一九四三年一〇月一六日にこう認めている。「わたくしの本全体は、こう申し上げてもよいと思うのですが、無から、つまり、わたくしに利用できる文献が実際上皆無であることから、最良のものを作る試みなのです。(10)」

一九四二年一〇月にポパーはプラトンの巻を十分に完成させており、合衆国での紙不足を思って、また郵便の遠隔地ではあったが英国よりは近かったので、早急にアメリカの出版社を見つけようとしていた。それによって、戦後における政治的再構築に向けての自分の重要な貢献がすみやかに公的に論議されるようになることを望んでいたのであった（第五節を見よ）。一九四三年二月二三日にポパーは、合衆国在住のフレデリック・ドーリアン〔ウィーン時代からの友人〕に、かれの本の第二部と第三部、つまり、〔原著〕二一一ページから四九二ページ、全二五章へのもっとも重要な注、新しい序、目次および序論——かれはこれらを Final MS＝最終稿と呼んだ——を送付した。とはいえ、かれが中断なく二つの巻の変更と改善の仕事をつづけていたのは明らかだった。というのも、かれはのちに友人に、なかでもエルンスト・ゴンブリッチに矢継ぎ早に修正稿を送ったからである。『開かれた社会とその敵』がすでに印刷に付され、ほとんど出来上がっていた時にさえ、かれはゴンブリッチを数ページにもわたる変更事項で爆撃しつづけたのであった。一九四四年八月二五日、ゴンブリッチはポパーに宛てて電報でこう伝えた。「ラウトリッジ社は、来月のうちに第二巻の印刷を始める。」これはポパーを困惑させた。というのも、かれは第一七章を完全に書き直していたばかりでなく、合間にあっても、さまざまな修正や補足を企て、また追加していたからである。こうした状況下でどのようにしたら出版期限を守れるのか。ポパーは一九四四年九月四日にゴンブリッチに宛ててつぎのように書いた。「まったくもって英雄的な努力をつぎこんで、第二巻に対する真に重要な修正を完成させようとした……わたくしのすべての心血がそこに含まれている。[11]」かれはそうした修正を——出版の遅延をなくすために——追加で三〇ポンドを、またそれ以上を払おうとした。八日後にかれはこう補足している。「少なくとも一連の修正を大至急で仕上げたい。出版の遅れは望むところではない。[12]」かれはもちろんこうした困惑がどうすれば解決されるのかについては、友人のゴンブリッチには伝えなかった。ゴンブリッチは、一九四四年一〇月一一日にポパーに宛ててこう書いた。「いまやおおよそゲラ刷りで最初の九六ページをえています（くわえてほとんど毎日のように小包が届きます）。」

3　金銭および健康の問題

ポパーが健康上の危機にさいなまれていたことは、その生き方や働き方(下記を見よ)からすれば、驚くにあたらない。しかし、ポパーの給与は二人――かれらに子供はいなかった――を少なくともある程度まで養うに十分でありはしなかったのか。金銭的困窮はほとんどもっぱら『開かれた社会とその敵』の出版に帰せられる。一九四五年七月二日にポパーは、ロンドン・スクール・オブ・エコノミックス・アンド・ポリティカル・サイエンス(LSE)での地位と給料の約束にかかわる文脈でゴンブリッチに宛ててつぎのように伝えている。「ここで小生は〔一年に〕名目五〇〇ニュージーランド・ポンド(これは公式には四〇〇英国ポンドに相当します)を受け取っていますが、税が引かれますし、年金の掛け金も払いますし、保険料も払いますので残るのは二六七ニュージーランド・ポンドにすぎません。そのうち一三〇ポンドを食べていくために払わねばならないのです。これが意味しているのは、他のすべての支払いに対しては一三七ポンド、つまり週あたり二ポンド一二シリングしかないということです。当然ながら、これでは間に合うわけもありません。[13]」ポパー夫妻は一九四〇年にクライストチャーチの南の郊外カシミアに築二〇年の住宅を購入した。そこからはクライストチャーチを眺望できたし、サザン・アルプスに広がるカンタベリー台地を見晴らすことができたが、分割で支払いをつづけねばならなかった。ポパーはそこで『開かれた社会とその敵』を執筆し、妻のヘニーは比較的小さな、急勾配の、そして石の多い庭で、エンドウ、そら豆、ジャガイモ、ニンジン、ホウレン草、アーティチョーク、レタス、トマトといった野菜を育てた。これらで夫妻はおおよそ一〇月から五月まで食いつないでいたのだ。これについてヘニーは、一九四三年七月二九日、ゴンブリッチ夫妻につぎのように書いている。「年の残りをわれわれは主として、経済的理由からですが、ニンジンやコメで栄養を取っています。カールのお給料はまったく十分ではありませんし、いまは以前よりも低いのです。物価は極端に上がってしまいましたし、私たちは久しい以前から、いわゆる「快適」を味わうことを放棄してしまい、いまでは食事や燃料を節約しようとしています。この二つのことにもう多くを費やせないのですから、絶望的なのです。(14)」

クライストチャーチでも、第二次世界大戦のさなか物価は上がっていたが、五〇〇ニュージーランド・ポンドあれば、なかば快適な生活を送ることは可能であっただろう。しかしポパーは可能なかぎり早く自分の本を出版したいという思いに取りつかれていたし、また少ない金銭でやりくりするという経験もほとんどなかったので、この金銭的状況はひとつのドラマになった。一九四三年五月二一日、ポパーはフリッツ・ヘリンに宛ててこう書いていた。「われわれには金銭が極端に欠乏しています。あるいは正確に言えば、かなり多くの借金を抱えており、それにふさわしい生活をしています。」そしてポパーは六月二九日のヘリン宛の手紙で、金銭状況についてUSドル建てで簡単に述べているが、それはつぎのような事情をあきらかにしている。「小生の稼ぎは毎週三二ドル。そこから七ドルが税に、八ドルが保険や年金積立などに、九ドルが〔住宅〕ローン、二ドルが光熱費などに。この意味は、毎週残ったおおよそ六ドルが、食事、衣料、交通、用紙(これは自分で買わねばならないのであり、高いばかりでなく、大量に消費する)にあてられます。〔合衆国における書物の公刊のための〕電報代は、(返信料を含めて)毎週少なくとも六ドル、ときには九ドルにおよびます。小生はおおよそ六通の電報をドーリアンに、同数をニューヨーク(パパネック、ブラウンタール〔ウィーン生まれの社会学者〕そしてあなた)に送っています。これでは文字通り破滅であることをご理解いただけるでしょう。(15)」くわえてかれは定期的に、書物の公刊を心配してくれる通信相手のすべてに返信料に見合う小切手を送っていた。「金権支配階級のメンバー」と称していたエルンスト・ゴンブリッチのみは、受け取ることをよろこんで放棄しただろうとわたくしは断言できるが。かれはカール・ポパーに一九四三年一〇月一日、つぎのように書いていたのだから。「四ポンドを超える小切手をお送りくださり、感謝に堪えません。しかし自分はそれを必要としませんし、じっさい必要ないでしょう。これまで自分は最初の四ポンドの一部さえ使っていません。で、自分は残りをニュージーランドと大ブリテンとの知的関係を改善するためのカール・ポパー財団に用立てねばなりません。[16]」「人はなぜにいつもお金のことを心配しなければならないのか[17]」という誰でも口にする嘆きは、ポパーにあってはあきらかに正当すぎたのだ。そしてロンドン・スクール・オブ・エコノミックスでの任用が決定しそうになった頃に、ゴンブリッチがポパーにちょっぴり皮肉まじりに、六〇〇ポンドの給料は十分でしょう、「もっとも、アーガー・ハーン〔三世。イスラームの指導者で、巨富を築いた〕がそれ以上を稼ぐことはないと主張する気はありませんが」と伝えたときでも、ポパーは金銭上の心配から解放されたわけではなかった。かれは一九四五年二月一〇日にゴンブリッチに宛ててこう書いていた。「あなたが触れておられる、ハイエクの小生宛の手紙では、給与がどんなに低くても挙げられた額よりも少なくなるなどと心配しなくてもいいと注釈されています。かれらが私を任用するばあいには、ハイエクが小生に言った額、つまり〔六〇〇ポンドの代わりに〕七〇〇ポンドを支給すると言っています。これが二年ごとの給与増額五〇ポンドを二回くり返して八〇〇ポンドに昇るというのです。としたら小生は当然ながらアーガー・ハーンの給料に近づくでしょう！　遺憾ながら、わたしはこの富を喉から手が出るほど必要としています。わたしの負債は、重すぎるわけではありませんが、たえず増加しており、ロンドンに向かうときには三六〇ポンドあるいは四〇〇ポンドの船賃を支払わねばなりません。くわえてわたしは、学期中に出発してしまうことはできませんし、一月一日には〔雇用関係〕解消告知を提出しなければならないので、ざっと四カ月間無職となるでしょう。この意味はさらに一二〇ポンドの負債が加わるということです。ですから、ロンドンに着くときには四八〇から五〇〇ポンドにおよぶ新しい負債を抱えていることでしょうよ！　わたしは、アーガー・ハーンほどの富でよろこぶ以前に、たっぷり悲嘆に暮れていると考えますよ。[18]」

さらに、ポパーは『開かれた社会とその敵』を書き下ろしているあいだ、またその後に克服しなければならなかった、金銭問題よりもより大きな問題を抱えていた。それは、健康問題であった。原稿を書き始めたときかれは三五歳前後であったが、ポパーよりも頑健で健康な男であっても多年にわたるこのような身体の酷使は健康の毀損なしにはなしえなかったであろう。原稿を書き下ろしているあいだ、かれは文通で健康問題に触れることはほとんどなかったので、健康状態についての具体的な情報をえられるのは一九四三年以降になってからである。一九四三年五月一五日、かれはフリッツ・ヘリンに宛てつぎのように書いた。「じっさいわれわれは五年ものあいだ一日とて休みを取りませんでした。われわれ二人はほとんど死んでいましたし、原稿の先の見えない運命に打ちのめされていました。」おなじ年の一月二九日には、この友人のもとでも出版が遅延しているゆえに、苦悩し懐疑的なことを書いていた。「わたしは電報のためにたくさん費やしましたので、負債をもう支払いきれないほどです。わたしは大学食堂で食べようなどとはしませんし、われわれは火を焚こうとさえしません。」[19] エルンスト・ゴンブリッチが『開かれた社会とその敵』の出版を心にかけると言ってきたあと(第五節を見よ)、ポパーは一九四三年七月二二日につぎのように書いた。「君のじつに友情に満ちた、そして愛情あふれる手紙にどれほど多くを負うているかなど、言うことさえできない。身体が疲労困憊し沈鬱の底にあったとき、それらは絶望の手前からじつに私を救ってくれた。」[20] 一〇月一二日にかれはアルフレッド・ブラウンタールに、「戦争への奉仕」の出版が遅延したままになっていることをつぎのような言葉で嘆いた。「わたくしは病んでいる。倦みはて、気がめいっている。」おなじ求めを際限もなくつづけることに。」一九四四年三月一日にはこう書いている。「わたくしはアプトン・シンクレアの自伝のなかで、過重な労働が歯を膿ませたので、かれの書いたどの本も一本の歯にあたいしたという記述を読んだ。この本はわたくしに九つの化膿と九本の歯を要求した。しかもすべてこのひと月のあいだに。これは愉快なことなどではないが、全状況の真なる描写ではある。」ブラウンタールはポパーの健康について最初に大きな心配をしたのだが、四月二日には少し安堵した手紙を書いた。「君の病気は歯の問題にあるというわたしの推測は君のこの前の手紙にもとづくのだが、カール、それはただしいのかね。……君の以前の手紙から、君の健康にはなにかふつうでないことがあると感じているのだが。」これに対してポパーは六月一九日につぎのように答えた。「健康のことを尋ねてくれてありがとう。私を不愉快にさせているのは歯痛だけではないんだよ。歯の化膿は、(医者が言っているように)過労からくる(神経ではなく)身体の崩れが示す多くの兆候のひとつにすぎない。」そしてブラウンタールは七月二九日に答えている。「カール、願いごとを夢見ていちゃいけない。君のこれからの仕事、君の奥さん、君を必要とする世界、そして君の友だちのために体調を整えてくれ。[21]」

書物の出版がラウトリッジ社によって承諾されたあとでは世界も自身の体調もバラ色になったように見えるのだが、一九四四年四月二二日、ポパーはゴンブリッチに宛ててつぎのように書いた。「ひどい風邪——いままでも最悪のひとつ——をひいたが、風邪でもこれほど幸せだったことはいまだかつてなかったよ。」そして六月二七日には「僕は以前にもまして恐ろしいほど弱っており、みすぼらしいと感じている。医者は、かつて見たなかでも最低の血圧だと言っている。だから、なぜ僕がこうも貧弱に感じているのかがわかるというわけだ。日に何度も五種類の錠剤をとり噴霧もしてもらっている。」ゴンブリッチは友に健康にいっそう注意するようにと促している。「わたしは心配ない。君は働きすぎで睡眠不足だ(わたしはまさにその反対なのだが)……しかし最初に知りたいよ。苦痛を処理する君の方法は賢明で批判的合理主義者にふさわしいものなのかね。(22)」ラウトリッジ社が書物の出版を契約したあとでもポパーの健康状態は本質的には改善されなかった。一九四四年八月八日、かれはこの電信での問診を受けてゴンブリッチにつぎのように書いた。「おそらく、君が全面的にただしい。が同時に医者はあらゆる病状の直接的な原因と思われるものは、副腎皮質からの供給が不足していることだと見ている。アドレナリンの噴霧注射を受けているのだが、これはかなり状態を改善する。」そのあとポパーは何カ月ものあいだ健康上のひどい困難は抱えずに済んだようだ。というのも、一九四五年四月一六日になってはじめてかれはふたたび友人につぎのように書いているから。「人生でも最悪の風邪をひいている。とんでもないことだ。山は越えたが、いつも咳が出るし、頭痛、首周りの痛み、関節の痛み、いくつかの小さな痛みがある。だが、最悪なのは兇暴な頭痛だ(「うすきみわるい頭痛」と書こうとは思わない。それがまさに惨めな大多数の同時代人に起こっているように、それが自分の最後の言葉になるかもしれないことを怖れるので)。」かれはロンドン・スクール・オブ・エコノミックスからの任用通知を受け取ったあと、六月一二日にゴンブリッチに宛ててつぎのように書いた。「われわれ両名はかなり愕然としている。なかんずくわたしの健康がかなり悪く、とりわけ身体が悪天候に理解不能な仕方で反応するので。わたしは自分が病気であることに病んでいるのです。君はわたしのことを悪性の心気症患者と考えるにちがいない。私もそうだと思っているのだが、医者(感じのいい親切な人物で優秀な医者です)は、残念ながらこれらはすべて真実だと言っている。(23)」

ポパーが『開かれた社会とその敵』を執筆していた状況についてのもっとも印象深い要約は、ヘニー夫人から一九四三年七月二九日、ゴンブリッチ夫妻に宛てた手紙にある。「ここ四年のあいだカールは昼も夜も書物にかかりきりで働いています。わたしはそれをタイプライターで打ち、またそれとかかわりのある他の重要なこともしています。休日なんてないですし、日曜日もありません。とりわけ今年はまったくありませんでした。日本兵がどんどん近づいてくる時なので、カールは、外界とのつながりを断ち切られてしまう前に、原稿を送付できるようにするため可能なかぎり早く書物を完成させなければならないと決心したのです。でもかれは今年の二月までかかりました。その合間に太平洋における戦争はわれわれに有利に変わりましたから、われわれが切り離されることはないでしょう。学期中カールは週末だけ仕事ができましたが、学期末の休みには毎日二四時間仕事をしていました。ここ三、四カ月かれはほとんど完全に疲労困憊していました。寝ようとしませんでした。寝ることができなかったからです。何度かわたくしは恐ろしい不安を抱きました。かれは突然片方の目が見えなくなったからです。それでもかれはそこに座って、たえず書き続けていました。そしてわたくしはタイプライターを打ちつづけていました。何百回も。……カールはカレッジが始まる二日前に原稿を書き上げました。われわれの「休暇」が残っていた二日間われわれは海に行き、欲しいだけアイスを食べました。（わたくしはかなり前から、書物が仕上がったら好きなだけアイスを食べることでお祝いしようと計画していたのです。）最初の日はすごく快適でしたが、二日目にはわれわれのお祝いを突然に中止しなければならないほどの雷雨に見舞われたのでした。カールはカレッジでの新年度を始め、わたくしはまったくめちゃめちゃになった家と庭に戻ったのです[24]。」ポパーの健康状態の酷さは、英国での全期間をつうじてもほとんどそうであったのだが、かれは健康をクライストチャーチで壊してしまったのだろうかという問いを浮かび上がらせる。わたくしはここでこの点についてあれこれ考えることはせず、エルンスト・ゴンブリッチの言葉をくり返しておきたい。かれはわれわれ夫婦に対して一九九八年三月二七日ロンドンでのインタビューのおりにこう答えた。「どうみてもかれは強健な心臓の持ち主だった。[25]」

4　書名の変更

ポパーにとっては初めから明白であったのだが、書名（主題名と副題）——個別の章名およびその内容の度重なる変更についてはここでは扱わない——がどの程度アピールするかは、戦争のさなかにあって、出版社を見つけること、販売面で成功することに本質的にかかわらざるをえないものであった。『開かれた社会とその敵』の原稿が仕上がったあとの文通全体は書名をめぐるものであった。ブラウンタールに宛ててポパーは一九四三年八月二三日につぎのように書いた。「わたくしは出版についていくつか経験しました。それで市場に書物を投下するには書名の問題が重要であると思うのです。出版社は、書名に「魅了される」と、すぐに書物に多大な関心を示すでしょう。というのも、出版社は世論も自分たちとおなじように反応するだろうと信じているからです。[26]」最初、書名は『にせ予言者たち、プラトン - ヘーゲル - マルクス』[27]となるはずだったのだが、マクミラン社によって書物が最初に拒絶されたのを前にして（次節を見よ）——この拒絶はより粘り強い考察をみちびくことになったのだが——ポパーはよりよい書名を探した。

ヘリン宛にポパーはこう書いた。「古い書名はしゃれていて情報に富んでいるが、不幸なことにそれに結びついた情報は誤解を招くものであり、したがって捨てねばならない。発行人をいら立たせないためには、書名でマルクスには言及しない方がいいだろう。少なくとも書物が受け入れられるまではそうだ。[28]」『政治哲学批判』という新しい書名はたしかにあまり挑発的ではないが、おなじように満足のいくものではなく、「若干重たい感じがする」。ブラウンタールに宛てて一九四三年三月二一日、かれはこう書いた。「しかしわたしは実際のところ新しいよい書名を見出してはいない。」どの出版社に書物を委ねるかという問題から目を転じると、ポパーは代案として、『万人のための社会哲学』とか『われわれの時代のための社会哲学』といったものを提案した。出版が先延ばしになるにつれて、かれは書名の問題により緊張感をもって対応した。「再度、書名の問題。書名に「批判」を入れたかたちはもともと、『プラトンからマルクス――政治哲学批判』というものだった。このかたちだと書名はかなり良くなっている。『資本論――政治経済学批判』とかかわるからだ。……しかし、書名でマルクスに触れることには何といっても躊躇がある。[29]」ハーパー社もまた書物の出版を拒んできたのだが、そのあとでポパーは一九四三年五月一五日、フリッツ・ヘリンに宛ててこう書いた。「ここは反マルクス本を相手にしている暇はないということだ。」だがヘリンは、少し遅れてつぎのように書いたのだが、ポパーの不安を散じ元気づけることはできなかった。「書名のことで不安になることはないよ。アメリカの発行人は、君が提案したような抽象的な書名は受け入れないと思う。じっさいにこの本を出版したいというなら、書名については、長い経験をもっている発行人の判断に委ねねばならない[30]。」

Ｅ・Ｈ・ゴンブリッチやＦ・Ａ・フォン・ハイエクとの文通においても書名の問題はたえず投げかけられている。一九四三年一〇月一一日のゴンブリッチ宛の手紙では手書きで「書名の問題についてこまかく書いてもらえますか」と書き足している[31]。そしてこれをゴンブリッチは一一月一五日に丹念におこなった。「長いあいだ書名の問題を考えていましたが、あなたの『プラトンからマルクス……』が、実際上、最良であるという考えに傾いています。以下のようにかなり短いかたちに圧縮できるならば、おそらく書物はよりよく特徴づけられることになるでしょう。『ヒストリシズムの危険な遺産——民主主義の哲学への貢献』もしくは『危険な遺産——プラトンからマルクスに至る社会的思考についての批判的分析』。あるいはもっと「プロパガンダ的性格をもつ」ことになるでしょうが、『歴史の呪物崇拝——民主主義の哲学を擁護する』。おわかりのように、小生が書名のなかで表現できたらと思ったのは、書物の「挑戦的」性格です——それをあなたはにせ予言者三人で表現しようとしたわけですが。その書名は、もちろんわたくしの考えですが、書物に十分ふさわしいとは思えません。書物の否定的側面に重きをおきすぎているからです。両方の側面を、つまり、論争的であるとともに積極的な側面をも表現する書名を見つけたいものです。（批判のつく書名は「教養ある」読者にはふさわしいでしょうが、他の、おそらくあなたが届けたいと思っている読者には怖気をひき起こすものかもしれません。）『合理的な社会的思考への挑戦としての歴史崇拝』。これと類似のなにか他のものをお伝えできるかもしれませんが、これはあまりに長く重たい感じがします。『プラトンからマルクスへ——反民主主義の批判的分析』はどうでしょうか——章をまとめる中見出しとしても。航空便でお送りした以前の手紙で提案しました原則をご考慮に入れていただけましたら、おそらく三部それぞれのタイトルのなかに名前を入れることができるでしょう。つまり、『開かれた社会とその最初の敵　ヘラクレイトスおよびプラトン』、『神託まがいの哲学の出現　アリストテレスからヘーゲル』、『予言の大潮　マルクスとその後』。これらの提案は、もちろん、さして重要なものではありません。お時間がなければ、これらに返答しようなどと煩う必要はありません。」

七日後、ゴンブリッチからの手紙を受け取る以前のことだが、ポパーはつぎのように書いた。「書名問題についてのご意見をお聞かせください。『開かれた社会とその敵』、あるいは『われわれの時代にとっての社会哲学』についてはどう思われますか。もっとも後者の題名はあまりにも偉ぶっているように思えますが。(32)」

一九四三年一〇月二六日、ポパーはハイエクに宛ててつぎのように書いた。「書名や目次へのご批判は当然なものと思います。……書名の問題についてはながらく頭を悩ませてきました。最初の書名がおそらく最善のものだったかも知れないと思うのですが、それは誤解されるだろうと思い、落とすことにしました。それは、『にせ予言者たち(プラトン－ヘーゲル－マルクス)』というものでした。(私がそれを落としたのは、マルクスはプラトンとは反対に羊の毛皮を着た狼というよりは狼の毛皮を着た羊――みずからを非道徳家と称する清教徒的道徳家――であったからです。)ご提案くださった『政治的諸理想の闘争』でもよいかと思いますが、少々誤解されるだろうと思います。つまり、その書名ですと読者は、私がプラトン、ヘーゲル、マルクスといった自分の主要な主人公たちを論じながら、事実上は、かれらすべてとのわたくしの闘争を暗示していると受け取られかねないと思うのです。つぎの候補についてはどう思われますか。1.『開かれた社会とその対抗者たち』、2.『万人のための社会哲学』(あるいは、『われわれの時代のための』)、3.『自由からの逃走』(あるいは、傲慢でなければ、『開かれた社会からの』)。」

じっさい、良い書名を見つけることにかんしてほとんど絶望的な思いでいます。」これに対してハイエクはまず、一九四三年一二月四日付の手紙でこう答えた。「開かれた社会を書名に出すべきだとは思いません。それによってこの書に結びつけられた意義が伝わるわけでもないでしょう。『自由からの逃走』は、ほとんどおなじ書名をもった本が出現するのでないならば、成功するでしょう。『万人のための社会哲学』(あるいは、『われわれの時代のための』)は若干中立的ですが、相対的には最良でしょう。個人的には、依然として『政治的(あるいは社会的)諸理想の闘争』を選びますが、理想とすべき最良のものからは大きくかけ離れています。」それからまた、一九四四年一月二九日にはこうある。「書名についてはまだ適切だとは思っていません。単純に『こんにちのための』とか『万人のための』とか『われわれの時代のための』とかなんであれ「社会哲学」のついた書名がじっさいに影響力をもつとは思いません。しかし、『社会哲学入門』は印象深い主題名にとって十分に説明的な副題となりうるでしょう。『開かれた社会とその敵』は他のものよりはよいですが、「開かれた社会」という表現がよく知られていないので、これが決定的に不利な点でしょう。とはいえ、利点もあります。そこに「と」が含まれているということ、これは通常はよい書名を作り出すものです。不幸なことながら、書名において自由という語を避けることはほとんど不可避です。近年、それと結びついていかに多くの馬鹿げたことがなされているとしても。私が以前に提案した『政治的諸理想の闘争』は決して理想とすべき最良のものではありません。おそらく、上述のような副題を付けた『理想をめぐる永遠の闘争』がよりよいものでしょうか。こうした提案は、まったくのところ、正当な書名がおのずから現れてくることを願って、あなたがこうした重要な問題に大きな注意を捧げていることのお役にたてばと思ってのことです。」[33]

当然のことながら、書物は印刷されるべきなのだから、しだいに書名と副題を決定しなければならない時が迫ってきた。一九四四年三月一四日、ポパーはゴンブリッチに宛てて手紙を書いた。「君がただしい。(この本を叙述していた時に考えたことではあるのだが)可能な最良の妥協はプラトンの巻に注を付けたうえで分離して出版することだと思う。それはまったく独立する。書名は、『開かれた社会とその敵』。第二巻が出版されるなら、おなじ書名で副題は、第二巻「神託まがいの哲学の出現」ということだ。」[34]ゴンブリッチとハイエクはラウトリッジ社のハーバート・リード〔イギリスの詩人・評論家〕とロンドンの改革クラブ(Reform Club)で話をし、主題名として『開かれた社会とその対抗者たち』が、副題としては、第一部「プラトンの時代」が、第二部「予言の大潮」が選ばれた。ゴンブリッチは三月一七日にこれをポパーに伝えた。これに対してポパーは、四月一四日の手紙でつぎのように答えた。「書名が『開かれた社会とその敵』となるか『開かれた社会とその対抗者たち』となるかはどうでもいいのです。フィンドレー教授――わたくしはかれの好みを評価するものですが――は、ダニーデン〔ニュージーランド南島の都市〕から最初の書名を強く勧めてきています。かれはその方がよい響きがすると信じているからです。どうか、リード氏(かれの書名、『文化よ地獄へ』はきわだっています)がこの美的問題を決定してくださるようお願いします。わたくしは二つともおなじように満足しています。」しかし八日後、かれは異なった決断に達した。「『その対抗者たち』の代わりに『開かれた社会とその敵』を緊急に推奨したいと思います。論拠。「対抗者」というのは、書物全体の題名としてでもなく、第一巻のものとしてでもなく、ただ第一部の題名として自分で提案していました。小生としては、意味の精緻な色合いのゆえに選びます(「対抗者」というのは、盲目の敵というよりは、「開かれた社会」に対する自然な反作用を含んでいます)。[35]」だが、これで書名問題が最終的に決着したわけではなかった。なぜなら一九四四年六月五日にポパーはゴンブリッチに宛ててつぎのように書いているからである。「思い出されるでしょうが、この本のもともとの書名は『にせ予言者』であり、副題が「プラトン‐ヘーゲル‐マルクス」でした。この書名に対する何人かの反応もあって、少なくともこの本が発行人の誰かに受け入れられるまで、それは落としました。他面でわたくしはいつでも、この書名がすべてのもののなかでも最良であると信じる気持ちがありましたし、少なくとも発行人にはこの点を熟考していただきたいと思っていました。発行人は考慮しても拒絶すると思います。そうであるならば、すべてはうまくいくのです。小生は、『開かれた社会とその敵』がこれまでに論じられたすべての書名のなかで次席であることにすっかり満足します。しかしわたくしは、『にせ予言者』がこれまでにそもそも考慮されたのかどうかがわかりません。それは、わたくしにはよくわからないことですし、小生に最終決断ができるとはいえないことがらです。なぜなら、どうなるかは、かなりの部分、「ローカルな」状況に、世論の反応に依存することだからです。……でも、小生がどの書名を好むかを知りたいのでしたら、他事は一切考慮に入れず、もともとの書名であると言わねばなりません。それは、他のことから目を転じても、書物の歴史的不完全性という難点を回避していま す。」しかし書名問題にかんする賽《さい》は数日後には投げられた。ゴンブリッチは友に宛てて六月一〇日つぎのように書いた。「至急にお伝えしたいことがあります。ラウトリッジ社の取締役(T・マーレイ・ラグ氏)がこう書き寄こしてきました。「この点でわれわれはみな、『開かれた社会とその敵』が……『その対抗者たち』よりもはるかに良いと一致しました。おなじように一致して『プラトンの呪縛』が、『……の時代』よりも良いことを受け入れます[36]」。」

5　発行者を探して

『開かれた社会とその敵』の第一巻であるプラトンの巻を一九四二年一〇月に脱稿したあと、ポパーはそれを可能なかぎり早く出版したいと考えた。ポパーが第一次大戦後、社会主義中等学生連盟の枠組みで出会ったウィーンでの友人たちは合衆国に移民として来ていた。そこには、ブラウンタール夫妻、F・ドイチュ、F・ヘリンならびにE・パパネックがいた。一九四三年四月二〇日、かれはフレデリック・ドーリアン（フリッツ・ドイチュのこと）に宛ててこう書いた。「再建計画の背後には哲学（私が考えているのは哲学の体系のことではありません）がなければなりません。ですからわたしはそのための貢献をこころみたのです。[38]」最初ポパーは三部ある原稿のタイプコピーを、添え書きを付けて、ニューヨークのマクミラン社、ついで三週間あけてヘンリー・ホルト社、それからハーコート&ブレイス社に送ろうとした。同時にかれは先に言及した合衆国在住のウィーン時代からのかつての友との接触をとろうとした。かれらは出版にあたってポパーを助けてくれるはずだった。かれは一九四二年一〇月二三日、おそらくはじめてF・ドーリアン宛に手紙を書いた。そこから若干の箇所を引用しておきたい。

「敬愛する友よ、

……僕は新しい本を脱稿したばかりだ。君が一般に僕や僕の能力についてあまりにも大切に考えてくれていることは承知している。だからこそ、この本が重要だと主張することには躊躇を覚える。……それは戦争への奉仕なのだ。愚考するにそれは、社会や政治についての新しい哲学であって、われわれの時代において緊急に必要とされるものをかなり含んでいる……古くからの友よ、出版のことがらにかんして助けてもらうべく、君を選んだ。でも君に多くの面倒をかけはしないだろうと思っている。そこにはわずかな仕事しかないと思うからだ。

僕は原稿をさまざまな発行人のもとへ直接送ったので、関心があるときには君と連絡を取るように、そして関心がなければ原稿は君のもとに返送するように頼んだ。僕の名前で処理でき、僕のために契約書にサインするため、君に全権を与えたい。……この本は可能なかぎり早く出版されるべきなのだ。……

僕はこの本のために実際上昼夜を分かたず四年の長きにわたって仕事をした。それについて僕がどう考え感じているかはわかってくれるだろう。僕は発行人を見つけるのに大きな困難があるとは思わない。この本は、君もわかってくれると思うが、たいへん読みやすいし、なにかあるとすれば、望んだ以上にアクチュアルだ。だが、お願いしたい。二カ月後には、君のもとに原稿の入手を通知してこなかった出版社を書き送ってくれ、そしてかれらが原稿を受け取ったかどうかを見きわめてほしい。

この手紙には、出版社に送った手紙のコピーも添えておく。そして君には同便で原稿のコピーを送っておく。どうか注意深く保管してほしい。それは印刷のために必要になるだろうから。この本を読んでくれるなら、たいへんうれしい。だが、本が出版されるまでは誰にも見せないでほしいし、どんなことがらもどんなことに対しても最大の機密扱いで処理してほしい。

古くからの友よ、この件にかんしては大きな配慮をもって扱ってほしい。僕は君に完全に委任する[39]……」。

約一カ月たっても、原稿やかれの本が届いたのかどうかについてポパーは回答をえられなかった。かれは、一一月一八日に取引上の全権と一〇ドルを超える小切手を送ったが、一九四三年二月八日になってはじめてフレデリック・ドーリアンがこう書いてきた。「君が生存しており、活動し働いているたくましい証拠を受け取り、大いに満足しているよ。君の原稿は自分の書き物机の上にあり、出版社もそれをもち精査している。[40]」この書の出版社を合衆国ですみやかに見つけられるだろうという希望はかなえられなかった。あたかも全世界がポパーとその仕事に対して共同で謀議をめぐらしているかのようで、ポパーが一九四三年六月二九日にヘリン宛に書いたように、「黒魔術の驚くべき謀議」が演じられているかのように見えたのであった。文通は緩慢であった——その当時、航空便で送ることは許されていなかったので、手紙はニュージーランドから合衆国まで六ないし八週間を必要とした——ばかりでなく、かれの目には、アメリカの友人たちはかれの本あるいは包括的な指示を注意深く読む用意も、当初かれによって選択されたアメリカの出版社九社に順次送る用意も欠けているように見えたので、かれの忍耐はきびしい試練にさらされた。くわえてカール・ポパーのアメリカの友人たちは——かれの指示に反して——原稿を、カール・J・フリードリヒとかフェリックス・カウフマンといった著名で影響力に富む人たちに読ませたのであった。かれらはそれによって出版社を見つけられるかもしれないと望んだからであった。ポパーは、プラトン、ヘーゲル、マルクスそしてマンハイムへの鋭い攻撃を加えていたために、自分の著作権が侵害されかねないのを見たのであった。かれはくり返し、おなじようなことを書き送った。「僕は、この本を発行者以外の誰かに見せることを、この点にかんしては唯一の例外があるとはいえ、望みません。僕のこの根本的な望みを厳格に守ってほしい。[41]」

一九四三年三月末にマクミラン社とハーパー社は詳しい理由を述べることなしにプラトンの巻の出版を断ってきた。ポパーは「マルクス主義に対する公然たる攻撃が拒否された一番の理由であろう」と信じた。[42] そしてドーリアンに宛てて一九四三年四月二〇日につぎのように書き送った。「二社が拒否した理由は、マルクスへの攻撃に人びとが不安を抱いているという現代の状況のうちに探されるべきだと確信しています。[43]」ポパーは状況のこうした展開全体によってかなり落ち込んでしまった。というのも、ドーリアン、ヘリン、ブラウンタールの共同の努力もゆたかな実は結ばなかったからである。くわえて、かれはバークリーの経済学者ジョン・B・コンドリフにも原稿の閲読を乞い、気に入ったならば、かれの『世界貿易の再構築』を公刊したW・W・ノートン社に推薦してくれるように求めていたのだが、この希望もまた潰えてしまった。ヘリンは一九四三年五月二二日、ポパーに宛ててつぎのように書いた。「われわれはすべて［つまり、かれ、ドーリアンそしてブラウンタールのこと］、君の本のようなものを出版するチャンスはほとんどないという点で一致している。」かれはポパーにこう勧めた。「文体の変更、短縮化と観念の温和化が実施されねばならないという事実を受け入れること。たとえば、発行人がアリストテレスに対する君の批判の調子を受け入れるかどうかは、疑わしいなんてもんじゃないよ。[44]」ポパーは、当然のことながら、今後の方針についてさらに不安を覚えた。かれはアメリカの出版事情について皆目わかっていなかったのだ。かれは住所を添えたアメリカの出版社二二社のリストを作成した。それらはしだいしだいに書き加えられ、原稿が送り付けられるべき先であった。原稿を多くの出版社に同時に送るべきか、注もすべて一緒にか、注は一部のみとすべきかは、ポパーにはわからなかった。ドーリアンは、六月二六日にかれ宛にこう書いた。「信じてくれ、ここにいる友人たちはこの本のためになしうることはすべてやった。しかし、当然のことだが、この本はそれ自身の貢献というみずからの足で立たねばならない。そしてニューヨークの発行人たちは固ゆでの卵みたいな〔非情な〕連中だ。(45)」だが、食いついてきた出版社はなかった。

出版におけるこうした惨めな状況からポパーを救うことのできるアメリカでの唯一の希望は、アルフレッド・ブラウンタールであるように見えた。かれは、社会哲学者であるばかりでなく、一九三六年二月にブリュッセルの自宅にヒストリシズムについて講義してもらうためにポパーを招き、それについて論じあっていた。(46) しかしブラウンタールはアメリカに移住しており、ポパーの電報はかれには届かなかった。ポパーは、エルンスト・パパネックをつうじてブラウンタールのただしい住所を知り、二日後にこう書いた。「あなたのことのみが脳裏にありました。というのも、ブリュッセルでの会話から、この書で扱われた諸問題にあなたがいかに関心をもっているかを知っていましたから……現在のような時代にあっては、本書がわれわれの時代の諸問題に対する重要な貢献であるという確信にくらべたら、著者に対する個人的な友情など取るに足らないものであらざるをえませんが。(47)」五月に原稿がブラウンタールのもとに届いたあと——ヘリンが一九四三年七月一三日の電報でこれを通知してきた——出版へのポパーの希望はあらたに高まった。それは、原稿がかれのリストしていた出版社に引きつづいて送られた時であった。だが、この試みもまた最後には大きな幻滅となった。なぜなら、ブラウンタールはニューヨークでコンドリフと話をしたのだが、コンドリフは自費出版は問題外であろうし、大学出版局からの刊行も勧められないと考えていた。ブラウンタールは、七月二五日にポパーに宛ててつぎのように書いた。「こうした発行人にかかわる問題は、著者に費用の分担を求めるという点にある。それは著者にとって五〇〇から七〇〇(?)ドルの負担を意味するだろう。コンドリフは、君がこうしたお金をもっていたとしても、それを合衆国に振り替えることは許されないだろう、とコメントしていたよ。」ポパーがこうした金額を自由にしえないことはすでに見たところである。その点から目を転じても、自著の刊行のために、こうした努力や辛労のあとで、なお金を払わなければならないという考えはポパーには受け入れがたいものであったろう。かれは八月二三日、ブラウンタール宛につぎのように書いた。「この本にかんする小生の考えを申し上げると、とかくするうちに実際上すべての希望を捨てたということです——少なくともアメリカ合衆国との関連では。出版コストに対しては一セントも払うまいと決めました。出版権への支払いは小生の原則に反します。小生がお金をもっていたとしても、その点を熟考することさえないだろうと思います。[48]」たしかにブラウンタールは本をジョン・デイ出版社やイェール大学出版局にもちこむことをこころみたが、いずれも成功はしなかった。だが、かれはまた書物の大幅な短縮を要求した。なぜなら、「本質的に一〇万語以上もある本の出版社を見つけることは極度に困難である」からである。[49]『開かれた社会とその敵』のアメリカ版は一九五〇年になって初めてプリンストン大学出版局から刊行された。

だがそうこうするうちに英国のエルンスト・H・ゴンブリッチやフリードリヒ・A・フォン・ハイエクとの連絡が回復された。というのもゴンブリッチは、かれの本が書き下ろされていた一九三八年以来、ポパーからの返信を受け取れずにいたのだが、[50]一九四三年四月一二日に電報を打ってきたからである。「新しい住所はPO Box 60レディング愛をこめて挨拶。」これに対してポパーは四月一四日、海底ケーブルを用いた電報で「あなたの助けが必要／出版社を見つけるという／社会哲学の本／再建問題／原稿を送ってよいか／すべての愛をこめてポパー。[51]」と返信し、四月一六日につぎのような手紙を認めた。

「敬愛するエルンスト

長いあいだあなたについてお聞きできずにいました。それだけにあなたの電報は非常にうれしいものでした。あなたとご家族にとってすべてがうまくいっていることを心から願っています。われわれについてなにも聞かれなかったのは、わたしが書物を書いていたからです。原稿は出来上がりました。書名は『万人にとっての社会哲学』というものです。（およそ七〇〇ページつまりざっと二八万語あります。）この本はアクチュアルであるし、その出版は急を要すると思います——ただひとつのこと、つまり戦争に勝つことのみが重要である時代にこうしたことが言えるとして。この本は政治と歴史についての新しい哲学であり、そして民主主義再建の原理の探求です。それはまた文明に対する全体主義的な反乱を理解することに貢献し、そしてこうした反乱が民主主義的文明そのものとおなじくらい古いものであることを示そうとするものです。——一昨日、あなたに宛て、PO Box 60 レディングのご住所に、この件でご助力をお願いする旨の電報を打っておきました。あなたは、わたしが英国にもつ唯一の信頼できる友です。郵便やその他の恐ろしいまでの困難からして、出版する気がなければ返送してくれるようにと頼んで、この地から出版社に書物を送ることはまったく無理というものです。それは拒絶されたばあい、ざっと一年からの遅延を意味するでしょう。ですからわたしは、英国で原稿をさまざまな出版社に送ってくれる人を必要とするのです。もしあなたがこの仕事を引き受けてくれるのなら、感謝に堪えません。電報では、わたしのためにこれをしてくださるかを尋ねましたが、お答えを待つこともせずにそれ以上の情報としてこの手紙をお送りしている次第です。過分のことを要求していることは存じております。しかし、わたしには他の可能性がないのです。これがあなたにとって仕事の増大を意味するのではなく、何通かの手紙を書くだけで済むことを望んでいます。ご承諾くださったらすぐ、郵送のためのなにがしかの金銭を送る許可を願い出るものです。たくさんの感謝と心からの挨拶を込めて。あなたのK。」(52)

エルンスト・ゴンブリッチは一九四三年四月二四日に「玉稿を緊張してお待ちしています。もちろん、最善を尽くします。」と返電した。ゴンブリッチは一九四三年四月から一九四五年一一月のあいだに若干の手紙——とはいえ、文通は合計一〇〇ページ以上に及ぶ——を書いたばかりでなく、英国の盗聴機関での仕事が極度に緊張していたのだが、(53)ポパーの書物のために出版社を探そうとして自由な時間をすべて捧げていた。そして皮肉なことに運命は、一九四三年五月四日にポパーに〔ラウトリッジ社を忌避すべく〕

つぎのように書かせていた。「どうか、つぎの変更をしてください。キーガン・ポール・ラウトリッジ社を〔わたしのリストの〕うしろの場所に、おそらくはファーブル社のあとにおくことと。理由はこうです。小生の本を〔ラウトリッジ社のライブラリーに〕入れることはマンハイムを批判することになります。マンハイムはキーガン・ポールの〈社会学および社会再建〉国際ライブラリーの編集者なのですから。もし君がキーガン・ポール・ラウトリッジ社にひかれるなら、拙著はマンハイムへの批判を含んでいる——もちろんかれが出版前には読まないでほしいと願いますが——と、言っておかなければなりません。」そして六月二二日かれはこう付け加えた。「お許しください、私が航空便でさらに爆撃を加えるならば、……本との関連でK・マンハイムに歩み寄っていくことを望んではいません。むしろキーガン・ポール・ラウトリッジ社をそもそも考慮に入れるべきではないのではないか、他の出版社が出版を拒否した時点でのみ……」[54]。これに対してハイエクは一九四三年七月一八日ゴンブリッチに宛ててつぎのように書いた。「マンハイムとの問題はラウトリッジ社への接近のうえでの障害にはならないでしょう——小生などマンハイムを拙著〔『隷従への道』*Der Weg zur Knechtschaft*, Erlenbach-Zürich 1945〕でポパー博士がなしたよりもおそらくずっと粗雑に扱っているのですから。」[55]長い長い航海のあとで『開かれた社会とその敵』はついにラウトリッジ社〔George Routledge &

Sons」から出版されたのであった！

初期の困難は、ゴンブリッチが出版社や出版人と直接的なつながりをもっておらず、もはやロンドンのワールブルク研究所で働いていない点にあった。しかしかれには、ポパーのことを知っており、イルゼ・ポラックとかルックス・フルトミューラーのようにそうしたつながりをもとうとしていた同僚がいた。追伸になるがゴンブリッチはポパーに一九四三年五月一一日、つぎのように書き送った。「ここで紹介先として述べることのできるような「大立者」(bigwigs)を誰か知っていますか。マンハイムが目下のところ社会哲学にかんする一連の書物を出版していることは知っています。かれは候補としてありうるのでしょうか。」(56) それでポパーはL・スーザン・ステビング教授(57)とフリードリヒ・A・フォン・ハイエク教授(58)に手紙を書いた。二人とも、原稿を読み援助する用意があると告げてくれた。ゴンブリッチは、ステビング教授に優先権を譲ると申し出たのだが、教授はもはや原稿を読むことはできなかった。彼女はすでに病に冒されており、手術を受けなければならなかったのだが、一九四三年九月に亡くなったからである。それに対してハイエクの出版しようという決意は『開かれた社会とその敵』が――いずれにせよ、適切な期間内に――出版されるうえで決定的であった。ハイエクはポパーの求めに応じて一九四三年六月二八日、ゴンブリッチに宛ててつぎのように書いた。「原稿を出版社にもち込むうえでなにかお手伝いができるなら、どんなことでもしたいと思います。……わたくしには、お役に立ちそうな他のさまざまな出版社〔ラウトリッジ社以外〕とつながりがあります。[59]」かれは七月一二日ポパーに宛ててこう書いた。「原稿が到着したら、力の及ぶかぎり、ゴンブリッチ博士を助けましょう。目下は、容易ではないわけですが、うまくいくことをほとんど疑いません。[60]」

一九四三年七月一〇日、ゴンブリッチは、ポパーが四月二九日に発送し、「無事到着するように」と電報を打っていた第一稿を受け取った。――ゴンブリッチは、すぐに読み始めた。一日遅れてゴンブリッチは、つぎのように書き送った。「わたくしは昨夜も今朝も拝読いたしました。そしておおよそ五〇ページ読み進めました――これまでわたくしはご議論の明晰性によって、また内容の興味深さによっても魅了されています。奥様がタイピングや梱包にどれほどの配慮と労をつぎ込まれたことかと思います。まるで「美しい箱から出てきたように」見えます。[61]」同時にかれは有力な科学者の助けを借りて書物をさまざまな出版社に提示することをこころみた。ハイエクは書物をケンブリッジ大学出版局に提示することを提案したが、ゴンブリッチは、その販売テクニックがとくに優れたものであるかについては疑っていた。しかし、ケンブリッジ大学出版局が原稿を受け入れたとしても出版にはおおよそ一年はかかるだろうとハイエクは信じていた。

またハイエクはゴンブリッチに宛ててつぎのようにも書いた。「通常の出版社はこの書物を受け入れるには、その長さと、他面で紙不足のゆえに、大きな困難をもつのではないかと恐れます。そしてこれは、書物の質を的確に評価できるような編集顧問のいる出版社を幸いにも見つけられたとしてさえ、言えることです。」これに対してゴンブリッチは、ポパーのこれに応えた電報を受け取ったあとで、一九四三年八月一二日にケンブリッジ大学出版局に送付した。この社の首脳部は九月二四日にこの本の受諾を決定しようとしていた。ポパーはもどかしかった。それで八月二三日にゴンブリッチに宛ててこう書いた。「ケンブリッジ大学出版局が本を受け入れてくれたら、いかにうれしいかはくり返す必要もないでしょう。出版におおよそ一年はかかるということを聞いて当然ながらわたくしはがっかりしています。かれらは、合衆国での代理人になるかもしれないような、つまりニューヨークのオクスフォード大学出版局といったものによって(承諾があったあとですが)可能なかぎり早く出版する用意はないのだろうかと自問しています。わたくしは、著作権は保護されるべきとして、書物が合衆国で印刷されねばならないのだとしたら、そこで印刷し、それから版をイギリスに送ることもむしろふつうではないかと思うのです。[62]」

だがゴンブリッチは、一〇月一三日にポパーに対し、ハイエクの見解、すなわち、理由は本の長さであり、そして第二の理由は「少しばかりコミカルではあるが、大学出版局としては、プラトンに対してかくも敬意を表しない書物は出版したくない」ということだというハイエクの見解を伝えていた。だが、一〇月二五日にはポパーに宛てて「ケンブリッジ大学出版局は理由も示さずに出版を断ってきた」と電報を打たざるをえなかった。これに対しポパーは一一月二二日につぎのように返答した。「H［ハイエク］からの引用にかんして言えば、「プラトン」というのは三つのW、すなわち、ホワイトヘッド(Whitehead)、ウィトゲンシュタイン(Wittgenstein)、ウィズダム(Wisdom)に対する婉曲表現にすぎないのではないかと疑います。ケンブリッジの理由がコミカルであるというHには同意します。しかし、同時にかれらは悲劇的であります。かれらは、拒否がその影響という点からすると、焚書にひとしいことを意識していたにちがいないのです。そしてかれらが古い王としてふるまう哲学者をたいへん好いていたというなら、私がこの本のなかでくり返しておいたカントの返答、つまり、哲学者は聞かれることから除外されてはならないを思い出すことができていたでしょうに。」これに対してゴンブリッチは一二月七日につぎのように答えた。「個人的には、あなたの認識と評価がただしいのかについて小生には確信はありません。わたくしは以前に、こうしたすさまじい困難は戦時下における困難の一部と見るべきだとお伝えしておきました。じっさい、戦争は依然としてたいへん身近にあるのです。また労働力不足も生活のあらゆる面で顕著です。印刷された本でさえ、製本されていない有様です。(63)」

こうした拒否の後ではハイエクは、用紙の逼迫はますます強まるし、出版社は「急速に売り上げが伸びる」本に集中するので、ポパーの書物がすぐに出版されるかどうかにかんして、もはや楽観的ではいられなかった。しかしかれは、ゴンブリッチが一九四三年八月二一日にポパーに宛ててつぎのように述べていたごとく、決して希望を失うことはなかった。「じっさい、あなたはハイエクという非常に活動的でよき友をおもちです。それは書物にかんする件を超えています。」ハイエクは、手紙を書くところとして、アレン・アンド・アンウィン社やジョナサン・ケープ社を可能性——いまやこう見るべきであろうが——として提案してきていた。かれは、マクミラン社やラウトリッジ社にも言及し、つぎの点も考慮するようにと言っていた。「自分の経験から〔わたくしは〕、ラウトリッジ社のばあいにはすべてが困難で緩慢になることを知っています。」ポパーにはマクミラン社がもっとも有望に思えた。というのも、ひとつには、マクミラン社でLSEのための『統計学および科学方法の研究〔*Studies in Statistics and Scientific Method*〕』を編集していたA・L・バウリーやA・ウォルフといったロンドン・スクール・オブ・エコノミックスの同僚をつうじてハイエクが影響をおよぼすことができたし、ふたつには

B・P・ヴィースナーがこの出版社を知っており、書物を推薦することができたからである。かれは一九四三年一一月一三日にゴンブリッチに対し二つの出版社に同時に手紙を書くことを提案したようだ。「かれらが使う時間を考慮すれば、そうした方がフェアであると思います。事態が悪くなりさらに悪くなっていくときでも、あなたはこらえることができるだろうと思うのです。」しかしゴンブリッチはこうしたむちゃには同意できなかったが、落ち着きを失ったわけでもなかった。そこでポパーはこれにかんして一一月二二日、かれにつぎのような提案をおこなった。「いままでのところ、あなたはアンウィン社もマクミラン社も、ゴランツ社もケープ社もゼッカー社も訪問されていません。そこでつぎの手順を提案したいと思います。ネルソン社がまだ断ってきていないときに、レヴィ社に手紙を書き、合理的な期間(たとえば、三週間の延長)を提案するかどうか——この期間を過ぎたら、あなたはこの書物を他の出版社には提出しないという義務から解放されると理解されるわけですが——と尋ねてください。……そしてこの期間が過ぎ去ったらすぐ、わたくしは、さきに言及しておいたいくつかの会社に同時に頼んでみることを提案します。」(64) 一九四三年もしだいに年の瀬に近づいていたが、『開かれた社会とその敵』の出版にかんする決定はなんらなされなかった。

一九四四年初め、ゴンブリッチが一月五日に「ネルソン社残念——用紙なし——よりよい報告をまて一九四四年」と打電してきたとき、ポパーは、あらたな後退を乗り越えていかねばならなかった。かれはこの新たな拒否を前にして、どの出版社が適切なのかかなり不安になり、ゴンブリッチに宛てて一月一一日、つぎのように書き送った。「アンウィン社の人たちの非凡なパーソナリティとイニシアティブについては多くのことを聞き及んでいます。一方でマクミラン社ならば合衆国でのビジネスを一撃で片づけることができるでしょう。……わたくしには、（ラスキが推してくれるならば）アンウィン社はすみやかに決断するだろうという感じがあります。当然のことながら、迅速さがいまや小生の主要関心事であり、そしてケープ社とか他の出版社が迅速な決断の見通しを提供してくれるなら、その社はつぎの候補としてアタックされるべきです。……決断を強いることをこころみたりもせずに、長時間まつことはわたくしには耐えられません。(65)」一九四四年一月一六日、エルンスト・ゴンブリッチはポパーに、ハイエクが自分宛に非常に親切な手紙をよこし、ネルソン社よりも少しましなところが見つかるかもしれないし、原稿は「まさに自分の友、ライオネル・ロビンズ教授によって読まれ、私同様高く評価してくれたし、かれはマクミラン社で重要な影響力をもっている」という希望を表明してくれたと伝えてきた。(66)しかし二月七日、ゴンブリッチはハイエクについていささかの苦情を述べている。「そもそも小生に尋ねることもなく、ロビンズに聞き、直接キーガンのところへ行くことがかれにとってただしいことだったとは思いません。にもかかわらず、「感謝」しなければなりません。それはときとして少しばかり気の重いことではありますが。」(67) 一九四四年三月において出版の可能性がまだ浮上してこなかったとき、ポパーはハイエクにつぎのような提案をした。「もちろん小生は、プラトンの巻だけでなく、書物全体が出版されること、あるいは少なくとも、第二巻があとになっても出版されることを強く望みます。ですが、プラトンの巻だけの出版にも同様に同意するでしょう。」(68) 一カ月後、こうした憂慮はすべて不要となった。なぜなら、四月一〇日、ゴンブリッチはポパーに宛ててこう打電してきたからである。「ラウトリッジ社——権利は大英帝国に対して——一二カ月以内の出版——二巻とも——各巻とも一ギニーを超えず——最初の二〇〇〇部一〇%著者その後一五%——前払い五〇ポンド。」これに対してポパーはその日のうちに手紙で返答した。そこには大きな喜びが表現されている。「これがわれわれにとって何を意味するか、申し上げる必要もないことです。小生はほとんど一切の希望を放棄する瀬戸際にいたのですから。運命を信頼しようとは思っていなかったにもかかわらず、われわれは非常に幸せです。そして小生は、このような時代にあっては幸福であってはならないとも感じています。しかし、生きる見込みが数瞬にして変わりうるとは驚きです。［ヘニー・ポパーは、この手紙の追伸にいかに自分たち二人が電報を受け取ったかを詳細に楽しく描き出し、最後にこう言っている。「おわかりでしょう。あなたの電報がいかなる驚嘆をもたらしたかを」]——エルンスト、この重苦しい時代にあっていかにあなたが素晴らしく、そしてわれわれがあなたにいかに限りない感謝をささげているか、これは言い表わしようもありません。」(69)

6 出版

一九四四年二月二九日、ゴンブリッチは急ぎポパーに宛ててつぎのように書いた。「先の火曜日、小生はハーバート・リードから手紙をいただきました。かれは、ラウトリッジ社の共同主幹者の一人であり、あなたの原稿を読んで「恐ろしいほどの感銘」を受け、同僚を説得するために、あなたにかんする利用可能な情報をさらにいくつか尋ねられています。」少したってから、ハイエク、ゴンブリッチ、リードはロンドンの改革クラブでおち合い、出版の形態について長い会話を交わした。その結果をゴンブリッチは三月一七日にポパーに宛てて詳細に伝えた。そこでは、なかんずく、つぎのように言われている。「リードは、揺らぐことのない清廉さをもった人物です。短縮版で出すか二巻に分けてすべてを出すかと申し出てくれました。後者のばあいですと、第一巻と第二巻の出版のあいだには六カ月の合間がおかれるべきということでした。われわれはこの提案を受け入れました。……いまやかれは印刷の準備に取り掛かるでしょう。しかしかれは、諸事情に変更がないとしても出版には(第一巻について)九カ月必要であると見積もっています。かれは六カ月、あいだをあけることを提案しています。なぜなら、そのくらいのあいだがあれば、十分に批評されるでしょうから。[70]」出版契約を結んだあとポパーにとってなにはともあれ重要だったのは、二巻とも可能なかぎり早く出版されることだった。だが、当て外れは尽きなかった。一九四四年四月一一日にポパーは手紙でブラウンタールに自分の公刊物のひとつとしてつぎのように言及していた。「新しい本は、ラウトリッジ・キーガン・ポール社によって出版が受け入れられたので、おそらく一九四四年には、いずれにしても一九四五年四月前には、登場するでしょう。[71]」だが、出版されるまでには他の困難のすべてが克服されねばならなかった。一九四四年七月二一日、ポパーはリードに宛てて詳細な存念を送った。そこでかれは、なぜ自分の本が「アクチュアルで急を要する」のかを理由づけている。「拙著は、人道主義者の陣営の統一を強調し、その誤りを自己批判のかたちで批判する試みとして書かれたものです。」なぜなら、現在の瞬間において政治的書物にとって「人道主義内部の空気をきれいにする」ことよりも緊急で重要な課題としてなにがあるでしょうか、と。[72]

『開かれた社会とその敵』の第一巻が一九四五年初めになってもまだ出現しなかった

とき、ポパーは出版契約の順守を主張し、友人に法的手続きをとる必要があるのではとそそのかした。つまり、ポパーはクライストチャーチの書籍取扱業者から『開かれた社会とその敵』は一九四五年末までには出版されるはずもないと聞いていたからである。ポパーは一九四五年一月二五日にゴンブリッチに宛ててつぎのように書いた。「出版期限にかんして言えば、じっさい非常に不安です。ラウトリッジ社がほとんど不誠実とでも言うべき手段をとるだろうとは信じられませんが。われわれは(あなたとわたくしのことですが)、この書物が、いずれにしても、契約によれば四月までに出版されるべきだと期待していることを知っているにちがいないはずですが。」ゴンブリッチは、つぎのように書いたとき、ふたたび冷めたリアリストであることがあきらかになった。「問題は……われわれが事実上、かれらの掌中にあるということです。なぜなら、われわれが制裁を加えるなどということはできないのですから。かれらが変更を、あるいは労働力不足を、爆撃がつづいていることを、または用紙の割り当てにおける予期せぬ困難を言い立てるとして、――われわれはたかだか書物を引き上げることができるだけですが、それには限りなく大きな遅延という危険が伴います。こうしたことがらでも、「権力は腐敗する」ということを思い出してもらう必要はないでしょう。そしてかれらが働いているさいの困難――じっさいそれは疑いもなく存在するわけですが――を思えば、われわれはなんらかの法律文を引き合いに出すよりはむしろかれらの名誉心に訴えるべきであると信じます。[73]」にもかかわらず、ゴンブリッチは、出版のこうした遅延のゆえにラウトリッジ社につめ寄って、ラグ氏からつぎのような返答をえた。「われわれはいままでは、製本業者に直接書物が提供されるまで、出版期限というものを設定していません。『開かれた社会とその敵』の生産にはなお非常に多くの労働が必要であり、印刷‐製本業者における諸条件は混沌としているので、書物の完成見本を晩夏以前に、あるいは八月早くにもてるかどうかについてはわずかの期待もありません。ですから、もっともありそうな出版期日は一九四五年秋でしょう。クライストチャーチの書籍取扱業者が出版期日として一九四五年末を言ったのはまったくただしかったわけです。こうした情報は、おそらくその地におけるわれわれの代理人から届いたのでしょう。[74]」こうした説明でもポパーのいら立ちが小さくなったわけではなかった。かれは、自分の「戦争への奉仕」はほぼ戦時下で出現するものと期待していたからである。だから、かれは一九四五年二月一五日に出版契約からの抜粋を伝え、こう書いた。「小生は恐ろしいまでに重苦しい思いでいます。というのも、これらすべてをお読みくだされば、つまり出版関連のことを読んでくだされば、かれらは上手に処理していないという点でわたくしに同意されることでしょうから。」これに対してゴンブリッチはこう返事を認めた。「少しばかりきつく判断されていると思いますよ。事情はむずかしいですし、時代はいかなる点からしてもノーマルではありません。――こうしたことは、ご存知のはずですが、しかし、ただしくイメージされておられるのでしょうか。(75)」

一九四五年五月四日、ということはドイツ国防軍の完全降伏の四日前であるが、ポパーはゴンブリッチに宛ててこう書いた。「この手紙がお手もとに届くころ、V-E-day［ヨーロッパにおける連合国勝利の日のこと］は過ぎ去っていることでしょう。それとともにラウトリッジ社にとっては、出版をさらに引き延ばす法的な、あるいは道義的な弁解も消えるでしょう。ラウトリッジ社に小生が圧力をかけると、つまり、一定の（以前の）期日に遅れずに出版するという明確な約束を求めて、圧力をかけると書いていただけませんか。わたくしは二カ月もあれば十分だと思うのです。書物はすでに出版過程に入っているのですから。用紙の逼迫は弁解にはなりません。出版社は割当量をえています。契約が走り出す前に書物のために用紙を確保しておくことはかれらの義務でした。このように書くことを申し訳なく思います。わたくしはこの本の運命に懐疑的であり不幸に思っていますし、ラウトリッジ社は小生を不当に扱ったと確信しています。」ゴンブリッチがこの手紙を受け取ったとき、戦争はヨーロッパにおいては終結していたのみならず、

ＬＳＥによる決定もポパー夫妻のためになるようになされていた。したがってゴンブリッチは五月三〇日にこう答えた。「あなた個人が現れたらかれら［ラウトリッジ社の責任者たちのこと］に暴力的な不安を呼び起こすことも十分にありえます。突きが必要だというあなたの疑いがただしいとしての話ですが。……かれらがあらゆる側面から圧力にさらされるのもいいことでしょう。[76]」七月二日、ポパーは「最終書簡」をハーバート・リード宛に――そしてゴンブリッチ宛にも――書き、あらたにイギリスと合衆国における自分の書物の出版を促した。かれは、長引く遅延や、明確な約束がない、などなどと苦情を連ねた。手紙はつぎのように閉じられている。「どうか、こうした長くそして悄然とした罵詈讒謗への小生の弁解を受け入れてください。お読みくださるのがあなたであるときに、こうした手紙を書くことは小生にとって心から重たく苦痛であったことを信じてください。[77]」

だが、ポパーは自分の本が出版されないことにたいへん驚き、べつのやり方を決心した。かれはラウトリッジ社につぎの内容の電報を打った。「出版におけるこれ以上のどんな遅れにも強く抗議したい。」そしてかれが驚いたことには即座に返信をえたのであった。「書物はいまや製本中。遅延はもっぱら印刷と製本における人員不足のため。促進のため可能なあらゆる手段を投入済。ラウトリッジ社。[78]」もちろんポパーは、これが間もなく出版されることの保証というよりは言い逃れではとも意識したが、ゴンブリッチに宛ててつぎのように書いた。「返信文の遺憾を示す調子はまったく新しいものであり、本心を隠そうとするかぎり、不愛想になるが、不愛想を始めたとき過剰になることを示している。」ついに一九四五年一一月二二日、ハイエクがポパーに手紙を寄こし、つぎのように伝えてきた。「おそらくご存知でしょうが、書物は先週刊行され――戦時下の尺度で測れば――並外れていい結果が出ています。いまのところまだ書評は見ていません。(79)」こうした報告でさえポパーの憂慮を完全に吹き払うことはできなかった。というのも、かれは一九四五年一一月一四日にゴンブリッチに宛ててつぎのように認めたからである。「いまや本は刊行されましたが、ひどい書評がいくつか現れ、それを到着後に読むことになるのではと思っています。が、決して意気阻喪しまいと、途方もない書評によってもと、かたく心に決めています。(80)」だが、事態はまったく正反対であった。(81)

一九四五年一二月二日、(82) ポパー夫妻は船でニュージーランドを出港し、一九四六年初頭サザンプトン港に到着した。そこには『開かれた社会とその敵』二巻の見本刷を携えたゴンブリッチ夫妻がまっていた。ポパーはそれを「ブレントの小さな二階建ての家へ向かう途中、列車のなかでバスのなかで、せっかちに食い入るように見入ったのであった。(83)」

アイヒシュテット、二〇〇二年九月

フーベルト・キーゼヴェッター

注

（1）往復書簡にもとづいてこうした関連を描くことは Hubert Kiesewetter, *Karl Popper—Leben und Werke*, Eichstätt 2001 S. 51-100 でなされている。往復書簡からの引用を許可してくださったポパーの遺稿管理人メリッタ・ミュー夫人ならびにイルゼ・ゴンブリッチ夫人に感謝申し上げる。

（2）ポパー・アーカイブス (Popper Archives, Hoover Institution, Stanford University（Fasz. 28, 7))。ポパーと夫人は、クライストチャーチではここに言及された手紙のほとんどすべてを英語で書いた。ドイツ語への翻訳は本稿筆者。強調はそれぞれ原文におけるまま。

（3）Popper Archives（Fasz. 300, 2). ヘニー・ポパーからゴンブリッチ夫妻宛一九四三年六月二九日付の手紙。

（4）参照、Karl Popper, *Ausgangspunkte. Meine intellektuelle Entwicklung*（1979), 4. Aufl., Hamburg 1987, S. 155.〔森博訳『果てしなき探求』岩波書店〕。

（5）Popper Archives（Fasz. 282, 24).

（6）引用は、Max Domarus, *Hitler. Reden und Proklamationen 1932–1945.* Kommentiert von einem deutschen Zeitgenossen. Bd.: Triumph, 2, Halbband 1935=1938, Wiesbaden 1973, S. 823.

（7）Popper Archives (Fasz. 300, 2).

（8）(注(4)で触れた)Karl Popper, *Ausgangspunkte*, S. 169.

（9）Popper Archives (Fasz. 282, 24).

（10）Popper Archives (Fasz. 305, 13).

（11）Popper Archives (Fasz. 305, 3).

（12）同所。一九四四年九月一二日付ポパーからゴンブリッチ宛の手紙。この手紙でポパーは修正の理由を詳細に説明している。つぎの引用文もまたそこにある。

（13）Popper Archives (Fasz. 300, 4).

（14）Popper Archives (Fasz. 300, 2).

（15）Popper Archives (Fasz. 28, 7).

（16）Popper Archives (Fasz. 300, 2).

（17）Popper Archives (Fasz. 300, 4). 一九四五年八月二五日のゴンブリッチ宛の手紙。Malachi H. Hacohen, *Karl Popper—The Formative Years, 1902–1945. Politics and Philosophy in Interwar Vienna*, Cambridge 2000, p. 342 は、「ほとんど術《すべ》がなかった」というポパーの

苦情は「誇張であった」と主張しているが、その証拠も挙げていないし、なぜポパーがお金に窮乏していたのかという本来の問いを論じてもいない。

(18) Popper Archives (Fasz. 300, 4).
(19) Popper Archives (Fasz. 28, 7).
(20) Popper Archives (Fasz. 300, 2).
(21) Popper Archives (Fasz. 28, 2).
(22) Popper Archives (Fasz. 300, 3).
(23) Popper Archives (Fasz. 300, 4).
(24) Popper Archives (Fasz. 300, 2).
(25) 参照、H. Kiesewetter, *Karl Popper* (たとえば注1), S. 114.
(26) Popper Archives (Fasz. 28, 2).
(27) 英語版の書名と副題にはつねに私のドイツ語訳を付記しておく。
(28) Popper Archives (Fasz. 28, 6). 同封物 B, p. 2.
(29) 上掲書、p. 3.
(30) Popper Archives (Fasz. 28, 7). 一九四三年五月二二日付ヘリンからポパー宛の手紙。
(31) エルンスト・H・ゴンブリッチ卿所有のポパーの手紙。私はこれを一九九八年六月二六日にコピーのかたちで扱わせていただいた。

(32) Popper Archives (Fasz. 300, 2).
(33) Popper Archives (Fasz. 305, 13).
(34) Popper Archives (Fasz. 300, 3).
(35) 上掲、ゴンブリッチ宛ポパーの手紙、一九四四年四月二二日付、S. 3.
(36) 上掲箇所。
(37) 参照、Friedrich Scheu, *Ein Band der Freundschaft. Schwarzwald-Kreis und Entstehung der Vereinigung Sozialistischer Mittelschüler*, Wien/Köln/Graz 1985, S. 83 ff.
(38) Popper Archives (Fasz. 28, 7), S. 2.
(39) Popper Archives (Fasz. 28, 6). 手紙全文はH. Kiesewetter, *Karl Popper* (たとえば、注1) S. 59 f. に掲載されている。
(40) Popper Archives (Fasz. 28, 7).
(41) 上掲同所。
(42) Popper Archives (Fasz. 28, 2). 同封物B, S. 1.
(43) Popper Archives (Fasz. 28, 7).
(44) 上掲同所。
(45) 上掲同所。
(46) 参照、(本稿の注(4)でも触れたが)K. R. Popper, *Ausgangspunkte*, S. 161 および同著者

Das Elend des Historizismus (1965), 6. Aufl., Tübingen 1987, S. 7.

(47) Popper Archives (Fasz. 28, 2), S. 1 f.

(48) 上掲同所。

(49) Popper Archives (Fasz. 28, 3). そして一九四三年一〇月一二日の手紙では、ブラウンタールが、本がそもそも出版されるチャンスをもつために、本質的な短縮化をするようにと要請したとき、ポパーは怒って「一文たりとも、私の同意なしに変更してはならない」(Fasz. 28, 2)と書いた。

(50) 参照、H. Kiesewetter, *Karl Popper* (注(1)で触れておいたように), S. 105 および S. 103. カール・ポパーはエルンスト・ゴンブリッチとは一九三六年春にはじめてただしい意味で知り合いになったが、「古くからのウィーンの友」ではなかった。この点は、Ian C. Jarvie/Jeremy Shearmur が *Philosophy of the Social Science* の特別号(Bd. 26, Nr. 4, 1996)への「序論」(p. 445)、すなわち〉The 50th Anniversary of Popper's The Open Society and Its Enemies〈で主張しているところである。

(51) Popper Archives (Fasz. 300, 1). これについては一九九五年エルンスト・ゴンブリッチ卿はもはや思い出せなかった。なぜならかれは、ポパーは「私の住所を、共通の知り合いにもとづいてほとんど偶然にえた。」と書いているからである。参照、Ernst Gombrich, *The Open Society and Its Enemies: Remembering Its Publication Fifty Years Ago*, London 1995,

p. 3.

(52) Popper Archives (Fasz. 300, 2).

(53) 参照、Ernst H. Gombrich, *Myth and Reality in German War-Time Broadcasts*, London 1970 (The Creighton Lecture in History 1969).

(54) Popper Archives (Fasz. 300, 2).

(55) Popper Archives (Fasz. 400, 6).

(56) Popper Archives (Fasz. 300, 2).

(57) (注(33)で触れた)エルンスト・H・ゴンブリッチ卿が所有するポパーの手紙。一九四三年四月二八日付ステビング宛ポパーの手紙。

(58) Popper Archives (Fasz. 305, 13).

(59) Popper Archives (Fasz. 400, 6).

(60) Popper Archives (Fasz. 305, 13).

(61) Popper Archives (Fasz. 300, 2).

(62) Ebd.

(63) Ebd. すでに一九四三年一一月三〇日、ポパーはゴンブリッチに宛てて次のように書いていた。「私は、ホラティウスとおなじように、滅入らない人はいないだろうと書くときでさえ、こうした滅入るような気分とは戦います。」

(64) Ebd.
(65) Popper Archives (Fasz. 300, 3).
(66) Popper Archives (Fasz. 300, 5).
(67) Popper Archives (Fasz. 300, 3). もちろんかれは四月一〇日付の手紙で非常に控えめな仕方で訂正した。「そのうえ、確信していますが、前便ではハイエクに対して少し不当であったこと、そして書物を留めおいたのは、最終的にはかれであったことを認識されていることと思います。」
(68) Popper Archives (Fasz. 300, 15). 一九四四年三月一四日付ハイエク宛のポパーの手紙。
(69) Popper Archives (Fasz. 300, 3).
(70) Ebd.
(71) Popper Archives (Fasz. 28, 3).
(72) (注(31)で触れたが)エルンスト・H・ゴンブリッチ卿所有ポパーの手紙。
(73) Popper Archives (Fasz. 300, 4).
(74) 上掲同所において引用済み。一九四五年二月八日ポパー宛ゴンブリッチの手紙。
(75) Ebd. 一九四五年二月二〇日付ゴンブリッチからポパー宛の手紙。
(76) Ebd.
(77) (注(31)で触れたように)エルンスト・H・ゴンブリッチ卿所有のポパーの手紙。ゴンブリッチ宛に手書きでかれはつぎのように付け加えた。「この手紙がきびしすぎないと見られることを望みます。かれはほどんど助けにならないだろうこと、それはもちろん小生自身が知っています。しかし、小生はあなたから、あなたがかれを悪しく見ているのかどうかを聞きたいのです。」これに対してゴンブリッチは一九四五年七月二四日につぎのように答えた。「リード宛のお手紙はするどすぎることもないと思います。」Popper Archives (Fasz. 300, 4).

(78) Popper Archives (Fasz. 300, 4). 一九四五年八月二五日付ポパーからゴンブリッチ宛の手紙。つぎの引用文もそこにある。

(79) Popper Archives (Fasz. 305, 13).

(80) (注(31)で触れた)エルンスト・H・ゴンブリッチ卿所有のポパーの手紙。

(81) LSEでの任用とポパーの本に対する大きな肯定的共鳴については、ここではもう論じない。それについては、参照、(注(1)で触れた)H. Kiesewetter, *Karl Popper*, S. 81 ff.

(82) この正確な日付は、友人のよしみで一九九八年一二月四日にピーター・ムンツから伝えられた。ムンツは、出航の日を記した、一九四五年一一月二一日付のオークランドからのポパーの手紙を所有している。

(83) このように、(注(51)で触れた)E. Gombrich, *The Open Society and its Enemies*, p. 16で描かれている。Colin Simkin, *Popper's Views on Natural and Social Science*, Leiden/New

York/Köln 1993, p. 189 は次のように叙述している。「小さな遠く離れたカレッジでの八年に及ぶどちらかと言えば隔絶した生活のあとで、カールは一瞬にして重要な知的中心地において名声を博し、そこでキャリアの残りを過ごした。」

開《ひら》かれた社会《しゃかい》とその敵《てき》〔全4冊〕 カール・ポパー著
第1巻 プラトンの呪縛《じゅばく》（下）

2023年 4月14日 第1刷発行
2024年10月25日 第3刷発行

訳 者 小河原 誠《こがわらまこと》

発行者 坂本政謙

発行所 株式会社 岩波書店
〒101-8002 東京都千代田区一ツ橋 2-5-5

案内 03-5210-4000 営業部 03-5210-4111
文庫編集部 03-5210-4051
https://www.iwanami.co.jp/

印刷・三秀舎 カバー・精興社 製本・中永製本

ISBN 978-4-00-386026-7 Printed in Japan

読書子に寄す

——岩波文庫発刊に際して——

岩波茂雄

真理は万人によって求められることを自ら欲し、芸術は万人によって愛されることを自ら望む。かつては民を愚昧ならしめるために学芸が最も狭き堂宇に閉鎖されたことがあった。今や知識と美とを特権階級の独占より奪い返すことはつねに進取的なる民衆の切実なる要求である。岩波文庫はこの要求に応じそれに励まされて生まれた。それは生命ある不朽の書を少数者の書斎と研究室とより解放して街頭にくまなく立たしめ民衆に伍せしめるであろう。近時大量生産予約出版の流行を見る。その広告宣伝の狂態はしばらくおくも、後代にのこすと誇称する全集がその編集に万全の用意をなしたるか。千古の典籍の翻訳企図に敬虔の態度を欠かざりしか。さらに分売を許さず読者を繋縛して数十冊を強うるがごとき、はたしてその揚言する学芸解放のゆえんなりや。吾人は天下の名士の声に和してこれを推挙するに躊躇するものである。このときにあたって、岩波書店は自己の責務のいよいよ重大なるを思い、従来の方針の徹底を期するため、すでに十数年以前より志して来た計画を慎重審議この際断然実行することにした。吾人は範をかのレクラム文庫にとり、古今東西にわたって文芸・哲学・社会科学・自然科学等種類のいかんを問わず、いやしくも万人の必読すべき真に古典的価値ある書をきわめて簡易なる形式において逐次刊行し、あらゆる人間に須要なる生活向上の資料、生活批判の原理を提供せんと欲する。この文庫は予約出版の方法を排したるがゆえに、読者は自己の欲する時に自己の欲する書物を各個に自由に選択することができる。携帯に便にして価格の低きを最主とするがゆえに、外観を顧みざるも内容に至っては厳選最も力を尽くし、従来の岩波出版物の特色をますます発揮せしめようとする。この計画たるや世間の一時の投機的なるものと異なり、永遠の事業として吾人は微力を傾倒し、あらゆる犠牲を忍んで今後永久に継続発展せしめ、もって文庫の使命を遺憾なく果たさしめることを期する。芸術を愛し知識を求むる士の自ら進んでこの挙に参加し、希望と忠言とを寄せられることは吾人の熱望するところである。その性質上経済的には最も困難多きこの事業にあえて当たらんとする吾人の志を諒として、その達成のため世の読書子とのうるわしき共同を期待する。

昭和二年七月

《法律・政治》〔白〕

人権宣言集　高木八尺・末延三次・宮沢俊義 編
新版 世界憲法集 第二版　高橋和之 編
君主論　マキァヴェッリ／河島英昭 訳
フィレンツェ史 全二冊　マキァヴェッリ／齊藤寛海 訳
リヴァイアサン 全四冊　ホッブズ／水田洋 訳
ビヒモス　ホッブズ／山田園子 訳
法の精神 全三冊　モンテスキュー／野田良之・稲本洋之助・上原行雄・田中治男・三辺博之・横田地弘 訳
完訳 統治二論　ジョン・ロック／加藤節 訳
寛容についての手紙　ジョン・ロック／加藤節・李静和 訳
キリスト教の合理性　ジョン・ロック／加藤節 訳
ルソー 社会契約論　桑原武夫・前川貞次郎 訳
フランス二月革命の日々 ―トクヴィル回想録　トクヴィル／喜安朗 訳
アメリカのデモクラシー 全四冊　トクヴィル／松本礼二 訳
リンカーン演説集　高木八尺・斎藤光 訳
権利のための闘争　イェーリング／村上淳一 訳
近代人の自由と古代人の自由・征服の精神と簒奪 他一篇　コンスタン／堤林剣・堤林恵 訳
民主主義の本質と価値 他一篇　ハンス・ケルゼン／長尾龍一・植田俊太郎 訳
危機の二十年 ―理想と現実　E・H・カー／原彬久 訳
ザ・フェデラリスト　A・ハミルトン，J・ジェイ，J・マディソン／斎藤眞・中野勝郎 訳
アメリカの黒人演説集 ―キング・マルコムX・モリスン 他　荒このみ 編訳
モーゲンソー 国際政治 ―権力と平和 全三冊　原彬久 監訳
ポリアーキー　ロバート・A・ダール／高畠通敏・前田脩 訳
現代議会主義の精神史的状況 他一篇　カール・シュミット／樋口陽一 訳
政治的なものの概念　カール・シュミット／権左武志 訳
第二次世界大戦外交史 全二冊　芦田均
憲法講話　美濃部達吉
日本国憲法　長谷部恭男 解説
民主体制の崩壊 ―危機・崩壊・再均衡　ファン・リンス／横田正顕 訳
憲法　鵜飼信成

《経済・社会》〔白〕

政治算術　ペティ／大内兵衛・松川七郎 訳
国富論 全四冊　アダム・スミス／水田洋 監訳／杉山忠平 訳
道徳感情論 全二冊　アダム・スミス／水田洋 訳
法学講義　アダム・スミス／水田洋 訳
コモン・センス 他三篇　トーマス・ペイン／小松春雄 訳
経済学における諸定義　マルサス／玉野井芳郎 訳
オウエン自叙伝　ロバアト・オウエン／五島茂 訳
戦争論 全三冊　クラウゼヴィッツ／篠田英雄 訳
自由論　J・S・ミル／塩尻公明・木村健康 訳
大学教育について　J・S・ミル／竹内一誠 訳
功利主義　J・S・ミル／関口正司 訳
ロンバード街 ―ロンドンの金融市場　バジョット／宇野弘蔵 訳
イギリス国制論 全二冊　バジョット／遠山隆淑 訳
ユダヤ人問題によせて ヘーゲル法哲学批判序説　マルクス／城塚登 訳
経済学・哲学草稿　マルクス／城塚登・田中吉六 訳
新編輯版 ドイツ・イデオロギー　マルクス，エンゲルス／廣松渉 編訳／小林昌人 補訳
マルクス エンゲルス 共産党宣言　大内兵衛・向坂逸郎 訳
賃労働と資本　マルクス／長谷部文雄 訳
賃銀・価格および利潤　マルクス／長谷部文雄 訳
マルクス 経済学批判　武田隆夫・遠藤湘吉・大内力・加藤俊彦 訳

マルクス 資本論 全九冊 エンゲルス編 向坂逸郎訳
裏切られた革命 トロツキー 藤井一行訳
文学と革命 全二冊 トロツキイ 桑野隆訳
ロシア革命史 全五冊 トロツキー 藤井一行訳
トロツキー わが生涯 全二冊 森田成也 志田昇訳
空想より科学へ —社会主義の発展 エンゲルス 大内兵衛訳
イギリスにおける労働者階級の状態 —一九世紀のロンドンとマンチェスター 全二冊 エンゲルス 一條和生 杉山忠平訳
帝国主義 レーニン 宇高基輔訳
国家と革命 レーニン 宇高基輔訳
雇用、利子および貨幣の一般理論 全二冊 ケインズ 間宮陽介訳
シュムペーター 経済発展の理論 全二冊 塩野谷祐一 中山伊知郎 東畑精一訳
シュムペーター 経済学史 —学説ならびに方法の諸段階 中山伊知郎 東畑精一訳
日本資本主義分析 山田盛太郎
恐慌論 宇野弘蔵
経済原論 宇野弘蔵
資本主義と市民社会 他十四篇 大塚久雄 齋藤英里編
共同体の基礎理論 他六篇 大塚久雄 小野塚知二編

言論・出版の自由 —アレオパジティカ 他一篇 ミルトン 原田純訳
ユートピアだより ウィリアム・モリス 川端康雄訳
有閑階級の理論 ヴェブレン 小原敬士訳
社会科学と社会政策にかかわる認識の「客観性」 マックス・ヴェーバー 富永祐治 立野保男訳 折原浩補訳
プロテスタンティズムの倫理と資本主義の精神 マックス・ヴェーバー 大塚久雄訳
職業としての学問 マックス・ウェーバー 尾高邦雄訳
社会学の根本概念 マックス・ヴェーバー 清水幾太郎訳
職業としての政治 マックス・ヴェーバー 脇圭平訳
古代ユダヤ教 全三冊 マックス・ヴェーバー 内田芳明訳
支配について 全二冊 マックス・ウェーバー 野口雅弘訳
宗教と資本主義の興隆 歴史的研究 全二冊 トーニー 出口勇蔵・越智武臣訳
世論 全二冊 リップマン 掛川トミ子訳
贈与論 他二篇 マルセル・モース 森山工訳
国民論 他二篇 マルセル・モース 森山工編訳
ヨーロッパの昔話 その形と本質 マックス・リュティ 小澤俊夫訳
独裁と民主政治の社会的起源 —近代世界形成過程における領主と農民 全二冊 バリントン・ムーア 宮崎隆次 森山茂徳 高橋直樹訳
大衆の反逆 オルテガ・イ・ガセット 佐々木孝訳

シャドウ・ワーク イリイチ 玉野井芳郎 栗原彬訳

《自然科学》〔青〕

ヒポクラテス医学論集 國方栄二編訳
科学と仮説 ポアンカレ 河野伊三郎訳
ロウソクの科学 ファラデー 竹内敬人訳
種の起原 全二冊 ダーウィン 八杉龍一訳
自然発生説の検討 パストゥール 山口清三郎訳
完訳 ファーブル昆虫記 全十冊 山田吉彦 林達夫訳
科学談義 T・H・ハックスリ 小泉丹訳
メンデル 雑種植物の研究 岩槻邦男 須原準平訳
アインシュタイン 相対性理論 内山龍雄訳・解説
相対論の意味 アインシュタイン 矢野健太郎訳
アインシュタイン 一般相対性理論 小玉英雄編訳・解説
自然美と其驚異 ジョン・ラバック 板倉勝忠訳
ダーウィニズム論集 八杉龍一編訳
近世数学史談 高木貞治
ニールス・ボーア論文集1 因果性と相補性 山本義隆編訳

岩波文庫の最新刊

ベティ・フリーダン著／荻野美穂訳
女らしさの神話 (上)(下)
女性の幸せは結婚と家庭にあるとする「女らしさの神話」を批判し、その解体を唱える。二〇世紀フェミニズムの記念碑的著作、初の全訳。(全二冊)〔白二三四-一、二〕 定価(上)一五〇七、(下)一三五三円

太宰治作／安藤宏編
富嶽百景・女生徒 他六篇
昭和一二―一五年発表の八篇。表題作他「華燭」「葉桜と魔笛」等、スランプを克服し〈再生〉へ向かうエネルギーを感じさせる。(注＝斎藤理生、解説＝安藤宏)〔緑九〇-九〕 定価九三五円

ヘルダー著／嶋田洋一郎訳
人類歴史哲学考 (五)
第四部第十八巻―第二十巻を収録。中世ヨーロッパを概観。キリスト教の影響やイスラム世界との関係から公共精神の発展を描く。(全五冊)〔青N六〇八-五〕 定価一二七六円

……今月の重版再開……

栗田靖編
碧梧桐俳句集
定価一二七六円〔緑一六六-二〕

穂積陳重著
法窓夜話
定価一四三〇円〔青一四七-一〕